中国轻工业"十四五"规划立项教材
高等院校金融学专业系列精品教材

Python
金融数据分析

王　东　吴旭峰　吴胜文　主编
高子清　魏志伟　副主编

中国轻工业出版社

图书在版编目（CIP）数据

Python 金融数据分析 / 王东，吴旭峰，吴胜文主编 . —
北京：中国轻工业出版社，2024. 1
高等院校金融学专业系列精品教材
ISBN 978-7-5184-4541-7

Ⅰ. ①P… Ⅱ. ①王… ②吴… ③吴… Ⅲ. ①软件工具—程序设计—应用—金融—数据处理—高等学校—教材
Ⅳ. ①F830. 41-39

中国国家版本馆 CIP 数据核字（2023）第 171209 号

责任编辑：崔丽娜
文字编辑：李寅寅　　责任终审：劳国强　　封面设计：锋尚设计
版式设计：砚祥志远　　责任校对：晋　洁　　责任监印：张京华

出版发行：中国轻工业出版社（北京鲁谷东街 5 号，邮编：100040）
印　　刷：三河市国英印务有限公司
经　　销：各地新华书店
版　　次：2024 年 1 月第 1 版第 1 次印刷
开　　本：787×1092　1/16　印张：18
字　　数：420 千字
书　　号：ISBN 978-7-5184-4541-7　定价：58. 00 元
邮购电话：010-85119873
发行电话：010-85119832　010-85119912
网　　址：http://www. chlip. com. cn
Email：club@ chlip. com. cn
如发现图书残缺请与我社邮购联系调换
221605J1X101ZBW

PREFACE 前言

如今，金融科技的发展令人叹为观止，其功能扩展已触及前所未有的高度和广度。在众多助力金融科技发展的工具当中，Python 已经成为诸多投资机构和商业银行的交易程序核心语言。众多金融机构要求其从业人员都需要了解 Python 语言。众多的开发人员使用 Python 构建维护交易系统，一些著名的金融交易系统也都由 Python 编写。目前，金融机构越来越希望其分析人员和交易员具备强大的 Python 编程技能，入职后继续接受 Python 培训课程。除普通交易员以外，一些金融机构还要求集团的市场和证券主管学习 Python。

作为财经专业的毕业生，在人力市场上脱颖而出的一种方法是学好一门金融编程语言。编程技能对于创建金融预测模型、开发交易算法、为客户构建新的应用程序和工具等都至关重要。Python 作为编程语言，具有简单、灵活、易学的特点。这些特点也使得 Python 成为适合协作的编程语言，在编写应用程序以解决复杂的金融财务问题时，这一点十分重要。另外，Python 庞大的工具库使程序员的开发过程更加轻松，节省了他们从零开始构建项目的时间和精力。Python 的功能和资源范围使其在数据处理、科学计算、数据可视化、机器学习等方面表现出色，并不断推动金融服务突破性的发展。现在，Python 可以成为有抱负的金融从业人员和金融科技专业人士的重要技能资产。

与已有大多数 Python 金融数据分析著作不同，本教材并没有将 Python 语法知识与金融学知识割裂开分别进行讲解，而是在介绍金融概念、问题的过程中推进 Python 语法知识的习得，争取最大程度做到易读和易扩展。编者努力将本教材打造为能够使没有计算机编程基础的人员也能轻松学习的金融数据分析入门教程。同时，本教材力求与现实经济、金融社会接轨，专注于金融并涵盖金融从业者日常使用的工具和技术。本教材主要面向的人群包括有志从事数据分析的初学者、对金融量化投资感兴趣的读者、初级金融程序员和金融财经相关专业的学生。编者认为，作为初学者，在解决问题时可以多方面借鉴已有经验与案例，以“模仿式学习”提升 Python 进行金融数据分析的技巧和能力。

作为 2022 年度黑龙江省教育教学改革工程项目（“新文科”建设背景下金融学课程思政功能构建及教育范式研究，项目号码：SJGY20220492）和哈尔滨绿色金融研究中心研究成果，本教材贯彻《中共中央关于认真学习宣传贯彻党的二十大精神的决定》，响应党的二十大报告提出的“推进教育数字化”方针，积极落实党的二十大精神进教材、进课堂、进头脑。本教材着重强调应用本土数据，力争在讲解 Python 金融数据分析技能的同时，使用理论与实践相结合的教学方式，指导学生用好 Python 这个“金刚钻”来揽“瓷器活”，让他们感受中国特色社会主义市场经济发展的伟大变化。本教材力争把我国生动、真实和全面的金融场景展示给学生，增强他们“自信自强、守正创新，踔厉奋发、勇毅前行”的勇气与胸怀。

本教材为 2022 年度哈尔滨学院校企合作教材建设项目，由王东、吴旭峰、吴胜文任主编，高子清、魏志伟任副主编。各章的具体分工如下：第 2 章至第 4 章、第 6 章至第 9 章由第一主编王东编写；第 1 章、第 10 章由第二主编吴旭峰编写；第 11 章、第 12 章由第三主编吴胜文编写；第 5 章由副主编高子清编写。副主编魏志伟对全书进行了整理与校验。如果需要本教材中的数据与代码，读者可发邮件至编者邮箱（harbinor@ hotmail. com）。

本教材中提供的所有数据、程序和信息仅供读者参考案例中所选择的股票并非编者推荐，仅是为了向读者解释相关理论。由于编者的学识水平和实际经验有限，书中若有不妥之处，敬请各位专家、学者、同仁、读者批评指正。

编者

CONTENTS 目录

第1章 金融与 Python

随着金融科技的出现，金融也更加凸显出其是一个数据驱动的领域。近年来，金融业已广泛采用计算机语言助力自身发展，Python 就是众多计算机语言中的新星，其可以满足数据分析、建模、模拟、可视化、人工智能、预测等一系列业界需求。Python 语法与标准英语相似，易读易懂，其所拥有的强大生态系统由数千万用户、框架和教程构成。

目前，Python 开发是一个快速增长的领域，对经验丰富的 Python 程序员的需求远远超过供应。当今世界，作为金融主体，即便是一名普通的交易者都希望尽可能快地完成交易，但手动交易可能使实现这一目标变得困难。这是因为手动进行交易会带来许多风险，包括基于情绪和心理偏见的错误、在价格不利时进行交易，以及进行不正确的手动订单输入等操作风险。此外，普通的交易者无法与当今主导金融市场的最先进的计算机程序的速度和处理能力相提并论。这些计算机程序可以分析大量数据，并比任何手动交易更快地执行操作。如果我们希望在当今竞争激烈和技术驱动的金融市场中取得成功，用算法交易和掌握一种用于算法交易的计算机编程语言是必不可少的，Python 无疑是优选之一。

1.1 金融业语言

算法交易也称自动交易、黑盒交易，其是使用并遵循一组预定义指令（即算法）的计算机程序。预定义的指令集可以基于数学模型或时间、价格和数量等 KPI（关键指标）。交易者、投资者和程序员编写代码，一旦满足某些条件，就会执行交易。如果执行得当，交易算法可以以手动交易者无法比拟的速度和频率产生利润。算法交易的一些优势包括：执行基于规则的自动化决策（消除人为偏见带来的风险）；即时准确地进行交易（更有可能产生最佳和有利可图的结果）；同时自动检查各种市场状况；使用历史和实时数据进行回溯测试，以确定交易策略的可行性。越来越多的案例表明，金融已经成为一个由强大算法、海量数据可用性和人工智能驱动的领域。Python 是可靠的编程语言和技术平台，可以满足该领域的主要趋势所产生的要求和挑战。现在，金融业已演变成了一个由四种语言组成的世界，即自然语言（社交、研究、书籍、文章或新闻使用的语言，如英语）；金融语言（金融技术术语）；数学语言（当涉及金融的概念和理念的形式化时，数学是首选的工具和语言）；编程语言（Python 作为一种编程语言已经成为金融业的首选）。因此，对现代金融的掌握要求相关从业者都能流利地掌握所有四种语言，即英语、金融、数学和 Python。这并不是说，英语和 Python 是唯一相关的自然语言或编程语言。而是说，如果我们只有有限的时间来学习一门编程语言，Python 是更容易上手的那一个，它能为我们节省很多宝贵的时间，这也意味着，我们可以把更多时间投放到掌握、精通、研究该领域的数学和金融语言上。

1.1.1 算法交易

Python 的好处之一是它可以很容易地安装在各种操作系统上，如 macOS、Windows 和

Linux。与其他语言相比，Python 相对容易编写和使用。虽然金融服务应用程序可能越来越复杂，但使用像 Python 这样的简单编码语言在某种程度上以积极、高效的方式简化了这种复杂性。Python 还用于原型设计、测试和执行交易算法，其允许用户使用科学库构建复杂的统计模型。这些库的更新在开发人员社区中经常发生，这意味着它们每天都在被改进。

Python 代码以其可读性和可访问性而闻名，这些品质使其成为那些以前从未使用过算法交易软件的人的理想选择。由于高度函数化的编程方法，在 Python 上编写和评估算法交易结构以及构建动态 Python 交易机器人通常会更容易。然而，Python 在这个领域的价值并不局限于它的简单性，它还可以帮助降低错误率，这在金融业等受到严格监管的行业中至关重要。

Python 使企业更容易将没有编码经验的经济学家的工作集成到更简单的界面中。从那里，这些数据被集成到第三方平台中，这些平台也可以读取和理解 Python 算法。最终，这允许用户轻松集成各种信息类型，而无须繁重、复杂的编码。此外，虽然一些专业人士可能不熟悉金融科技软件，但他们可能熟悉金融科技中使用的常见 Python 应用程序。

1.1.2　数据分析

数据分析是 Python 的强项之一。事实上，Python 有专门用于数据分析的库。这些开源数据框架致力于成为最灵活的开源数据分析和操作工具，旨在使几乎任何人都可以相对轻松地制定强大的分层数据分析。从这个意义上说，Python 在数据分析领域的广泛应用可与其金融科技能力相媲美，Python 为一个难以理解的技术分支提供了一层新的可访问性。

Python 在数据分析方面的实用性超出了其适用的金融科技应用。Python 语言能够构建强大的机器学习系统，该系统可以驱动大量数据并将其聚合以满足用户的需求。数据平台开发人员拥有令人难以置信的力量，因为他们可以获取大量数据并将其简化为可消化的信息位。例如，Holvi 是一个用于发票、报税或跟踪费用的数据处理系统，它通过一个简单的 Python 编码系统进行设置。创建像 Holvi 这样的有用工具可以让企业在 20 分钟内完成一项任务，而这在以前类似的工作可能需要几个小时。Python 拥有广泛的库集合，这些库彻底改变了传统数据分析模式。由于专业且广泛的支持库，使用 Python 进行交易需要的代码行更少。这也意味着最常用的编程任务已经编写了脚本，从而大大提高了使用者的效率、降低了使用成本。

1.1.3　金融应用

股票市场可以产生大量数据，这些数据具有分析的价值。通过使用 Python 进行金融科技软件开发的简单设计，我们可以获得确定最佳股票交易策略的解决方案。毫无疑问，金融业充满风险与挑战。因此，金融科技软件开发解决方案必须万无一失、完全安全且用户友好。使用 Python，我们不仅可以获得清晰的编程语法，还可以获得庞大的生态系统。当我们谈论金融时，也许第一个出现在脑海中的机构是银行。在这个硅基时代，网上银行和数字货币正变得越来越流行。每笔发生在纸上和实物上的交易，现在都在转向数字平台。同样，银行业也越来越多地关注在线平台支付解决方案。Python 可以提供这些解决方案的钥匙。

1.2　Anaconda

为了有一个高效、顺畅的 Python 开发与数据分析环境，我们需要逐个安装 Python 库，但根据经验，对于一个刚开始接触编程的初学者来说，在本地配置 Python 环境有时候并非易事。因此，建议初学者在开始时不要花太多时间在本地配置 Python。本教材更推荐的是安装 Anaconda 集成环境，Anaconda 的主要目标是简化软件包的部署和管理，它节省了 Pandas、NumPy、SciPy 等软件包的安装时间，有助于实现简单、可管理的 Python 环境设置。有了 Anaconda 环境，我们可以不必逐个安装必须用到的库，这让我们能够集中精力于分析工作。另外，使用 Anaconda 包含的 JupyterNotebook 或 Jupyterlab 模块，可能是初学者学习 Python 的一个优选。

下面，介绍 Anaconda 的下载与安装。

1.2.1　下载

我们可以进入 Anaconda 官网下载安装文件，官网会自动识别电脑的系统类别。目前，Anaconda 支持在 Windows、MacOS、Linux 系统环境下安装。选择最新版本，就会把安装文件下载到计算机本地中。我们也可通过清华大学、北京外国语大学等的镜像网站下载 Anaconda。

1.2.2　安装

下载完成后，双击已下载的安装文件（.dmg 或 .exe）开始安装。然后点击“继续”，按照指示步骤操作直到完成安装。当安装完毕时，Anaconda 将配置在我们的应用程序中。双击该应用程序将其打开，就可以看到导航页面。

1.2.3　JupyterNotebook

一旦安装好 Anaconda 环境，我们就可以看到 Anaconda-Navigator 的主页，其中已经嵌入了 JupyterNotebook 和 Jupyterlab。当我们点击 JupyterNotebook 的图标，就可以在默认浏览器中打开 JupyterNotebook。选择适当文件夹，然后选择“新建”下拉菜单中的“Python 3”，就可以创建一个新的 JupyterNotebook 文件。

从这里开始，本教材使用➡和↪的图标替代 JupyterNotebook 的代码输入 In [ ] 和代码输出 Out [ ]（图 1-1）。例如，在 JupyterNotebook 中输出 Hello 的代码过程如下。

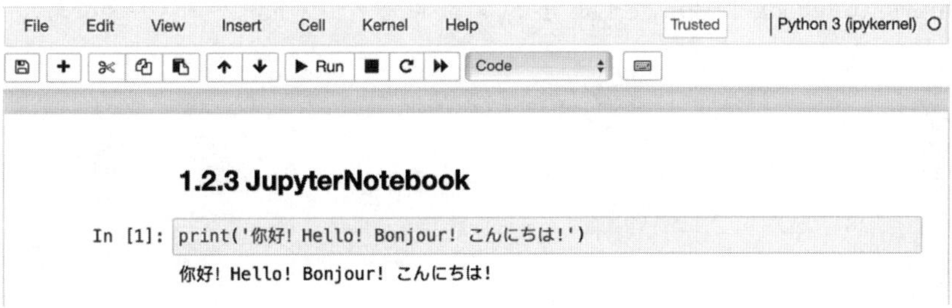

图 1-1　代码输入与输出

```
➡ print('你好! Hello! Bonjour! こんにちは!')
↪ 你好! Hello! Bonjour! こんにちは!
```

要创建一个新的代码块，我们可以点击 JupyterNotebook 的控制功能区用户界面顶部功能区的“✚”号。新添加的数据块默认是一个代码数据块。此外，我们还可以通过使用功能区上的箭头向上或向下移动这些代码块。

如图 1-2 所示，功能区用户界面还允许我们剪切、复制和粘贴。功能区上的“运行”按钮是用来执行一个代码块的；“停止”按钮是为了停止运行代码；“重启”按钮可以重新启动内核，即重新启动运行 JupyterNotebook 文件中的所有代码块。JupyterNotebook 还有更多的功能，比如使用快捷键来加快开发速度。

图 1-2　JupyterNotebook 功能区

1.2.4　JupyterLab

JupyterLab 是下一代用户界面。它提供了经典 JupyterNotebook 的所有功能，同时提供了更强大、更灵活和可扩展的体验。

JupyterLab 具有比 JupyterNotebook 更现代的用户界面。JupyterLab 允许一次使用多个 Notebook，而 JupyterNotebook 只允许一次使用一个 Notebook。JupyterLab 使我们能够自定义自己的键盘快捷键。JupyterLab 还支持数百种不同的文件格式，具有更强的可扩展性。

JupyerNotebook 和 JupyterLab 各有其优缺点，我们可以根据个人喜好选择使用。如果我们正在寻找更现代的用户界面或更大的灵活性和自定义选项，那么 JupyterLab 可能是我们更好的选择。但是，如果我们正在 Python 学习的入门摸索阶段，希望一个更简单的界面，使用 JupyerNotebook 也是不错的选择。

实践与练习

①安装 Anaconda 环境到本地电脑，并做适当配置。

②使用 JupyterNotebook 和 JupyterLab 尝试完成第一个 Python 代码的输入与输出。

第 2 章 Python 入门

2.1 基本运算

2.1.1 运算符

运算符是告诉 Python 解释器执行特定操作的符号。常见运算符有算术、关系、逻辑等。下面我们列出的是 Python 的运算符，其包括算术运算符、关系运算符、赋值运算符和逻辑运算符。

（1）算术运算符

算术运算符将两个操作数作为输入，执行计算并返回结果（表 2-1）。

表 2-1　　算术运算符

算子	描述	用法
+	对操作数执行加法	10+5=15
-	对操作数执行减法	13-1=12
*	对操作数执行乘法	10 * 5=50
/	对操作数执行除法	24/2=12
%	对操作数执行模数	16%3=1
**	执行幂运算	12 ** 3=1728
//	执行楼层划分操作	18//5=3

（2）关系运算符

关系运算符用于比较两个操作数以确定它们之间的关系，其根据条件返回一个布尔值，即真或假（表 2-2）。

表 2-2　　关系运算符

算子	描述	用法
&	对操作数执行按位 AND 运算	a&b=2（二进制：10&11=10）
|	对操作数执行按位 OR 运算	a | b=3（二进制：10 | 11=11）
^	对操作数执行按位 XOR 运算	a^b=1（二进制：10^11=01）
~	对操作数执行按位 NOT 操作。 翻转操作数中的每一个位	~a=-3 （二进制：~（00000010）=（11111101））
≫	执行按位右移。将左操作数的位数， 向右移动指定为右操作数的位数	a≫b=0 （二进制：00000010≫00000011=0）
≪	执行按位左移。移动左操作数的位数， 向左移动指定为右操作数的位数	a≪b=16 （二进制：00000010≪00000011=00001000）

（3）赋值运算符

赋值运算符用于为变量赋值。它通常与其他运算符（如算术、按位）结合使用，其对操作数执行运算并将结果分配给等号左边的操作数（表 2-3）。

表 2-3　　　　赋值运算符

<table>
<tr><th>算子</th><th>描述</th></tr>
<tr><td>=</td><td>a=5 相当于将 5 赋值给变量 a</td></tr>
<tr><td>+=</td><td>a+=5 相当于 a=a+5</td></tr>
<tr><td>-=</td><td>a-=5 相当于 a=a-5</td></tr>
<tr><td>*=</td><td>a*=3 相当于 a=a*3</td></tr>
<tr><td>/=</td><td>a/=3 相当于 a=a/3</td></tr>
<tr><td>%=</td><td>a%=3 相当于 a=a%3</td></tr>
<tr><td>**=</td><td>a**=3 相当于 a=a**3</td></tr>
<tr><td>//=</td><td>a//=3 相当于 a=a//3</td></tr>
<tr><td>&=</td><td>a&=3 相当于 a=a&3</td></tr>
<tr><td>|=</td><td>a|=3 相当于 a=a|3</td></tr>
<tr><td>^=</td><td>a^=3 相当于 a=a^3</td></tr>
<tr><td>≫=</td><td>a≫=3 相当于 a=a≫3</td></tr>
<tr><td>≪=</td><td>a≪=3 相当于 a=a≪3</td></tr>
</table>

（4）逻辑运算符

Python 中使用的逻辑运算符有 and、or 和 not（表 2-4）。

表 2-4　　　　逻辑运算符

算子	描述	用法
and	如果两个操作数都为 True，则返回 True	A 和 B
or	如果任何一个操作数为 True，则返回 True	a 或 b
not	如果操作数为 False，则返回 True	不是

2.1.2　变量类型

Python 中变量的基本类型是字符串、整数、浮点数和布尔值。

（1）字符串

Python 中的字符串被标识为一组连续的字符，用半角单引号（''）或双引号（""）表示。

例如，我们希望赋予 T 变量一个新值并输出，过程如下。

```
➡ T='2023 年'
  T
```

```
↪ 2023 年
```

type（ ）函数用于报告数据类型。

对 T 这个变量进行数据类型查询，可以使用如下语句。

```
➡ # 查询 T 的数据类型
  type(T)
```

```
str
```

我们也可以使用运算符将多个字符串拼接在一起。

```
str1='今年是'
str2=T
print(str1+':'+str2)
今年是:2023 年
```

说明与解释

Python 使用“#”作为注释符。注释以后的文字与语句不会被 Python 编译，其唯一目的是提供代码说明，这更有利于阅读代码的人理解。

（2）整数

一个整数可以是任何数字，包括 0、正数和负数。但是，整数永远不可能是分数、小数或百分数。Python 的整数数据类型用 int 表示。在整数上可以进行典型的算术运算，如加法、减法、乘法、除法等，我们可以运用 Python 轻松实现它们。

```
1+2                         # 两个整数值相加
3
1-2                         # 两个整数值相减
-1
2* 3                        # 两个整数值相乘
6
8/4                         # 两个整数值相除
2.0
type(t)                     # 查询 t 的数据类型
int
```

Python 允许数据格式互相转换。例如，Python 内置的 int（ ）函数就可以将字符串转换为整数。

```
str='2023'
print(type(str))
<class'str'>
int=int(str)
print(type(int))
<class'int'>
```

（3）浮点数

在 Python 中，“float”是用于表示实数标准数据类型。浮点数需要在小数点后至少包含一个值。和 int 类型一样，浮点数允许进行典型的算术运算，如加法和减法。

```
a=2+0.333
a
```

```
➥ 2.333
➡ type(a)
➥ float
```

(4) 布尔值

布尔值是一种变量，只能有两个值，即真或假。布尔值用于存储逻辑值。如“==”用于检验两个值是否相等，如果相等返回 True，如果不相等则返回 False。再如“! =”用于检验两个值是否不相等（不相同），如果不相等返回 True，如果相等则返回 False。

```
➡ a=1
  b=2
  print(bool(a==b))
➥ False
➡ a='中国银行'
  b='中国的银行'
  print(bool(a! =b))
➥ True
```

(5) 多个变量赋值

Python 允许我们同时为多个变量赋值。

```
➡ x=y=z=666
  print(x,y,z)
➥ 666 666 666
```

以上语句，创建一个整型对象，值为 666，三个变量被分配到相同的内存空间上。

我们也可以同时为多个对象指定多个变量。

```
➡ a,b,c=202302,'中国银行平均股价为',23.456
  print(a,b,c)
➥ 202302 中国银行平均股价为 23.456
```

以上实例的作用是，整型对象和浮点型对象分别分配给变量 a 和 c，字符串对象“中国银行平均股价为”分配给变量 b。

2.1.3 变量命名

(1) 规则和限制

在 Python 中，对变量的命名有所限制。以下被视为合法的变量命名方式。

- 包含任意数量的字符。
- 由小写和大写字母组成。
- 由数字组成。
- 包含下划线“_”。

而下列的变量命名则不被 Python 接受，运行程序时会出现报错。

- 从数字开头。
- 包含特殊字符（下划线除外）。
- Python 保留关键字。

下面，我们给出几个有效和无效变量命名的示例。

```
➡ # 有效变量命名
a=1
bank='建设银行'
_114am='大豆主力'
guizhouMaotai_sharePrice_2023_average=980.00
➡ # 无效变量命名,不被 Python 接受
114am='大豆主力'                              # 以数字开头
114 am='大豆主力'                             # 变量名中存在空格
yuan&dollar='rmb,usd'                         # 变量名中存在特殊字符
for='abc'                                     # "for"是 Python 的保留关键字
```

（2）变量命名约定

当涉及变量命名时，最重要的是能够使用变量的名称对变量内容进行简要、清晰的描述。如果我们有设定变量的自由时，应尽量使包括代码编写者在内的团队都能轻松地理解代码。如果需要，我们也无须害怕使用较长的变量名和不同单词的组合。

```
➡ maotai-share-price-2023-average=980.00     # 第 1 个变量命名方式
➡ maotai=980.00                               # 第 2 个变量命名方式
```

第 1 个变量命名相对容易理解，但缺点显而易见就是变量名过长。对于第 2 个变量名，如果没有上下文，就不可能清晰准确地理解它为何意。当然我们也可以做折中处理。

一般来说，变量名称中若存在多个单词，我们常用下列几个约定。

骆驼型（Camel Case）

即从第 2 个单词开始，每个单词都以大写字母开头。

```
➡ maotaiSharePrice2023Average=980.00
```

帕斯卡型（Pascal Case）

即每个单词都以大写字母开头，也包括第 1 个单词。

```
➡ MaotaiSharePrice2023Average=980.00
```

蛇型（Snake Case）

即每个单词都由下划线分隔。

```
➡ maotai_share_price_2023_average=980.00
```

注释说明

或者变量名简短，但在语句后对变量进行说明。

```
➡ maotaiSp2023=980.00                         # 2023 年茅台平均股价
```

2.2　基本语法

计算机程序有许多不同的形式。从使用 Python 进行日常数据分析的角度来看，我们最感兴趣的程序被称为脚本。脚本背后的逻辑是，不是一次在 Python 控制台中键入一个命令，而

是将一系列命令全部写入文本文件、笔记本或 JupyterNotebook 里。一旦我们完成了编写并保存脚本文件，我们就可以驱动 Python 一次性执行所有命令。

2.2.1 循环语句

Python 提供了执行循环的方法，如 while 循环语句和 for 循环语句。虽然两种方法都提供类似的基本功能，但它们的语法和条件检查时间不同。

(1) while 循环

在 Python 中，while 循环用于重复执行语句块，直到满足给定条件。当条件变为 False 时，将执行程序中循环之后的行。

```
➡ number=0
  while(number<3):
      number=number+1
      print('中国银行')
```
```
➥ 中国银行
  中国银行
  中国银行
```

注意，while（ ）函数后面需要加“:”，之后的语句要串行。

(2) for 循环

for 循环用于顺序遍历。例如，遍历列表、字符串或数组等。

```
➡ for i in range(0,3):
      print(i)
```
```
➥ 0
  1
  2
```

同样需要注意的是，for（ ）函数后面也需要加“:”，之后的语句要串行。

我们还可以使用序列中元素的索引进行迭代。首先计算列表的长度，然后在此长度范围内迭代序列。这也可以实现遍历输出。

```
➡ list=['贵州茅台','中国银行','上证指数']
  for i in range(len(list)):
      print(list[i])
```
```
➥ 贵州茅台
  中国银行
  上证指数
```

提示与注意

len（ ）函数用于返回字符串、列表、字典、元组等长度。

我们还可以将 else 语句与 for 循环相结合，就像在 while 循环中一样。但是由于 for 循环中没有执行将终止的条件，因此 else 语句将在 for 循环完成执行后立即执行。

2.2.2　条件语句

if 语句是 Python 中的主要逻辑方法，我们可以在很多 Python 代码中找到它们。例如，像下列这样编写的 Python 代码中进行判断而使用 if/else 条件语句是很常见的。

```
➡ maotai=1000
  if maotai<=500:
      print('目前茅台股价小于 500 元')
  else:
      print('目前茅台股价大于 500 元')
↪ 目前茅台股价大于 500 元
```

我们也可以使用更加简洁的代码，其可以做到对每个 if/else 条件语句执行相同的操作，但只需一行代码即可完成。

```
➡ print('小于 500'if maotai<=1000 else'大于 500')
↪ 小于 500
```

2.2.3　函数

函数是一个代码块，仅在调用时运行。我们可以将数据（称为参数）传递到函数中。函数可以返回数据作为结果。函数的一般格式如下。

```
➡ def function(arguments):
      # function body
      return
```

其中，def 用于声明函数的关键字；function 为函数的任何名称；arguments 为传递给函数的任何值；return（可选）则从函数返回值。注意，function（ ）后附加“:”。

(1) 创建函数

在 Python 中，使用 def 关键字定义函数，假如我们将函数命名为 foreignExchangeRates，并要求返回值为“外汇牌价”字符串，则创建函数的语句如下。

```
➡ def foreignExchangeRates( ):
      print('外汇牌价')
```

(2) 调用函数

创建函数后，我们可以通过使用函数名来调用它。

```
➡ def foreignExchangeRates( ):
      print('外汇牌价')
➡ foreignExchangeRates( )
↪ 外汇牌价
```

(3) 设置参数

数据可以作为参数传递到函数中。参数在函数名称之后的括号内指定。我们可以根据需要添加任意数量的参数，只需用逗号分隔即可。

我们可以创建独特的函数满足自己的计算要求。例如，下面的函数就类似于设计了一个实现次幂的计算器。要让函数返回值，需要使用语句 return。

```
def square(a,b):
    return a**b
```

如果希望计算 2 的 3 次幂，则可调用 square（ ）函数完成计算。

```
square(2,3)
```

```
8
```

实践与练习

①调用 square（ ）函数计算 10 的 6 次幂。
②调用 square（ ）函数计算 5 的 10 次幂。

2.2.4 嵌套

Python 中的嵌套可以理解为循环中的循环。“内部循环”将为“外部循环”的每次迭代执行一次“循环”。

```
size=['大','中','小']
cafe=['卡布奇诺','拿铁','摩卡']
for x in size:
    for y in cafe:
        print(x,y)
```

```
大 卡布奇诺
大 拿铁
大 摩卡
中 卡布奇诺
中 拿铁
中 摩卡
小 卡布奇诺
小 拿铁
小 摩卡
```

实践与练习

在上例的基础上再增一个嵌套。

2.3 数据结构

将时间与货币结合起来，就产生了现金流的概念。一项投资通常被认为是现金流出，人们通常将其表示为一个负的实数，举例来说，$c=-9.5$。回报是一个现金流入，因此是一个正的实数，或者在这个例子中，$c=11.75$。为了表示现金流发生的时间点，使用了一个时间指数：在这个例子中，$c_{t=0}=-9.5$，$c_{t=1}=11.75$，或者简称为 $c_0=-9.5$，$c_1=11.75$。一对现在和一年后的现金流在数学上被建模为有序对或二元组，它将两个相关的现金流合并为一个对象，$c=(c_0, c_1)$，在 Python 中，有多种数据结构可以用来模拟这样的数学对象。两个最基本的数据结构类型是 tuple 和 list。tuple 类型的对象是不可变的，也就是说，它们在实例化后不能被改变，而 list 类型的对象是可变的，在实例化后可以被改变。

2.3.1　元组

首先，我们举例说明“元组”对象。元组用 tuple 表示，以圆括号“（ ）”为特征。

元组是一种类似于列表的数据结构类型，不同之处在于元组是不可变的，这意味着一旦元组被定义后，就无法更改其中的元素。我们通过在括号之间放置逗号分隔的值来创建元组。

```
cashFlow0=-9.5                    # 定义某一时间节点的现金流出(负号)
cashFlow1=11.75                   # 定义一个时间段(如 1 年)后的现金流入(正号)
cashFlow=(cashFlow0,cashFlow1)    # 定义元组对象 cashFlow
cashFlow                          # 输出现金流对
```
```
(-9.5,11.75)
```
```
type(cashFlow)
```
```
tuple
```

我们可以通过列表［］的方式检索元组的值。［］中的数字为 key 或 index，返回的值为其相对应的 value。

```
print(cashFlow[0],cashFlow[1])
```
```
-9.5 11.75
```

实践与练习

①尝试执行 print(cashFlow[0]，cashFlow[2])，观察并说明结果。
②尝试执行 print(cashFlow[-1])，观察并说明结果。

2.3.2　列表

下面，我们来说明列表对象。

列表用 list 表示，以方括号“[ ]”为特征，是值的有序集合。列表是可变的，这意味着我们可以在不更改列表本身的情况下更改列表的值。列表中的值称为“元素”。列表元素可以通过索引来被访问。

注意，Python 索引从 0 开始。因此，如果我们有一个长度列表，第一个元素的索引是 0，最后一个元素的索引将是-1。

```
cashFlow=[cashFlow0,cashFlow1]
cashFlow
```
```
[-9.5,11.75]
```
```
type(cashFlow)
```
```
list
```
```
print(cashFlow[0],cashFlow[1])
```

```
➥ -9.5 11.75
➡ cashFlow[0]=-5.0
  cashFlow
➥ [-5.0,11.75]
```

我们可以利用 len（ ）函数获得列表中“元素”的个数。

```
➡ list1=['现金','流出时间',2022,5,1]
  print(len(list1))
➥ 5
```

我们还可以通过访问索引并分配新值来更改列表中的元素。

```
➡ list1=['现金','流出时间',2022,5,1]
  list1[3]=6
  print(list1)
➥ ['现金','流出时间',2022,6,1]
```

或者用冒号对列表进行切片取值。

```
➡ list1=['现金','流出时间',2022,5,1]
  print(list1[0:2])
➥ ['现金','流出时间']
```

提示与注意

切片从指示的第一个元素开始，但不包括指示的最后一个元素。

如果希望在列表中增加或删除元素，可以使用 append（ ）和 remove（ ）函数。

```
➡ list1=['现金','流出时间',2022,5,1]
  list1.append('查询')
  print(list1)
➥ ['现金','流出时间',2022,5,1,'查询']
➡ list1.remove('流出时间')
  print(list1)
➥ ['现金',2022,5,1,'查询']
```

当需要对每一个操作都保留结果时，可以使用赋值的方法。

```
➡ list1=['现金','流出时间',2022,5,1]
  list2=list1[0:2]
  print(list1)
  print(list2)
➥ ['现金','流出时间',2022,5,1]
  ['现金','流出时间']
```

2.3.3 集合

集合是没有重复元素的无序集合。Python 内置的 set（ ）函数可用于创建集合。set（ ）函数是从列表中删除重复元素的简单方法。

```
➡ bankList=['工商银行','中国银行','农业银行','工商银行','建设银行',
            '农业银行','中国银行','工商银行','建设银行','工商银行']
  bankSet=set(bankList)
  print(bankSet)
↳ {'建设银行','农业银行','工商银行','中国银行'}
➡ type(bankSet)
↳ set
```

2.3.4　字典

字典是 Python 中最重要的数据结构之一。字典以“{}”为特征。与按整数索引的序列不同，字典使用键（key）索引，键可以是字符串或浮点数。字典是“键：值”对的无序集合。Python 要求键是唯一的。我们通过在大括号内放置一个以逗号分隔的“键：值”对列表来创建字典。定义字典后，就可以通过在括号中指示其键来访问任何值（value）。我们还可以利用字典对象的内置方法返回字典中使用的所有键的列表。下面是一个 dict. keys（）应用的例子。

```
➡ bankDic={'601288':'农业银行','601398':'工商银行',
           '601988':'中国银行','601939':'建设银行'}
  print(bankDic['601988'])
↳ 中国银行
```

实践与练习

尝试用其他键索引输出结果。

2.3.5　常用操作

字符串是不可变的字符序列，它可以像元组一样按索引切片取值。

```
➡ print(bankDic.keys())
↳ dict_keys(['601288','601398','601988','601939'])
➡ str_01='中国银行农业银行工商银行建设银行'
  print(str_01[12:])
↳ 建设银行
```

实践与练习

①从 str_01 中得到‘工商银行’，切片语句应如何设置。

②从 str_01 中得到‘商银行建’，切片语句应如何设置。

我们可以使用 string. count（）函数来计算字符串中某个字符的出现次数。

```
➡ string='中国银行农业银行工商银行建设银行'
```

```
print(string.count('银行'))
```

➥ 4

使用 string. find（ ）函数来返回特定字符的索引。

```
➡ print(string.find('银行'))
➥ 2
```

使用 string. replace（ ）函数进行字符替换。

```
➡ print(string.replace('银行','银行,'))
➥ 中国银行,农业银行,工商银行,建设银行,
```

string. split（ ）也是字符串最常用的函数，此函数将按指示的字符拆分为字符串并返回一个列表。

```
➡ timeValue='2023-05-01,10:20:16'
  splited_list=timeValue.split(',')
  date=splited_list[0]
  time=splited_list[1]
  print(f'{date}{time}')
➥ 2023-05-01 10:20:16
➡ hour=timeValue.split(':')[1]
  print(hour)
➥ 20
```

我们可以用变量替换字符串的一部分，这被称为字符串格式设置。另外，设置字符串格式还有另一种方法，即使用%符号。

说明与解释

%s 接收字符串的占位符。

%f 取一个浮点数。

%d 取一个整数。

我们还可以使用字符串功能格式化字符串。

```
➡ priceInfo='今日股价为:{},今日外汇牌价为:{}'.format(100,6.7)
  print(priceInfo)
➥ 今日股价为:100,今日外汇牌价为:6.7
➡ print('e 的值为%f'% 2.718281828459045)
➥ e 的值为 2.718282
➡ print('%s 等于%s'% ('e','2.718281828459045'))
➥ e 等于 2.718281828459045
➡ import numpy as np
  print(f'e is{np.e}')
➥ e is 2.718281828459045
```

2.4　NumPy 库

NumPy 是一个处理数字的 Python 核心库（模块）。NumPy 名字中的第一部分 Num 代表数字（Number），第二部分 Py 代表 Python。在介绍 NumPy 之前，我们有必要简单说明一下线性代数的特征，这有利于我们理解 NumPy 中 array（数组）的数据结构。NumPy 中的 array 必须有相同数据类型属性，且 array 可以是多维的。

2.4.1　NumPy 的导入

第一次使用 NumPy 时需要导入 NumPy，导入语句如下：

```
➡ import numpy as np
```

说明与解释

以上代码中，在导入模块后给了它一个别名 np。实际上，我们可以指定任何我们希望要的别名，代码都会发挥作用。但是，我们建议初学者使用 np。这是因为，大多数的 Python 代码编写者都习惯使用 np 这个别名，所以如果我们是一个代码编写团队，或有需要与其他人分享我们的代码时，他们会较为清晰地知道我们在整个项目中做了些什么，这种所谓的“标识的一致性”会使工作更容易开展。

2.4.2　线性代数

统计学和定量金融领域的许多论文都大量使用线性代数作为数据分析的数学工具，因此需要具备必要的线性代数的知识才能更好地理解金融语言。

NumPy 中 array 是一个线性代数运算的强力工具，特别在矩阵处理方面。矩阵是数字、符号或表达式的矩形数组，按行和列排列。矩阵代数将经典分析概念（如导数和指数）推广到更高维度。矩阵代数将单个函数相对于许多变量的各种偏导数以及关于单个变量的多元函数的各种偏导数收集到可被视为单个实体的向量和矩阵中。这大大简化了运算，例如求多元函数的最大值或最小值以及求解微分方程组，都可以使用矩阵代数作为工具。

在金融领域，线性代数的一些应用包括通过求解线性方程寻找套利机会、计算投资组合方差（或风险）等。

（1）向量

向量（或称矢量，Vectors）是第一个我们要说明的概念。一个向量可以被认为是一个从原点指向一个特定点的箭头。任何向量或点都可以用其坐标来表示，即一个数字阵列，如 (x, y) 表示一个二维向量，(x, y, z) 表示一个三维向量。我们通常把一个向量写成如下一列。

$$v = \begin{pmatrix} x \\ y \\ z \end{pmatrix}$$

两个向量的标量乘积 x 和 y 在二维空间中定义为：

$$x^T y = (x_1 x_2)\begin{pmatrix} y_1 \\ y_2 \end{pmatrix} = x_1 y_1 + x_2 y_2$$

这个定义可以很容易地被推广到多维空间。需要注意的是，我们不能对两个不同维度的向量进行乘积操作。

（2）矩阵

如果我们有几个向量 v_1，v_2，…，v_n 具有相同的维度，那么我们可以把它们并排放在一起，形成一个矩阵。例如三个向量分别为：

$$v_1 = \begin{pmatrix} 1 \\ 2 \\ 3 \end{pmatrix} v_2 = \begin{pmatrix} 4 \\ 5 \\ 6 \end{pmatrix} v_3 = \begin{pmatrix} 7 \\ 8 \\ 9 \end{pmatrix}$$

那么，v_1，v_2，v_3 结合起来，可以产生一个新矩阵 M。

$$M = \begin{pmatrix} 1 & 2 & 3 \\ 4 & 5 & 6 \\ 7 & 8 & 9 \end{pmatrix}$$

这里，M 是一个 3×3 的矩阵。我们通常将一个矩阵的尺寸描述为 $i \times j$。其中，i 为行的数量、j 是列的数量。正方形矩阵是一个行数与列数相同的矩阵。M_{ij} 指的是第 i 行和第 j 列中的一个特定值。例如，M_{23} 是指第 2 行和第 3 列的数字，即“6”。

在 Python 中，NumPy 处理线性代数的能力超群。我们介绍过的数组就可以被看作是一个向量。我们可以使用 NumPy 生成向量和矩阵。

```
➡ import numpy as np
  v1=np.array([1,2,3])
  v2=np.array([4,5,6])
  v3=np.array([7,8,9])
  matrix1=np.column_stack((v1,v2,v3))
  matrix1
↪ array([[1,4,7],
         [2,5,8],
         [3,6,9]])
➡ type(matrix1)
↪ numpy.ndarray
```

注意，这里我们利用 column_stack（ ）函数来确保向量是垂直且并排放置的，形成一个矩阵，或者说是将一维数组作为列堆叠（stack）成多维数组。如果没有 column_stack（ ）函数，将会输出一个水平向量。

```
➡ matrix2=(v1,v2,v3)
  matrix2
↪ (array([1,2,3]),array([4,5,6]),array([7,8,9]))
➡ type(matrix2)
↪ tuple
```

（3）矩阵乘法

两个矩阵可以进行相乘运算，如希望计算 $m1 \times m2$，则：

$$m1m2=\begin{pmatrix}m1_{11} & m1_{12}\\ m1_{21} & m1_{22}\\ m1_{31} & m1_{32}\end{pmatrix}\begin{pmatrix}m2_{11} & m2_{12}\\ m2_{21} & m2_{22}\end{pmatrix}=\begin{pmatrix}M_{11} & M_{12}\\ M_{21} & M_{22}\\ M_{31} & M_{32}\end{pmatrix}$$

其中，

$$M_{11}=m1_{11}m2_{11}+m1_{12}m2_{21}$$
$$M_{12}=m1_{11}m2_{12}+m1_{12}m2_{22}$$

其他 M_{mn} 类推。

在 NumPy 中，我们可以用 dot（ ）函数对矩阵进行乘法。

```
➡ m1=np.array([[2,3],[4,2],[2,2]])
  m2=np.array([[4,2],[4,6]])
  M=np.dot(m1,m2)
  print(M)
↳ [[20 22]
  [24 20]
  [16 16]]
```

由于矩阵乘法是以向量积的形式定义的，因此这意味着一个（i×j）矩阵乘以一个（i×p）矩阵会产生一个（j×p）矩阵。或者说，满足列数相同才可以相乘。相反，颠倒乘法的顺序会导致错误，因为 m_2 的列数没有 m_1 的行数多。

```
➡ M=np.dot(m2,m1)
  print(M)
↳ ValueError:shapes(2,2)and(3,2)not aligned:2(dim 1)! =3(dim 0)
```

可以看到，输出结果提示出现错误，原因是形状（2，2）和（3，2）不对齐：2（dim 1）! =3（dim 0）。矩阵乘法不是换元的，换句话说，一般情况下 $m_1m_2 \neq m_2m_1$。

我们再举一个例子看看矩阵相乘的结果。

```
➡ import numpy as np
  m1=np.matrix([[1,2,3],[4,5,6],[7,8,9]])
  m2=np.matrix([[1],[0],[0]])
  m1*m2
↳ matrix([[1],
          [4],
          [7]])
```

实践与练习

使用 .matrix 任意生成两个矩阵，并输出矩阵相乘的结果。

（4）转置

“单位矩阵”是一个正方形矩阵，主对角线上是 1，其他地方是 0。下面是一个 n 行×n 列的单位矩阵。

$$M_n = \begin{pmatrix} 1 & 0 & 0 \\ 0 & 1 & 0 \\ 0 & 0 & 1 \end{pmatrix}$$

任何矩阵乘以一个单位矩阵，就像一个数字乘以 1 一样。具体来说，如果 A 是一个 m×n 矩阵，那么，

$$M_n A = AM_n = A$$

如果 A^{-1} 是一个正方形矩阵的逆矩阵 A，则，

$$AA^{-1} = M = A^{-1}A$$

在 NumPy 中，我们用 linalg. inv（ ） 函数实现矩阵求逆。

```
➡ import numpy as np
  a=np.array([1,2,3])
  b=np.array([2,2,2])
  c=np.array([2,1,1])
  matrix=np.column_stack((a,b,c))
  print(matrix)
↳ [[1 2 2]
   [2 2 1]
   [3 2 1]]
➡ print(np.linalg.inv(matrix))
↳ [[0.    -1.    1. ]
   [-0.5  2.5   -1.5]
   [1.    -2.    1. ]]
```

现在让我们检查一下正方形矩阵的逆矩阵相乘是否为 M。

```
➡ inverse=np.linalg.inv(matrix)
  print(np.dot(matrix,inverse))
↳ [[1.00000000e+00  -4.44089210e-16  2.22044605e-16]
   [0.00000000e+00  1.00000000e+00   0.00000000e+00]
   [0.00000000e+00  0.00000000e+00   1.00000000e+00]]
➡ print(np.dot(inverse,matrix))
↳ [[1.00000000e+002.22044605e-161.11022302e-16]
   [0.00000000e+001.00000000e+00-2.22044605e-16]
   [0.00000000e+000.00000000e+001.00000000e+00]]
```

（5）线性方程

线性代数中一个常见的问题是解线性方程。假设某个线性方程如下：

$$\begin{cases} x + 2y + 3z = 10 \\ -2x + 4y + z = -6 \\ 2x - 2y + z = 8 \end{cases}$$

那么，

$$V = \begin{pmatrix} 1 & 2 & 3 \\ -2 & 4 & 1 \\ 2 & -2 & 1 \end{pmatrix},\ v = \begin{pmatrix} x \\ y \\ z \end{pmatrix},\ r = \begin{pmatrix} 10 \\ -6 \\ 8 \end{pmatrix}$$

则，上面的线性方程可以写成：

$$Vv=r$$

如果 A 是可倒置的，那么我们可以将其乘以 A^{-1} 得到解。

```
➡ A=np.array([[1,2,3],[-2,4,1],[2,-2,1]])
  b=np.array([[10],[-6],[8]])
  inv_A=np.linalg.inv(A)
  np.dot(inv_A,b)
↪ array([[14.],
         [7.],
         [-6.]])
```

求解可以得到 14、7、-6。我们也可以使用 linalg.solve（ ）函数求解，这是一种更稳定的求解方法。

```
➡ A=np.array([[1,2,3],[-2,4,1],[2,-2,1]])
  b=np.array([[10],[-6],[8]])
  np.linalg.solve(A,b)
↪ array([[14.],
         [7.],
         [-6.]])
```

2.4.3 统计计算

除线性代数之外，NumPy 还可以处理各种类型数据集的统计计算，如平均值、中位数、标准差和方差。如果我们有计算想法，但不确定 NumPy 能否实现这个想法的功能，建议在尝试编写自己的程序之前检索互联网的经验。对于大多数数字分析问题，NumPy 都能够胜任。下面显示了 NumPy 计算均值的过程。

假设我们设置一个名为 numbers 的数据集合，可以使用 np.mean（ ）函数求均值。

```
➡ import numpy as np
  numbers=[1,2,3,4,5,6,7,8,9]
  np.mean(numbers)
↪ 5.0
➡ type(numbers)
↪ list
```

如果 numbers 是一个列表。我们也可以将这个列表转换为 NumPy 的数组 array 后求均值。

```
➡ numbers=[1,2,3,4,5,6,7,8,9]
  ary_numbers=np.array(numbers)
  ary_numbers.mean()
↪ 5.0
➡ type(ary_numbers)
➡ numpy.ndarray
```

如上所示，有两种方法可以达到求均值的目的。第一种方法是使用 np.mean（ ）函数。这个函数是 NumPy 模块的属性之一，可以直接访问。使用这种方法的好处是，在 NumPy 满足计算要求之前，不需要在大多数情况下改变数据类型。这些数据类型包括列表、Pandas 的 Series 或数据框（DataFrame）。第二种方法，首先使用 np. array（ ）将列表转化为 NumPy 数组，然后使用 mean（ ）函数。

2.4.4 基本操作

（1）数组

使用 NumPy 的 arange（ ）函数可以轻松创建数组。它的标准格式为：numpy. arange（start，stop，step，dtype=None），（ ）中可以置入参数指定生成数组的范围、个数和频度。一个参数时，参数值为终点，起点取默认值 0，步长取默认值 1；两个参数时，第一个参数为起点，第二个参数为终点，步长取默认值 1；三个参数时，第一个参数为起点，第二个参数为终点，第三个参数为步长。其中步长支持小数。

```
➡ x=np.arange(6)                 # 创建终点到 6 的数组
  x
➥ array([0,1,2,3,4,5])
➡ y=x[:3]                        # 从 x 的首位数开始取 3 个值
  y
➥ array([0,1,2])
```

实践与练习

①使用 arange（ ）函数创建一个起点为 2，终点为 13，步长为 2 的数组。
②从 x 数组中提取出最后一个值。

（2）广播

广播（Broadcast）是 NumPy 对不同形状的数组进行数值计算的方式。如果两个数组 array1 和 array2 形状相同，即满足 array1. shape==array2. shape，那么 array1 * array2 的结果就是 array1 与 array2 数组对应位相乘，这要求维数相同，且各维度的长度相同。

首先，我们看一个 2 个数组形状相同的例子。

```
➡ import numpy as np
  arr1=np.array([1,2,3,4,5])
  arr2=np.array([5,6,7,8,9])
  arr3=arr1* arr2
  print(arr3)
➥ [5 12 21 32 45]
```

当一个 2 个数组的形状不同时，NumPy 将自动触发广播机制。

```
➡ import numpy as np
  arr4=np.array([[0,0,0],
                 [1,1,1],
                 [2,2,2],
                 [3,3,3]])
```

```
    arr5=np.array([5,6,7])
    print(arr4+arr5)
➥  [[5  6  7]
     [6  7  8]
     [7  8  9]
     [8  9  10]]
```

(3) 切片

下面的例子显示了一个由两个符合要求的 Python 列表构成的二维 2×3 数组。我们可以利用“:”进行数据切片取值。切片是数据分析过程中经常用到的操作，有必要熟练掌握。我们可以通过以下数组了解切片的基本操作。

```
➡  arr=np.array([[1,2,3,4],
                  [5,6,7,8],
                  [9,10,11,12],
                  [13,14,15,16]])
➡  arr
➥  array([[1,2,3,4],
          [5,6,7,8],
          [9,10,11,12],
          [13,14,15,16]])
```

我们还可以通过 . shape 了解数组的维度信息。

```
➡  arr.shape
➥  (4,4)
➡  arr[:,0]                    # 输出每一行的第 0 列数据
➥  array([1,5,9,13])
➡  arr[:,1]                    # 输出每一行的第 1 列数据
➥  array([2,6,10,14])
➡  arr[0,:]                    # 输出第 0 行的每一列数据
➥  array([1,2,3,4])
➡  arr[1,:]                    # 输出第 1 行的每一列数据
➥  array([5,6,7,8])
➡  arr[:,1:]                   # 输出所有行的,从第 1 列开始到最后一列的数据
➥  array([[2,3,4],
          [6,7,8],
          [10,11,12],
          [14,15,16]])
➡  arr[:,::1]                  # 输出所有行的,跨 0 列取值
➥  array([[1,2,3,4],
          [5,6,7,8],
          [9,10,11,12],
          [13,14,15,16]])
➡  arr[:,::2]                  # 输出所有行的,跨 1 列取值
➥  array([[1,3],
```

```
        [5,7],
        [9,11],
        [13,15]])
arr[:,::3]                          # 输出所有行的,跨 2 列取值
array([[1,4],
        [5,8],
        [9,12],
        [13,16]])
arr[:,::4]                          # 输出所有行的,跨 3 列取值
array([[1],
        [5],
        [9],
        [13]])
```

实践与练习

仔细、耐心体会切片的机理。

(4) 特殊矩阵函数

np. zeros ( ) 与 np. ones ( ) 是两个特殊矩阵输出函数。它们提高了为矩阵变量赋值的效率。使用 np. ones ( ) 可以创建一个充满 1 的 NumPy 数组，而 np. zeros ( ) 则是可以对 0 做同样的事情。

```
zeroArray=np.zeros((3,3))
zeroArray
array([[0.,0.,0.],
        [0.,0.,0.],
        [0.,0.,0.]])
oneArray=np.ones((3,3))
oneArray
array([[1.,1.,1.],
        [1.,1.,1.],
        [1.,1.,1.]])
```

我们还可以在此基础上更新赋值。

```
oneArray[0,0]=6
oneArray
array([[6.,1.,1.],
        [1.,1.,1.],
        [1.,1.,1.]])
```

实践与练习

使用 np. zeros ( ) 函数生成一个 5×5 矩阵，并将 9 覆盖第 2 行、第 4 列的值。

2.4.5　常用函数

(1) np.arange ( ) 函数

使用 np.arange ( ) 函数产生一个增量相等的数字序列。通过改变两个输入，我们可以让这个函数输出许多不同的数字序列，这些都是我们在数据分析过程中经常用到的。

```
➡ np.arange(10)
↪ array([0,1,2,3,4,5,6,7,8,9])
➡ np.arange(2,10)                    # 2 起点,10-1 为终点,步长为 1
↪ array([2,3,4,5,6,7,8,9])
➡ np.arange(-1.2,3)                  # -1.2 起点,3 为终点,步长为 1
↪ array([-1.2,-0.2,0.8,1.8,2.8])
```

注意以上三块代码，当 np.arange ( ) 函数只有一个输入参数时，默认是我们希望得到一个从 0 到输入的数字序列。np.arange ( ) 的默认情况是，我们希望要一个从 0 到输入的数字序列，增量为 1；当有两个输入参数时，就像第二、三块代码中那样，函数的默认值是我们希望得到一个从第一个输入到第二个输入的数字序列，步长为 1。

(2) enumerate ( ) 函数

假设我们给出 10 个贷款人的 3 年的年收入数据，用 NumPy 创建代码，并报告平均值。下面的语句中提供了 10 个贷款人的数据和这个例子的解决方案。

```
➡ lenders =['赵某','钱某','孙某','李某','周某','吴某','郑某','王某','冯某','陈某']
  income2016 = [100000,130000,90000,70000,200000,150000,120000,160000,90000,
               80000]
  income2017=[110000,128000,100000,90000,190000,140000,150000,180000,100000,
              90000]
  income2018=[130000,140000,100000,70000,200000,120000,130000,200000,110000,
              100000]
```

我们首先构建一个一维矩阵，赋值为 0。

```
➡ averageIncome=np.zeros(10)
  print(averageIncome)
  for i,lender in enumerate(lenders):
      averageIncome[i]=np.mean([income2016[i],income2017[i],income2018[i]])
  print(averageIncome)
↪ [0.0.0.0.0.0.0.0.0.0.]
  [113333.33333333  132666.66666667  96666.66666667  76666.66666667
   196666.66666667  136666.66666667  133333.33333333 180000.
   100000.          90000.]
```

提示与注意

for 循环中的 enumerate ( ) 函数的作用是帮助代码同时拥有索引 (i) 和项目 (名称)。

我们还可以使用 enumerate（ ）函数以更易读的形式输出结果。

```
# 以更易读的格式输入结果
for i,lender in enumerate(lenders):
    print('三年的平均年收入{}:{}'.format(lender,averageIncome[i]))
```

```
三年的平均年收入 赵某:113333.33333333333
三年的平均年收入 钱某:132666.66666666666
三年的平均年收入 孙某:96666.66666666667
三年的平均年收入 李某:76666.66666666667
三年的平均年收入 周某:196666.66666666666
三年的平均年收入 吴某:136666.66666666666
三年的平均年收入 郑某:133333.33333333334
三年的平均年收入 王某:180000.0
三年的平均年收入 冯某:100000.0
三年的平均年收入 陈某:90000.0
```

（3）np. linspace（ ）函数

使用 np. linspace（ ）函数在一个指定的间隔内返回均匀的数字。该函数需要三个输入参数。前两个输入参数指定区间，第三个输入参数指定输出的元素个数。

```
np.linspace(0,1,15)
```

```
array([0.        ,0.07142857,0.14285714,0.21428571,0.28571429,
       0.35714286,0.42857143,0.5       ,0.57142857,0.64285714,
       0.71428571,0.78571429,0.85714286,0.92857143,1.        ])
```

```
np.linspace(10,100,20)
```

```
array([10.        ,14.73684211,19.47368421,24.21052632,
       28.94736842,33.68421053,38.42105263,43.15789474,
       47.89473684,52.63157895,57.36842105,62.10526316,
       66.84210526,71.57894737,76.31578947,81.05263158,
       85.78947368,90.52631579,95.26315789,100.        ])
```

在第一个代码块中，代码执行后得到 15 个数字均匀地分布在 0 和 1 之间。同样的，第二个代码块执行后得到 20 个数字均匀地分布在 10 和 100 之间。

np. linspace（ ）是一个非常方便的函数，适用于需要尝试不同数值以找到自己最想要的数值的情况。我们还可以使用 np. linspace（ ）函数求解方程。

假如我们希望求解下列方程 x 的值，

$$x^2 - 7x + 12 = 0$$

一般来说，我们会使用因式分解的方法，得到下式。3 或 4 就是 x 的解。

$$x^2 - 7x + 12 = (x - 3)(x - 4)$$

我们可以用 NumPy 来尝试-1000 和 1000 之间任何整数是否存在解。下面是 Python 的求解代码。

```
solutions=np.linspace(-1000,1000,2001)
for x in solutions:
    if(x**2-7*x+12==0):
        print('存在一个可能值:{}'.format(x))
```

```
存在一个可能值:3.0
存在一个可能值:4.0
```

2.4.6 NumPy 金融案例

金融学使用线性代数和概率论，这两个数学中的重要分支都利用 NumPy 得到有效处理。这不仅从建模的角度来说是如此，而且从数据处理、科学计算、模型优化、可视化和其他角度来说也是如此。

下面我们首先介绍几个基本的金融概念，并结合 NumPy 进行演示。

(1) 单期收益率

资产的收益是指资产的价值在一定时期的增值。我们先来看一下单期收益率。单期收益率也称简单收益率，其可按以下公式计算。

$$r = \frac{p_t}{p_0} - 1 = \frac{p_t - p_0}{p_0}$$

上式中，r 是收益率、p_t 是时间的资产价格、p_0 是 0 期的资产价格。

假设 $p_t = 105$，$p_0 = 100$，我们可以通过以下 Python 语句计算收益率。

```
import numpy as np
rateReturn=105/100-1
print(rateReturn)
```

```
0.050000000000000044
```

如果对输出结果的位数有要求，可以使用'%.2f'%（小数点后 2 位）或 format（ ）函数对输出结果进行位数设置。

```
rateReturn=105/100-1
print('%.2f'% rateReturn)
```

```
0.05
```

```
rateReturn=105/100-1
print(format(rateReturn,'.4f'))
```

```
0.0500
```

举例来说，如果我们以 50 元的价格买了一只股票，半年后这只股票价格上升至 53 元。一年后，其价格又增至 55 元。这时，如果希望计算股票的总收益，我们就可以把它看作是计算单期收益率的过程。

$$r = \frac{p_t}{p_0} - 1 = \frac{55}{50} - 1 = 0.1$$

或作为一个两个时间阶段的问题处理，即 r_1 为半年后股价变化的收益率，r_2 为一年后股价变化的收益率。

$$r = (1 + r_1)(1 + r_2) - 1 = \frac{53}{50} \times \frac{55}{53} - 1 = 0.1$$

如果每年进行两次计算，其可称作“半年期复利”。若是按季度进行计算，则可称其为“季度复利”，我们可以假设每个季度末的股票价格分别是 r_1，r_2，r_3，r_4。

$$r = (1 + r_1)(1 + r_2)(1 + r_3)(1 + r_4) - 1$$

这里，我们计算的收益率被称为累计收益率或整体回报率。它衡量的是这项资产在一段时间内的总收益。

我们再看下一个例子。假设某投资者目前有两个策略，策略 A 和策略 B。该投资者对策略 A 进行了 1 年的回测，累计收益率为 20%；对策略 B 进行了 4 次 3 个月（一个季度）的回测，每次累计收益率为 6%。那么，策略 A 和策略 B 哪个策略的收益率更高？

对于这个问题，常用的方法是将所有的收益率转换成复利的年收益率，而不考虑每个策略的投资期限。我们现在可以比较不同时间跨度的策略收益。由于一年有四个季度，策略 B 的年收益率可从下式得到。

$$r=(1+0.06)^4-1=0.262$$

比较 26.2%和 20%时，可知策略 B 的复合年收益率更高。

（2）对数收益

在以上例子中，策略 B 在三个月内有 6%的收益。从名义上看，年收益率为 4×6%＝24%。它的计算方法是周期性利率乘以每年的周期数，根据单利计算，不考虑复利期，而有效年利率是 26%。有效年利率是一个重要的工具，可以对投资的实际回报进行评估。如果我们假设一年中的复利期数为 n，那么将上述年利率转换为有效年利率的公式为：

$$r=\left(1+\frac{r_n}{n}\right)^n-1$$

资产的价格每秒钟甚至每毫秒都在变化，那么复利的周期 n 就会接近无限大。这就是所谓的“连续复利”，其计算公式如下：

$$\lim_{n\to\square}\left(1+\frac{r}{n}\right)^n=e^r$$

如果我们假设连续复利，

$$e^{r_n}=1+r_e=\frac{p_t}{p_0}$$

然后，在方程两边取对数，则有：

$$r_n=\ln\frac{p_t}{p_0}=\ln(p_t)-\ln(p_0)$$

这里我们得到了对数收益，或连续复利收益。注意，这个收益是名义的，即每一毫秒都有利息复利。

$$e^{r_n}=1+r_e$$

上式可以变换为下式：

$$r_e=e^{r_n}-1\approx r_n$$

由于泰勒扩展和利率较小，所以可以认为 $r_e\approx r_n$ 成立。此等式在计算收益时经常使用，一旦取了资产价格的对数，我们就可以通过简单的减法计算出对数收益。

下面，我们以中国平安（601318）的股票价格数据为例，使用 Python 展示计算收益率的过程。

（3）第三方数据接口库

股价数据可以从第三方数据接口库获取，或者直接从本地导入。

从第三方数据接口库获取股价的选择很多，我们这里使用 qstock。有关 qstock 的详细介绍可以参考“3.4　金融数据”。这里我们直接给出数据下载语句。

首先安装 qstock 库。

```
➡ pip install qstock
```

然后导入 qstock，一般简写为 qs。

```
import qstock as qs
```

如果我们仅希望获取某只股票的收盘价，qstock 提供了 get_price（ ）函数。

```
lists_price=['中国平安']
pingan_price=qs.get_price(lists_price,start='20180104',
                                         end='20230104')
pingan_price
```

```
              中国平安
date
2018-01-04    60.71
2018-01-05    60.42
2018-01-08    59.54
2018-01-09    61.40
2018-01-10    61.25
…             …
2022-12-28    46.28
2022-12-29    45.82
2022-12-30    47.00
2023-01-03    47.15
2023-01-04    48.53
1215 rows×1 columns
```

如果希望获取包括收盘价、开盘价等在内的多个数据，可以使用 get_data（ ）函数。

```
lists_data=['中国平安']
pingan_data=qs.get_data(lists_price,start='20180104',
                                       end='20230104')
pingan_data
```

```
             name      code            open      high    low     close
             volume    turnover        turnover_rate
date
2018-01-04   中国平安   601318          60.55     61.73   60.08   60.71
             1061158   7.558632e+09    0.98
2018-01-05   中国平安   601318          61.12     61.41   59.98   60.42
             772076    5.478422e+09    0.71
2018-01-08   中国平安   601318          60.32     60.32   58.85   59.54
             1228730   8.582728e+09    1.13
2018-01-09   中国平安   601318          59.83     61.61   59.56   61.40
             1239491   8.846741e+09    1.14
2018-01-10   中国平安   601318          61.13     61.40   60.24   61.25
             828123    5.908132e+09    0.76
…            …         …               …         …       …       …
2022-12-28   中国平安   601318          45.43     46.45   45.30   46.28
             456267    2.106156e+09    0.42
```

```
2022-12-29  中国平安  601318          45.95    46.01   45.11  45.82
                      469576  2.138460e+09  0.43
2022-12-30  中国平安  601318          46.00    47.20   46.00  47.00
                      553005  2.594030e+09  0.51
2023-01-03  中国平安  601318          46.59    47.26   46.06  47.15
                      602304  2.815200e+09  0.56
2023-01-04  中国平安  601318          47.30    48.63   47.30  48.53
                      869496  4.183125e+09  0.80
1215 rows×9 columns
```

对比 get_price（ ）函数与 get_data（ ）函数的输出结果，我们可以看到 get_data（ ）函数的数据更丰富。get_price（ ）函数的输出数据与 get_data（ ）函数输出数据中的“close”列数值一致。

说明与解释

qs. get_data（ ）函数的参数中的 start 设置下载数据的起始时间，end 设置终止时间。

（4）本地导入数据

如果数据已经下载到本地，那么就可以直接导入使用。我们使用 pd. read_csv（ ）函数就可以读取 csv 格式文件。

```
➡ import pandas as  pd
  pingan=pd.read_csv('../dataFiles/中国平安.csv',
                      index_col='date',parse_dates=True)[['close']]
  pingan
```

```
↳              close
  date
  2018-01-04   60.71
  2018-01-05   60.42
  2018-01-08   59.54
  2018-01-09   61.40
  2018-01-10   61.25
  …            …
  2022-12-28   46.28
  2022-12-29   45.82
  2022-12-30   47.00
  2023-01-03   47.15
  2023-01-04   48.53
  1215 rows×2 columns
```

NumPy 提供 np. log（ ）函数实现对数计算，我们可以通过 pingan［'logPriceDay'］语句将结果作为一个新列加入 pingan 数据集中。

```
➡ import numpy as np
```

```
pingan['logPriceDay']=np.log(pingan_df.close)
pingan
```

```
               close     logPriceDay
date
2018-01-04     60.71     4.106108
2018-01-05     60.42     4.101320
2018-01-08     59.54     4.086648
2018-01-09     61.40     4.117410
2018-01-10     61.25     4.114964
…              …         …
2022-12-28     46.28     3.834710
2022-12-29     45.82     3.824721
2022-12-30     47.00     3.850148
2023-01-03     47.15     3.853334
2023-01-04     48.53     3.882182
1215 rows×2 columns
```

接下来，我们使用 diff（ ）函数计算一阶差值。diff（ ）函数实现的是 log_return［i］= log_price［i+1］-log_price［i］。

```
pingan['logReturnDay']=pingan['logPriceDay'].diff()
```

最后，输出结果。

```
pingan
```

```
               close     logPriceDay  logReturnDay
date
2018-01-04     60.71     4.106108     NaN
2018-01-05     60.42     4.101320     -0.004788
2018-01-08     59.54     4.086648     -0.014672
2018-01-09     61.40     4.117410     0.030761
2018-01-10     61.25     4.114964     -0.002446
…              …         …            …
2022-12-28     46.28     3.834710     0.015241
2022-12-29     45.82     3.824721     -0.009989
2022-12-30     47.00     3.850148     0.025427
2023-01-03     47.15     3.853334     0.003186
2023-01-04     48.53     3.882182     0.028848
1215 rows×3 columns
```

这样，就计算出了“中国平安”股票的每日对数收益率。注意，输出结果中的 logReturnDay［0］因为没有被减对象，所以为 NaN（缺失值）。

```
pingan.logReturnDay[0]
```

```
nan
```

在一年间的日对数收益率的基础上，我们可以通过 sum（ ）函数轻松地将所有日收益率相加，来计算 2018 年 1 月 4 日到 2023 年 1 月 4 日的累计收益率。

```
➡ totalReturn=pingan.logReturnDay.sum()
  print(totalReturn)
↪ -0.2239262657252179
```

我们也可以将每日收益率可视化呈现出来（图 2-1）。

```
➡ import matplotlib.pyplot as plt
➡ plt.rcParams['figure.figsize']=(9,2)          # 设定视图尺寸
  plt.rcParams['figure.dpi']=180                # 设定视图分辨率
  plt.grid()
  plt.plot(pingan.index,pingan['logReturnDay'])
↪
```

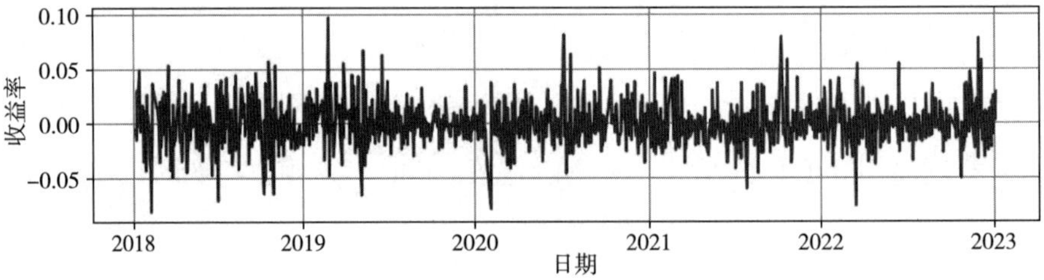

图 2-1　每日收益率

也可以使用以下语句：

```
➡ pingan.logReturnDay.plot()
➡ pingan[['logReturnDay']].plot()
```

实践与练习

分别执行上述语句，观察输出结果。

我们可以证明将每日的收益率相加在数学上是正确的。我们假设一段时期内的股票价格用 $[p_0, p_1, p_2, p_3, \cdots, p_n]$ 表示，那么累计收益率由以下公式得出。

$$1+r_e \approx 1+r_n = \ln\frac{p_t}{p_0} = \ln\frac{p_t}{p_{t-1}} + \ln\frac{p_{t-1}}{p_{t-2}} + \cdots + \ln\frac{p_1}{p_0}$$

根据以上公式，我们可以简单地将一个时期内的每个对数收益率相加，得到累计收益率。这种方法的便利性也是我们在量化金融中使用对数收益的原因之一。

（5）计算期望值

概率分布告诉我们随机变量取某些值的概率。例如，下面的概率分布告诉我们某投资组合的收益概率。

```
➡ df=pd.read_csv('../dataFiles/expectedValue.csv')
  df
↪     stocks_xprobability_px
```

```
0  0          0.14
1  1          0.36
2  2          0.20
3  3          0.20
4  4          0.10
```

要找到概率分布的期望值，我们可以使用以下公式：

$$\mu = \sum x \cdot P(x)$$

上式中，x 为数据值，P （x） 为值的概率。为了计算 Python 中概率分布的期望值，我们可以定义一个简单的函数：

```
import numpy as np
def expectedValue(xs,pxs):
    xs=np.asarray(xs)
    pxs=np.asarray(pxs)
    return(xs* pxs).sum()/pxs.sum()
```

关于函数的创建请回顾“2.2.3　函数”。

说明与解释

np.array 和 np.asarray 都可以将数据结构转化为 ndarray 的形式。当数据源是 ndarray 形式的时候，array 会生成一个副本，占用新的内存，而 asarray 不会。

以下代码演示如何使用上面定义的 expectedValue（ ） 函数计算概率分布的期望值。

```
df=pd.read_csv('../dataFiles/expectedValue.csv')
xs=df.stocks_x                # 定义数值
pxs=df.probability_px         # 定义概率
expectedValue(xs,probs)       # 计算期望值
```

```
1.7600000000000005
```

计算结果显示期望值为 1.76。

2.5　Pandas 模块

Pandas 是 Python 处理数据的核心模块，它在 NumPy 的基础上进行了优化，并提供了一套特别适合时间序列和电子表格式数据分析的数据结构。

2.5.1　Pandas 的导入

初次使用 Pandas 时，需要导入 Pandas，语句如下：

```
import pandas as pd
```

Pandas 模块提供非常丰富的功能，其中最为重要的就是它的数据结构，即“数据框”

(DataFrame)。DataFrame 是一种二维数据结构，具有强大的可编辑性。当使用 Pandas 读取数据源的时候，数据就会被重组并以 DataFrame 的形式显示给我们。

下面，我们使用沪深 A 股的部分数据来初步介绍 Pandas 的功能。

首先，导入 Pandas。然后我们可以使用 Pandas 提供的 read_csv（ ）函数读取本地数据集。在下列代码中，head（ ）函数输出数据集的前 5 行，tail（ ）函数可以显示数据集底部的 5 行。

```
import pandas as pd
A_share_df=pd.read_csv('../dataFiles/A_share_df.csv')
A_share_df.head()
```

```
     代码      名称      最高    今开    换手率   市盈率    昨收
0    301070    开勒股份  31.98   27.76   14.24   39.54     27.76
1    301398    星源卓镁  44.00   37.23   44.43   56.53     37.00
2    300943    春晖智控  15.95   14.42   23.73   47.71     13.78
3    688039    当虹科技  54.55   47.12   7.44    -75.55    46.66
4    300862    蓝盾光电  29.92   26.84   8.34    87.81     26.05
```

我们再来观察执行 tail（ ）函数后的输出结果。

```
A_share_df.tail()
```

```
        代码      名称      最高    今开    换手率   市盈率    昨收
5128    300816    艾可蓝    36.00   35.84   5.87    105.13    36.55
5129    600095    湘财股份  11.28   11.28   25.21   -193.32   11.33
5130    1225      和泰机电  65.52   64.20   35.97   17.99     68.15
5131    300936    中英科技  35.62   35.30   33.54   70.23     37.20
5132    300585    奥联电子  23.99   23.51   31.34   137.13    25.29
```

通过数据结果，可以看到以上数据集由 7 个分类属性（列）、5133 行数据构成。

实践与练习

在 head（ ）和 tail（ ）函数的（ ）内填入具体数字并执行，观察输出结果。

2.5.2 了解数据

数据分析的首要任务之一是了解待分析的数据集。这个过程可以归纳为以下五步。

第一步，如果我们刚刚收到一个数据集，首先要做的就是要了解数据集包括哪些属性，上面的 head（ ）、tail（ ）函数操作就是这个目的。

第二步，我们还可以通过其他函数了解一个数据集。比如检查数据集的形状。此处形状指的是该数据集有多少行和多少列。我们可以使用 .shape 来查看数据行数与列数。

```
A_share_df.shape
```

```
(5133,7)
```

第三步，检查数据是否存在缺失值。有关缺失值的识别与处理方法，可以参考“4.3 缺失值”的内容。

第四步，计算数字属性的统计值，如平均值、中位数和标准差。有关描述性统计，可以参考“5.1　统计数据”的内容。

第五步，将数据进行可视化处理。对于数字属性，使用直方图或 boxplot，对于分类属性可以使用条形图。具体的可视化语句，可以参考“2.7　Matplotlib 绘图库”的内容。

理解 DataFrame 的结构是非常重要的。简单地说，一个 DataFrame 是一个系列（Series）的集合。Series 是 Pandas 的另一种数据结构，同样常用。为了更好地理解 DataFrame 与 Series，我们调用数据集的列数据来进行说明。

上面从本地导入的 A_share_df 数据集的每一列都是一个 DataFrame 的属性，所以要访问它，我们所需要做的就是在 DataFrame 后面使用 . ColumnName。例如，运行 A_share_df. 昨收，来单独查看“昨收”列的所有行数据。

```
➡ A_share_df. 昨收
➥ 0      27.76
  1      37.00
  2      13.78
  …      …
  5130   68.15
  5131   37.20
  5132   25.29
  Name:昨收,Length:5133,dtype:float64
```

实践与练习

试着查看 A_share_df 数据集的所有列的数据。

```
➡ type(A_share_df. 昨收)
➥ pandas. core. series. Series
➡ type(A_share_df)
➥ pandas. core. frame. DataFrame
```

通过上面的 type（ ）函数的输出结果，我们可以看到，不仅每个属性是一个 Series，而且每一行也是一个 Series。

要访问一个 DataFrame 的每一行，我们需要在 DataFrame 后面使用 loc［ ］函数。大括号里的内容是每一行的索引。回看一下 A_share_df. head（ ）的输出，会发现每一行都由一个索引表示。Python 当中，索引不一定是数字的，但当使用 pd. read_csv（ ）读取数据时，将默认以数字形式的索引分配。例如，我们可以通过运行 A_share_df. loc［1］访问第二行。

```
➡ A_share_df. loc[1]
➥ 代码      301398
  名称      星源卓镁
  最高      44.0
  今开      37.23
  换手率    44.43
  市盈率    56.53
```

```
昨收      37.0
Name:1,dtype:object
```

➡ `type(A_share_df.loc[1])`

↪ `pandas.core.series.Series`

虽然 loc [ ] 函数可以帮助我们在 DataFrame 中选择特定的数据。但需要注意的是，loc [ ] 只能使用“标签”索引，不能使用位置索引。所以如果希望使用位置索引，可以使用 iloc [ ] 函数。例如，我们希望输出 A_share_df 数据集的最后一行，执行 A_share_df. loc [-1] 语句就会报错，而使用 iloc [ ] 函数就会得到正确的输出结果。

➡ `A_share_df.iloc[-1]`

↪
```
代码      300585
名称      奥联电子
最高      23.99
今开      23.51
换手率    31.34
市盈率    137.13
昨收      25.29
Name:5132,dtype:object
```

实践与练习

使用 loc [ ] 和 iloc [ ] 函数输出 A_share_df 数据集的第 5 行数据和倒数第 3 行数据。

下面比较 A_share_df 的第一行的索引和 A_share_df 的第一列的索引。

➡ `A_share_df.loc[0].index`

↪ `Index(['代码','名称','最高','今开','换手率','市盈率','昨收'],dtype='object')`

➡ `A_share_df.市盈率.index`

↪ `RangeIndex(start=0,stop=5133,step=1)`

2.5.3 DataFrame

(1) DataFrame 的行

前面，我们已经介绍了访问 DataFrame 的行的两个函数，分别是 loc [ ] 和 iloc [ ]。为了理解它们之间的区别，我们需要知道每个 Pandas 系列或 DataFrame 有两种类型的索引，即默认索引或分配索引。默认索引是读取时自动分配给数据集的整数（比如 A_share_df 第一列整数）。

我们还可以使用切片的方法，定位抽取数据集的部分数据。如果在 loc [ ] 函数的括号中加入“:”，则“:”前的整数为起始行数，“:”后的整数为终止行数。如下列语句就是输出第 1 行到第 3 行的数据。

➡ `A_share_df.loc[0:2]`

↪
```
   代码      名称      最高    今开    换手率   市盈率   昨收
0  301070    开勒股份  31.98   27.76   14.24    39.54    27.76
```

```
1  301398  星源卓镁  44.00  37.23  44.43  56.53  37.00
2  300943  春晖智控  15.95  14.42  23.73  47.71  13.78
```

实践与练习

使用 loc [ ] 函数输出第 3 行到第 6 行的数据。

(2) DataFrame 的列

Pandas 有两种方法来访问每一列。

第一种方法是通过使用“df. 列名”来访问每一列。例如，运行 A_share_df. 最高、A_share_df. 市盈率等。

第二种方法是使用“df ['ColumnName'] ”的形式来访问列，这种方法将名字作为一个字符串传递。如运行 A_share_df ['市盈率']。

```
➡ A_share_df['市盈率']
↪ 0      39.54
  1      56.53
  2      47.71
  …      …
  5130   17.99
  5131   70.23
  5132   137.13
  Name:市盈率,Length:5133,dtype:float64
```

(3) DataFrame 的指定值

访问 DataFrame 的指定值可以通过以下代码实现。

```
➡ A_share_df.iloc[2].loc['名称']
↪ '春晖智控'
```

以下各语句同样能够得到相同输出结果。

```
➡ A_share_df.名称.loc[2]
➡ A_share_df['名称'].iloc[2]
➡ A_share_df.at[2,'名称']
```

我们推荐使用 at [ ] 函数访问指定值，它更整洁、更直接；可以把 DataFrame 当成一个矩阵进行操作。

(4) Series

对 Series 的访问与 DataFrame 的访问非常相似，而且更简单。除了 at [ ] 函数以外，我们可以使用所有为 DataFrame 定制的方法访问系列的值。

```
➡ r_series=A_share_df.loc[2]
  print(r_series.loc['名称'])
  print(r_series['名称'])
  print(r_series.名称)
```

```
春晖智控
春晖智控
春晖智控
```

```
c_series=A_share_df.名称
print(c_series.loc[2])
print(c_series.iloc[2])
print(c_series[2])
```

```
春晖智控
春晖智控
春晖智控
```

2.5.4 DataFrame 列操作

DataFrame 列操作是 Pandas 的基础操作，熟练、灵活掌握这些操作，对接下来的数据分析具有重要意义。

（1）重命名列

我们先构建一个银行信息的 DataFrame，分别包括 name、code 和 close 3 列。

```
import pandas as pd
df=pd.DataFrame({'name':['boc','ccb','icbc'],'code':['601988',
                 '601939','601398'],'close':[187,190,205]})
df
```

```
   name   code     close
0  boc    601988   187
1  ccb    601939   190
2  icbc   601398   205
```

当希望改变的是一个单一列名时，可以使用 rename（ ）函数。

```
df.rename(columns={'name':'banks_name'})
```

```
   banks_name   code     close
0  boc          601988   187
1  ccb          601939   190
2  icbc         601398   205
```

要改变多个列的名称，只要在 columns 中全部命名，并用“,”分开即可。

```
df.rename(columns={'name':'banks_name','code':'stocks_code',
                   'close':'close_price'})
```

```
   banks_name   stocks_code   close_price
0  boc          601988        187
1  ccb          601939        190
2  icbc         601398        205
```

（2）将函数应用于列名

使用 upper（ ）函数将所有列名变为大写。

```
df=pd.DataFrame({'name':['boc','ccb','icbc'],'code':['601988',
```

```
               '601939','601398'],'close':[187,190,205]})
# 将列 name、code 与 close 的列名转换为大写字母
df.columns=[col.upper()for col in df.columns]
df
```

```
   NAME    CODE     CLOSE
0  boc     601988   187
1  ccb     601939   190
2  icbc    601398   205
```

说明与解释

for col in df.columns 的含义为以 col 为指针顺次指向每个列名，或遍历每一个列名。

（3）将函数应用于列

使用 map（ ）函数将一个函数应用于一个列。

```
df=pd.DataFrame({'name':['boc','ccb','icbc'],'code':['601988',
               '601939','601398'],'close':[187,190,205]})
# 将列中所有名字转换成大写字母
df['name']=df['name'].map(lambda name:name.upper())
df
```

```
   name    code     close
0  BOC     601988   187
1  CCB     601939   190
2  ICBC    601398   205
```

（4）创建派生列

使用派生数据添加新的列是常用操作。

```
df=pd.DataFrame({'name':['boc','ccb','icbc'],'code':['601988',
               '601939','601398'],'close':[187,190,205]})
df['close2']=df['close']* 0.01
df
```

```
   name    code     close   close2
0  boc     601988   187     1.87
1  ccb     601939   190     1.90
2  icbc    601398   205     2.05
```

（5）获取列名

可以使用 .columns.values 获得数据集中列变量的信息。

```
df=pd.DataFrame({'name':['boc','ccb','icbc'],'code':['601988',
               '601939','601398'],'close':[187,190,205]})
df.columns.values
```

```
array(['name','code','close'],dtype=object)
```

(6) 获取列的数量

使用 len(df. columns. values) 获取列的数量。

```
➡ len(df.columns.values)
↪ 3
```

(7) 改变列的顺序

要重新安排列的顺序，只需按照我们所希望的顺序重新分配数据框架中的列。

```
➡ df=pd.DataFrame({'name':['boc','ccb','icbc'],'code':['601988',
                   '601939','601398'],'close':[187,190,205]})
  # 按照所希望的顺序重新分配列
  df=df[['close','code','name']]        # 注意,df 后是“[[]]”嵌套
  df
↪    close    code      name
  0  187      601988    boc
  1  190      601939    ccb
  2  205      601398    icbc
```

(8) 删除列

使用 drop（ ）函数可以删除一个单独的列。例如，我们希望删除 code 列。

```
➡ df=pd.DataFrame({'name':['boc','ccb','icbc'],'code':['601988',
                   '601939','601398'],'close':[187,190,205]})
  df.drop(columns=['code'])
↪    name    close
  0  boc     187
  1  ccb     190
  2  icbc    205
```

(9) 删除多列

使用 drop（ ）函数也可以删除多列。例如，同时删除 name 列和 code 列。

```
➡ df=pd.DataFrame({'name':['boc','ccb','icbc'],'code':['601988',
                   '601939','601398'],'close':[187,190,205]})
  df.drop(columns=['name','code'])
↪    close
  0  187
  1  190
  2  205
```

(10) 添加新的列

我们可以使用 . Series([ ]) 给 DataFrame 添加一个新列。

```
➡ df=pd.DataFrame({'name':['boc','ccb','icbc'],'code':['601988',
                   '601939','601398'],'close':[187,190,205]})
  ChineseName=pd.Series(['中国银行','建设银行','工商银行'])
➡ df['ChineseName']=ChineseName
```

```
df
```

```
    name    code      close    ChineseName
0   boc     601988    187      中国银行
1   ccb     601939    190      建设银行
2   icbc    601398    205      工商银行
```

(11) 在特定索引处插入列

在特定索引处插入列可以使用 df. insert（<position>，<column_name>，<data>）。<position>为需要插入的位置，<column_name>为具体的列名，<data>为列数据。

```
import pandas as pd
df=pd.DataFrame({'name':['boc','ccb','icbc'],'code':['601988',
                 '601939','601398'],'close':[187,190,205]})
df.insert(1,'CName',pd.Series(['中国银行','建设银行','工商银行']))
df
```

```
    name    CName      code      close
0   boc     中国银行    601988    187
1   ccb     建设银行    601939    190
2   icbc    工商银行    601398    205
```

(12) 将列转换为日期/时间

使用 . to_datetime(string_column) 可以将列转换为时间数据格式。

```
df=pd.DataFrame({'name':['boc','ccb','icbc'],
                 'code':['601988','601939','601398'],
                 'close':[187,190,205],
                 'date':['01/01/2022','01/01/2022','01/01/2022']})
df['date']=pd.to_datetime(df['date'])
df
```

```
    name    code      close    date
0   boc     601988    187      2022-01-01
1   ccb     601939    190      2022-01-01
2   icbc    601398    205      2022-01-01
```

2.5.5　切片

当我们希望访问列表中的一系列元素时，就可以考虑对列表进行切片。一种方法是使用简单的切片运算符，即冒号（:）。使用此运算符，可以指定切片的开始位置、结束位置以及指定步骤。列表切片可以从现有列表中返回一个新列表。

切片同时适用于 NumPy 和 Pandas，让我们以 NumPy 的 array 为例来更好地理解切片，然后将其应用于 Pandas 的 DataFrame。

(1) array 切片

当我们需要访问一个以上的数据值时，我们会对 NumPy 的 array 进行切片。如以下代码：

```
Array=np.array([[3,4,10,11],[13,15,17,19],
                [21,24,28,32],[40,44,49,60]])
Array
```

```
➥ Array([[3,4,10,11],
         [13,15,17,19],
         [21,24,28,32],
         [40,44,49,60]])
➡ Array[0,0]                # 输出第一行、第一列的值
➥ 3
➡ Array[0,:]                # 输出第一行的所有列值
➥ Array([3,4,10,11])
➡ Array[:,0]                # 输出第一列的所有行值
➡ Array([3,13,21,40])
```

以上语句中，array 是一个 4×4 的矩阵。我们可以看到，第二块代码只有一个值被访问。第三块代码中的冒号意味着我们在请求所有的列，输出包括所有的列，但是由于只指定了第 1 行，所以输出的是第 1 行的全部内容。第四块代码正好相反，指定了一列，请求了整行，所以第 1 列的全部内容都被输出。

我们也可以使用冒号（:）来指定从某个索引到另一个索引的访问。例如，在下面代码中，第二块代码是从第 0 行第 0 列开始取两行、取三列的请求。第三块代码意为，从第 0 行到第 4 行中的 1 列与 3 列。

```
➡ Array[0:3,:]
➥ Array([[3,4,10,11],
         [13,15,17,19],
         [21,24,28,32]])
➡ Array[0:2,0:3]
➥ Array([[3,4,10],
         [13,15,17]])
➡ Array[0:4,[1,3]]
➥ Array([[4,11],
         [15,19],
         [24,32],
         [44,60]])
```

（2）DataFrame 切片

和 NumPy 的 array 一样，Pandas 的 DataFrame 也可以在行和列上进行切片操作。然而，切片功能只能在 loc［］或 iloc［］中进行，而 at［］及其他访问数据的方式不支持切片。

还记得前面介绍过的 A_share_df 数据集吗？我们下面对其进行 DataFrame 切片操作。

```
➡ A_share_df
➥      代码      名称      最高    今开    换手率   市盈率    昨收
  0     301070   开勒股份   31.98   27.76   14.24   39.54    27.76
  1     301398   星源卓镁   44.00   37.23   44.43   56.53    37.00
  2     300943   春晖智控   15.95   14.42   23.73   47.71    13.78
  3     688039   当虹科技   54.55   47.12   7.44    -75.55   46.66
  4     300862   蓝盾光电   29.92   26.84   8.34    87.81    26.05
  …     …        …         …       …       …       …        …
  5128  300816   艾可蓝     36.00   35.84   5.87    105.13   36.55
```

```
5129   600095   湘财股份   11.28   11.28   25.21   -193.32   11.33
5130   1225     和泰机电   65.52   64.20   35.97   17.99     68.15
5131   300936   中英科技   35.62   35.30   33.54   70.23     37.20
5132   300585   奥联电子   23.99   23.51   31.34   137.13    25.29
5133 rows×7 columns
```

例如，用下面的代码对 A_share_df 数据集进行切片，以显示所有的行，但只显示从“名称”到“换手率”的列。运行 A_share_df. iloc [:， 1： 5] 将输出相同的结果。

```
➡ A_share_df.loc[:,'名称':'换手率']
↪        名称       最高      今开      换手率
   0     开勒股份   31.98    27.76    14.24
   1     星源卓镁   44.00    37.23    44.43
   2     春晖智控   15.95    14.42    23.73
   3     当虹科技   54.55    47.12    7.44
   4     蓝盾光电   29.92    26.84    8.34
   …     …          …        …        …
   5128  艾可蓝     36.00    35.84    5.87
   5129  湘财股份   11.28    11.28    25.21
   5130  和泰机电   65.52    64.20    35.97
   5131  中英科技   35.62    35.30    33.54
   5132  奥联电     子23.99  23.51    31.34
   5133 rows×4 columns
➡ A_share_df.loc[0:2,'名称':'换手率']
↪     名称       最高     今开     换手率
   0  开勒股份   31.98   27.76   14.24
   1  星源卓镁   44.00   37.23   44.43
   2  春晖智控   15.95   14.42   23.73
```

2.5.6 DataFrame 描述函数

当比较 Excel 等电子表格软件和 Python 处理数据时，Python 的一个明显的弱点是，不能像使用 Excel 那样，与数据建立有形的关系。一般情况下，Excel 可以让我们在数据页面上滚动浏览，允许我们直观地了解它。但当数据量增多时，Excel 的这种优势就会大打折扣。与之相反，Python 的强势一面就会被凸显出来。Pandas 的一些有用的功能，可以帮助我们更有效地认识、了解数据集。了解一个数据集有两个方面：一是了解数据的结构，如行数、列数和列的名称等；二是要了解每一列下的数值。

我们可以使用 DataFrame 的几个有用的属性来研究一个数据集的结构。它们分别是 . shape、columns （ ） 函数和 info （ ） 函数。

①. shape

. shape 是 DataFrame 的属性，它告诉我们这个 DataFrame 有多少行和多少列。

```
➡ A_share_df.shape
↪ (5133,7)
```

我们将 . shape 加在 A_share_df 后面执行，可以看到输出结果显示 A_share_df 数据集共含有 5133 行和 7 列。

②columns（ ）函数

columns（ ）函数允许查看和编辑 DataFrame 中的列名。在下面的代码中，我们可以看到执行 A_share_df. columns 后可以得到 A_share_df 数据集的所有列名。

```
➡ A_share_df.columns
⮑ Index(['代码','名称','最高','今开','换手率','市盈率','昨收'],dtype='object')
```

③info（ ）函数

info（ ）函数提供了关于 DataFrame 的形状和列的相关信息。如果我们运行 A_share_df. info（ ），可以看到其他信息，比如非空值的数量，还有每一列下的数据类型都会被报告。

Pandas 可以用来了解数字列的功能与分类列的功能不同。数字列和分类列的区别在于，分类列，没有携带数字信息。

```
➡ A_share_df.info()
⮑ <class'pandas.core.frame.DataFrame'>
  RangeIndex:5133 entries,0 to 5132
  Data columns(total 7 columns):
  #    Column       Non-Null Count       Dtype
  ---  ------       --------------       ------
  0    代码         5133 non-null        int64
  1    名称         5133 non-null        object
  2    最高         4916 non-null        float64
  3    今开         4916 non-null        float64
  4    换手率       5133 non-null        float64
  5    市盈率       4940 non-null        float64
  6    昨收         5129 non-null        float64
  dtypes:float64(5),int64(1),object(1)
  memory usage:280.8+KB
```

为了更进一步地了解数据集，describe（ ）、plot（ ）和 plot. box（ ）函数也非常有用。下面，我们将逐一介绍这些函数。

①describe（ ）函数

describe（ ）函数可以输出许多有用的统计指标，目的是总结每一列的数据。这些指标包括计数、平均值、标准差（std）、最小值（min）、第一四分位数（25%）、第二四分位数（50%）或中位数、第三四分位数（75%）和最大值（max）。下面显示了 describe（ ）函数的执行情况和它的输出结果。

```
➡ A_share_df.describe()
⮑        最高         今开         换手率       市盈率       昨收
  count  4916.000     4916.000     5133.000     4940.000     5129.000
  mean   25.238       24.910       2.186        78.757       24.200
  std    46.089       45.7201      3.649        705.528      45.065
  min    0.7400       0.740000     0.000000     -6258.66     0.120000
  25%    7.097500     7.037500     0.590000     12.147500    6.650000
  50%    13.870000    13.705000    1.130000     29.665000    13.320000
```

```
75%     27.150000  26.882500  2.350000     58.702500    26.260000
max     1810.190   1810.110   75.5900      28805.370    1818.000
```

②plot（ ）和 plot. box（ ）函数

describe（ ）函数输出的指标非常有价值。然而，研究这些指标还是会让我们在理解上有压力。为了总结数据以利于我们理解，还有更有效的工具。比如我们可以使用直方图和箱式图将数据的信息更加直观地可视化呈现出来。

下面的代码显示了绘制“昨收”列的直方图（图 2-2）。

```
➡ A_share_df. 昨收 .plot( )
⮑
```

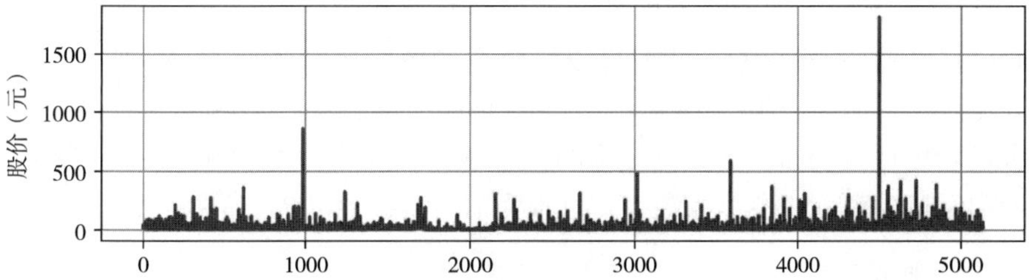

图 2-2　昨收的直方图

要创建“昨收”列的箱式图，我们只需要改变代码的扩展一部分，执行 A_share_df. 昨收 . plot. box（ ）就可以得到“昨收”列的箱式图（图 2-3）。

```
➡ A_share_df. 昨收 .plot.box(vert=False)
⮑ plt.grid( )
```

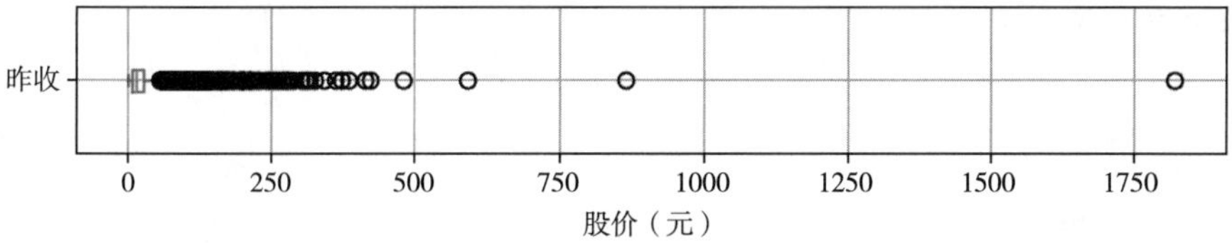

图 2-3　昨收的箱式图

实践与练习

分别绘制 A_share_df 数据集中“今开”“换手率”和“市盈率”的直方图和箱式图。

通过 plot. box（ ）函数我们也可以迅速找到离群值的所在位置，关于如何处理离群值，我们将在“4. 4　离群值”部分详细介绍。

另外，我们还可以使用运算符选择输出数据，以下是输出“昨收”值大于 1000 的所有行。

```
➡ A_share_df[A_share_df. 昨收>1000]
⮑ 代码          名称      最高      今开      换手率      市盈率       昨收
```

```
4497600519  贵州茅台  1810.19  1810.11  0.2      37.94      1818.0
```

实践与练习

找出 A_share_df. 昨收等于 800 的价格信息（参考“2. 1. 1　运算符”）。

此处，我们有必要了解 Pandas 如何定义函数，这对我们进一步理解 DataFrame 描述函数会有帮助。

在很多情况下，我们要对数据集中的每一行进行同样的计算。进行这种计算的传统方法是在数据中进行循环，在循环的每一次迭代中执行并保存计算结果。Python 的 Pandas 通过引入应用函数的概念改变了这种模式。当我们对一个 DataFrame 应用一个函数时，我们要求 Pandas 对每一行都运行它。我们可以将一个函数应用于一个 Series 或一个 DataFrame。我们首先介绍将一个函数应用于 Series 上，然后再应用函数到一个 DataFrame 上。

假设我们希望把 A_share_df 数据集中的“昨收”列的每个值都乘以 2。首先，我们需要构建一个函数。其参数为一个输入数字，过程为输入数字乘以 2，然后返回结果。

```
➡ A_share_df.昨收
↳ 0      27.76
  1      37.00
  2      13.78
  …      …
  5131   37.20
  5132   25.29
  Name:昨收,Length:5133,dtype:float64
```

先定义名为 double 的函数。

```
➡ def double(n):
      return n* 2
```

然后，执行 A_share_df. 昨收 . apply （double）语句返回结果。

```
➡ A_share_df.昨收.apply(double)
↳ 0      55.52
  1      74.00
  2      27.56
  …      …
  5131   74.40
  5132   50.58
  Name:昨收,Length:5133,dtype:float64
```

实践与练习

构建一个计算输入数据 2 次幂的函数，并使用 A_share_df 数据集的“最高”返回结果。

2.5.7　随机抽样

在金融产品定价、风险管理建模领域，模拟（过程）极为重要，其核心就是产生随机数。通常情况下，计算机产生的随机数并非真正的随机数，而是按照算法设定的分布生成的，NumPy 模块提供了基于各种统计分布函数的随机数。例如，二项分布、几何分布、泊松分布等离散型分布；正态分布、t 分布、均匀分布、F 分布、贝塔分布、卡方分布、对数分布等连续性分布。这使得我们可以根据需要比较方便地获得随机数。

NumPy 中的 random（ ）函数提供了上述常用的分布抽样方法，各分布函数更详细的用法可以参照 NumPy 官网介绍，这里我们介绍基本且常用的分布函数用法。

（1）简单随机抽样

简单随机抽样使用 npr. random（ ）函数就可以实现。

说明与解释

random. Generator. random(size=None,dtype=np. float64,out=None)

size 抽样的规模;抽样范围[0. 0,1. 0]

首先导入 numpy. random 库，其简写为 npr。然后请求生成 3 个大于等于 0、小于 1 的随机数。

```
import numpy. random as npr
sampling=npr. random(3)
print('抽样数:',len(sampling))
print('抽样值:',sampling)
```

```
抽样数:3
抽样值:[0. 09456718 0. 97361486 0. 54067344]
```

注意，因为是生成随机数，所以每次执行 npr. random（ ）函数，其返回结果都会不同。

实践与练习

使用 npr. random（ ）函数生成 20 个随机数。

（2）正态分布随机抽样

正态分布随机抽样使用 npr. normal（ ）函数实现。

以下代码块是 npr. normal（ ）函数的标准样式，我们可以看到，函数参数 loc 设定为均值为 0、标准差为 1、size 为生成随机数个数。我们可使用该函数生成 10 这样的正态分布随机数。

```
norm=npr. normal(loc=0,scale=1,size=10)
print(norm)
print('均值为',round(norm. mean( ),5))
print('标准差为',round(norm. std( ),5))
```

```
[-0. 58669833  -0. 85652512  -0. 35981096  1. 593162  -0. 62370555  1. 99220361
 0. 31663408  1. 43115382  1. 13342595  -0. 84809892]
```

```
均值为  0.31917
标准差为  1.06005
```

说明与解释

round（）函数的作用是指定浮点数输出后小数点后位数。

此时，抽样规模较小，随着不断扩大样本量，均值与标准差呈现出正态性。如我们将 size 设定为 1000000，可以观察到，均值就会接近 0、标准差极为接近 1。在统计学里，这也是验证“中心极限定理”的过程。

```
norm=npr.normal(loc=0,scale=1,size=1000000)
print(norm)
print('均值为',round(norm.mean( ),2))
print('标准差为',round(norm.std( ),2))
```

```
[0.26478714  0.09855418  -0.56001611  …  0.8542242  0.98915827  0.89289831]
均值为  0.00066
标准差为  1.00033
```

实践与练习

继续扩大抽样规模，观察随机数数据的均值与标准差。

（3）对数正态分布随机抽样

对数正态分布随机抽样使用 npr. lognormal（）函数实现。

```
norm_log=npr.lognormal(mean=0,sigma=1,size=10000)
print('对数正态分布的均值',round(norm_log.mean( ),2))
print('对数正态分布的标准差',round(norm_log.std( ),2))
```

```
对数正态分布的均值 1.63
对数正态分布的标准差 2.26
```

（4）t 分布随机抽样

t 分布随机抽样使用 npr. standard_t（）函数实现。

说明与解释

random. Generator. standard_t(df,size=None)

df：自由度；size：抽样规模

```
sampling_t=npr.standard_t(df=2,size=100000)
print('均值',round(sampling_t.mean( ),2))
```

```
print('标准差',round(sampling_t.std( ),2))
```

```
均值-0.01
标准差 3.38
```

2.6 SciPy 库

SciPy 是 Python 另一个重要的库，其是在 NumPy 库的基础上设计的。使用 SciPy 的高级函数将大大降低代码的复杂性，有助于我们更好地分析数据。SciPy 是一个交互式、友好、高效和易于使用的库，有助于解决数字积分、插值、优化、线性代数和统计等问题。在开发机器学习模型时，SciPy 也是常用库。

2.6.1 stats 统计模块

在 SciPy 中，也有一个统计分析的子模块即 stats 模块，它的相关功能包括描述性统计、连续概率分析、统计检验等。描述性统计主要是偏度、峰度、众数等指标；常见的分布函数包括正态分布、t 分布、均匀分布、F 分布、贝塔分布、卡方分布、对数分布、二项分布等。

我们先来了解一下，如何利用 stats 模块计算基本的统计指标。

(1) 几何平均数

几何平均数可以用来描述分布的位置，其可以通过数值的对数的算术平均值来计算。

$$\text{gmean} = \left(\prod_{i=1}^{n} x_i\right)^{1/n} = \exp\left(\frac{\sum_i \ln(x_i)}{n}\right)$$

scipy. stats 提供了计算几何平均的函数 gmean ( )。

```
from scipy import stats
x=np.arange(1,101)
gmean(x)
```

```
37.992689344834304
```

注意，几何平均数的输入数字必须是正数。

(2) 随机分布函数

除了前文介绍的 NumPy 具有生成随机数的功能，stats 模块同样具备这些能力。

stats 模块各随机分布常用的子函数主要是 rvs（按指定分布生成随机数）、pdf（概率密度函数）、cdf（累积分布函数）、ppf（分位点函数，即 cdf 的反函数）。

(3) 随机数生成

下面是以 norm（正态分布）为例展示其在 Python 中的用法。例如，如果我们希望从均值为 0.4、方差为 1 的正态分布中随机抽取 2000000 个样本，就可以使用 SciPy 来实现。

首先需要导入 scipy. stats 库的正态分布模块。

```
from scipy.stats import norm
randomNumbers=norm.rvs(loc=0.4,scale=1,size=2000000)
```

我们还可以通过简单的 plt. hist 更加直观地观察生成的随机数（图 2-4）。

```
plt.hist(randomNumbers,bins=40)
plt.grid( )
```

➥

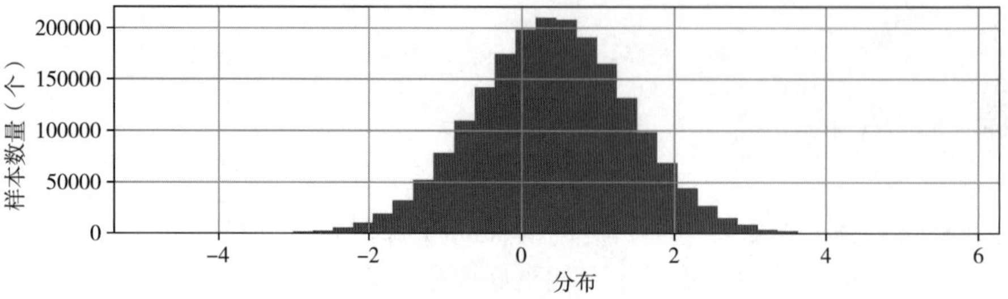

图 2-4　随机数生成

plt. hist（ ）函数中 bins 设置的是柱图的宽度。数据可视化方法可以参考“2.7　Matplotlib 绘图库”的内容。

（4）概率密度函数

概率密度是观测值与其概率之间的关系。一个随机变量的某个结果可能会以很低的概率出现，而其他的结果可能概率会比较高。概率密度的总体形状被称为概率分布（Probability Distribution）。对随机变量特定结果的概率计算是通过概率密度函数（Probability Dense Function）来完成的。

SciPy 使用 norm. pdf 函数、norm. cdf 函数和 norm_ppf 函数实现概率密度值、累计概率和分位点的计算。

说明与解释

pdf(x,loc=0,scale=1)

x：array_like；loc：均值，默认为 0；scale：标准方差，默认为 1。

➡
```
norm_pdf=norm.pdf(0.2)                    # 正态分布的概率密度函数
print('0.2 对应的概率密度值:',norm_pdf)
norm_cdf=norm.cdf(0)                      # 正态分布的累积分布函数
print('0 对应的累计概率:',norm_cdf)
norm_ppf=norm.ppf(0.5)                    # 正态分布的分位点函数
print('0.5 对应的分位点:',norm_ppf)
```

➥
```
0.2 对应的概率密度值:0.3910426939754559
0 对应的累计概率:0.5
0.5 对应的分位点:0.0
```

2.6.2　正态性检验

在金融领域里，许多情况下会假定样本服从正态分布，因此在构建金融模型之前，需要对样本数据进行正态性检验，Python 提供了检验变量分布的多种方法。

（1）KS 检验

在统计学中，Kolmogorov-Smirnov 检验（简称为 KS 检验）是基于样本累积分布函数来进行判断的，其可以用于判断某个样本集是否符合某个已知分布，也可以用于检验两个样本之间的显著性差异。KS 的检验方法较为简单，若结果的 pvalue（p 值，程序输出结果显示为 pvalue）小于 5%，则说明显著，即数据不服从正态分布。stats. kstest（ ）函数能帮我们实现这个过程。

提示与注意

scipy. stats. kstest(rvs,cdf,args=( ),N=20,alternative='two-sided',mode='auto')
rvs：array_like，需检验数据；cdf：设定检验的分布类型
返回结果 statistic：统计量；pvalue：p 值

```
from scipy import stats
data=np.linspace(-5,10,5)
stats.kstest(rvs=data,cdf='norm')
```

```
KstestResult(statistic=0.5937903346742238,pvalue=0.032859289010205066)
```

（2）Shapiro-Wilk 检验

stats. shapiro（ ）函数用于 Shapiro-Wilk 检验，其测试检验数据来自正态分布的无效假设。stats. shapiro（ ）适用于小样本数据，只能检查正态分布。若返回值 statistic 为检验统计量，当 p-value 大于指定的显著性水平，则接受原假设。

提示与注意

scipy. stats. shapiro(x)
返回结果 statistic：统计量；pvalue：p 值

```
x=np.linspace(-5,10,5)
stats.shapiro(x)
```

```
ShapiroResult(statistic=0.9867619872093201,pvalue=0.9671732783317566)
```

Shapiro-Wilk 检验的结果 p-value 大于 5%，则说明数据服从正态分布。

要注意的是，shapiro 不适合做样本数>5000 的正态性检验，否则检验结果的 p-value 可能不准确。

（3）Normal 检验

stats. normaltest 是一个专门用来做正态性检验的模块，normaltest 中 p-value>0. 05 则说明数据服从正态分布。

提示与注意

scipy. stats. normaltest(a,axis=0,nan_policy='propagate')
返回结果 statistic：统计量；pvalue：p 值

```
➡ x=np.linspace(-5,10,60)
  stats.normaltest(x)
⮩ NormaltestResult(statistic=15.581399740211072,pvalue=0.00041356334204986384)
```

结果显示，Normal 检验的 p-value 小于 5%，所以可以说明数据不服从正态分布。

2.7 Matplotlib 绘图库

在数据科学方面，数据的“可视化”至关重要，其也通常是任何数据分析工作的首要一环。对数据的可视化通常可以让我们在开始处理数据之前对数据有一个直观的了解。Matplotlib 是 Python 为数据创建可视化视图的首选模块，其不仅可以绘制出各种类型的数据图，还允许我们自由设计和定制符合需要的视图。Matplotlib 支持数据分析和数据预处理，并提供大量的函数来实现有效的可视化。学习 Matplotlib 模块的使用不仅能够了解更加丰富多彩的数据展示，也是我们在接下来的章节中讨论数据分析和数据预处理时必不可少的重要工具。实际上我们在前面的章节已经开始接触这个模块了。

2.7.1 绘制主图

Matplotlib 可以轻松绘制的主要视图是直方图、箱式图、折线图、散点图和饼状图。让我们通过下面的例子来介绍它们。

还记得，“2.1 NumPy”中介绍 enumerate（ ）函数时我们使用过的年收入的数据吗？这里我们还会用到。

```
➡ lenders=['赵某','钱某','孙某','李某','周某','吴某','郑某','王某','冯某','陈某']
  income2016=[100000,130000,90000,70000,200000,150000,120000,160000,90000,
             80000]
  income2017=[110000,128000,100000,90000,190000,140000,150000,180000,100000,
             90000]
  income2018=[130000,140000,100000,70000,200000,120000,130000,200000,110000,
             100000]
➡ income=np.zeros(10)
  print(income)
  for i,lender in enumerate(lenders):
      income[i]=np.mean([income2016[i],income2017[i],income2018[i]])
  print(income)
⮩ [0.0.0.0.0.0.0.0.0.0.]
  [113333.33333333  132666.66666667  96666.66666667   76666.66666667
   196666.66666667  136666.66666667  133333.33333333  180000.
   100000.          90000.]
```

（1）直方图

绘图前需要导入 Matplotlib，我们通常使用 plt 作为别名，使用 hist（ ）函数可以得到直方图（图 2-5）。

```
Plt.rcParams['figure.figsize']=(8,2)        # 设定视图尺寸
Plt.rcParams[figure.dpi']=180               # 设定视图分辨率
```

➡
```
import matplotlib.pyplot as plt
plt.rcParams['figure.figsize']=(8,3)
plt.hist(income)
plt.grid()
plt.xlabel('年收入(元))        # 添加横轴坐标标签
plt.ylabel('频率')             # 添加纵轴坐标标签
plt.show()
```

↳

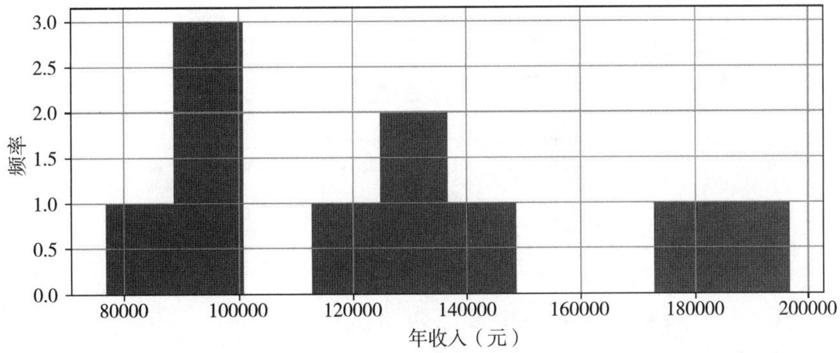

图 2-5 直方图

(2) 箱式图

下面的代码是使用 plt. boxplot（ ）对相同的数据进行的箱式图展示（图 2-6）。我们还可以通过指定 vert=False 来水平绘制箱式图，这样箱式图和前面的直方图就可以进行直观的比较。箱式图的信息较为丰富。中间的矩形中的橙色线条表示中位数，矩形的左右边界分别对应上四分位数（75%的数据都小于该值）与下四位分数（25%的数据小于该值），从条形延伸出两条线段，两条线段的终点表示数据的最大值和最小值。空心圆点为离群值。

➡
```
plt.boxplot(income,vert=False)
plt.show()
```

↳

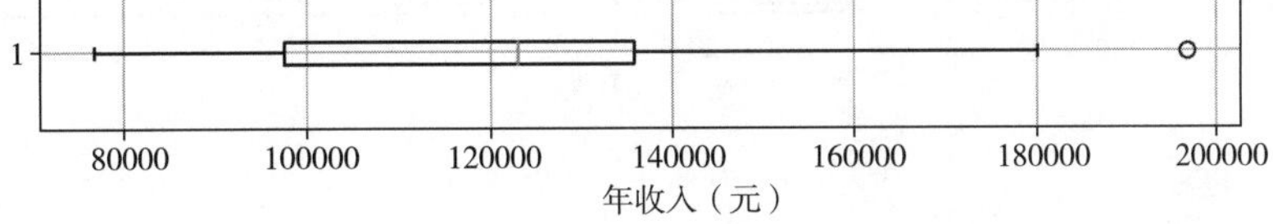

图 2-6 箱式图

(3) 折线图

折线图也是数据分析中常用的图形。大多数时候，折线图被应用于时间序列数据以显示趋势。时间序列数据的一个很好的例子是股票价格。

例如，中国银行的股票收盘价随时都在变化。如果有投资者想看股价的变化趋势，就可以用折线图来观察。下面的代码显示了加载这些数据的过程，其中包括中国银行股票.csv 和中国人保股票.csv 文件，使用 pd.read_csv（ ）函数加载该数据。这两个数据集分别为中国银行和中国人保 2020 年 1 月 2 日至 2023 年 1 月 5 日的股价。

我们使用 plt.plot（ ）函数来绘制股票收盘价的折线图（图 2-7）。

➡
```
boc_df=pd.read_csv('../dataFiles/中国银行.csv')
picc_df=pd.read_csv('../dataFiles/中国人保.csv')
plt.plot(boc_df.close)
plt.plot(picc_df.close)
plt.show()
```
⮑

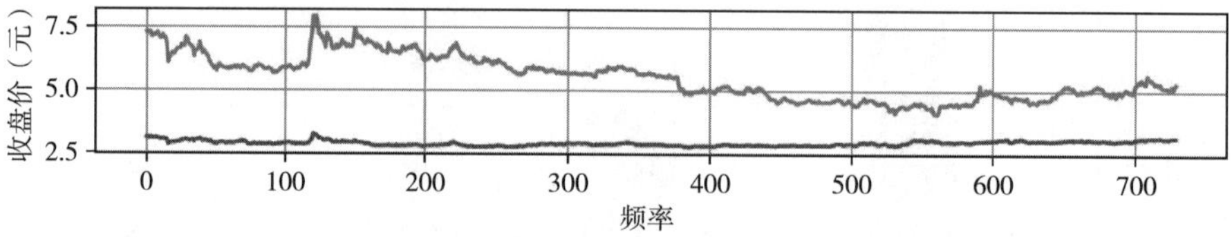

图 2-7　折线图

我们可以注意到，上图中的横轴并非日期，而是频率。这是因为在导入数据时，并没有指定 index 为日期的原因。在 pd.read_csv（ ）函数中，加入 index_col='date'，parse_dates=True，就可以实现横轴为日期的折线图（图 2-8）。

➡
```
boc_df=pd.read_csv('../dataFiles/中国银行.csv',
                    index_col='date',parse_dates=True)
picc_df=pd.read_csv('../dataFiles/中国人保.csv',
                     index_col='date',parse_dates=True)
plt.plot(boc_df.close)
plt.plot(picc_df.close)
plt.show()
```
⮑

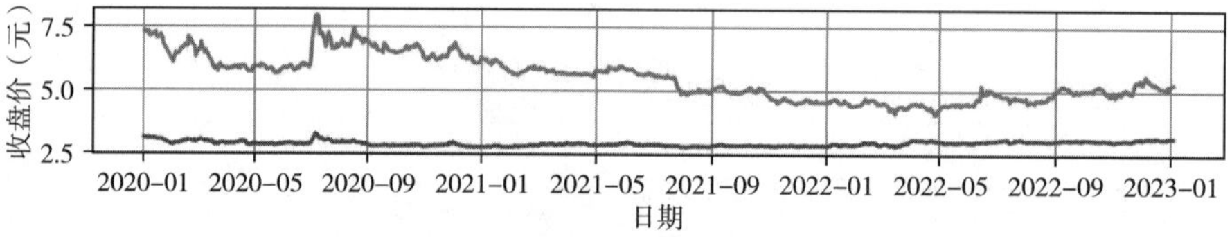

图 2-8　横轴为日期的折线图

（4）散点图

散点图可以用 plt.scatter（ ）函数来绘制，它可以将两个数字属性联系起来。这个函数非常适用于研究数字属性之间的关系。例如，下面的代码向我们展示了中国银行和中国人保股票价格从 2020 年 1 月 2 日到 2023 年 1 月 5 日之间的关系。图 2-9 中的每个点代表 2020 年 1 月 2 日至 2023 年 1 月 5 日的一个交易日。

```
plt.scatter(pingan_df.close,picc_df.close)
plt.show()
```

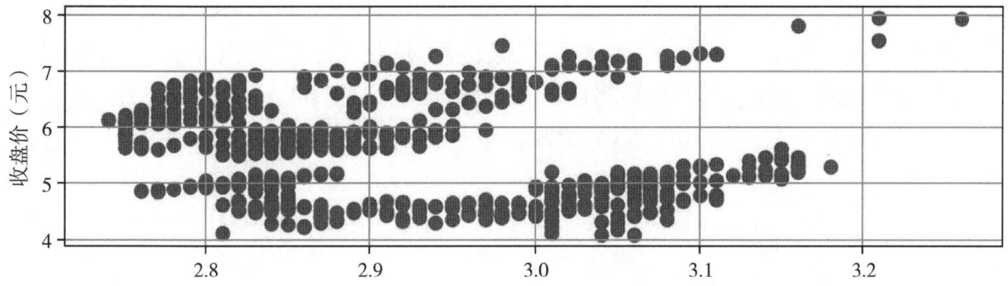

图 2-9 散点图

实践与练习

将图 2-9 的横轴以日期形式输出。

（5）饼状图

饼状图（Pie）可以通过一些不同的选项来生成。这里，我们以上证指数、贵州茅台、中国平安三只股票的数据为例，展示饼图（图 2-10）的绘制。

```
import matplotlib.pyplot as plt
portfolio='上证指数','贵州茅台','中国平安'
weight=[45,30,25]
offsets=(0,0.05,0)
plt.pie(weight,explode=offsets,labels=portfolio,autopct='% 1.1f% %')
plt.axis('equal')
```

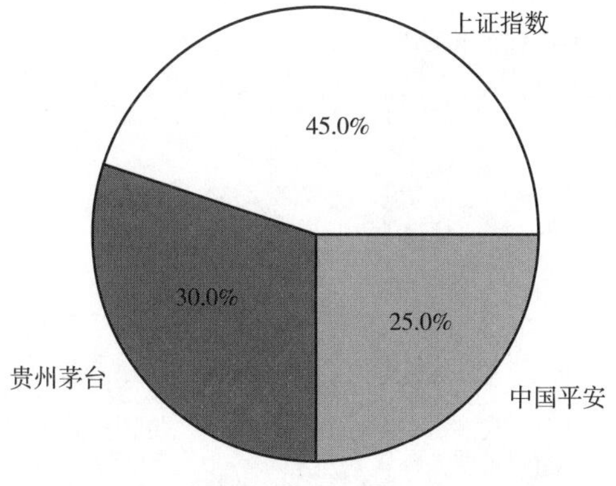

图 2-10 饼状图

以上，我们已经介绍了 Matplotlib 的主要绘图和它们的分析功能。接下来，我们将学习如何以简单且有效的方式编辑视图。

2.7.2 调整可视效果

(1) 标题和标签

要修改 Matplotlib 可视化的任何部分，我们需要执行一个可以完成修改要求的函数。例如，要给一个视图添加一个标题，我们需要在执行视觉文件后使用 plt. title ( ) 函数。另外，为了给 x 轴或 y 轴添加标签，我们可以使用 plt. xlabel ( ) 或 plt. ylabel ( ) 函数。

下面的代码显示了应用 plt. title ( ) 和 plt. ylabel ( ) 函数分别给视图添加标题和给 y 轴添加标签（图 2-11）。

```
➡ plt.plot(boc_df.close)
  plt.plot(picc_df.close)
  plt.ylabel('收盘价(元)')
  plt.title(中国银行/中国人保股价趋势(2020—2023))
  plt.grid( )
  plt.show( )
```

⮩

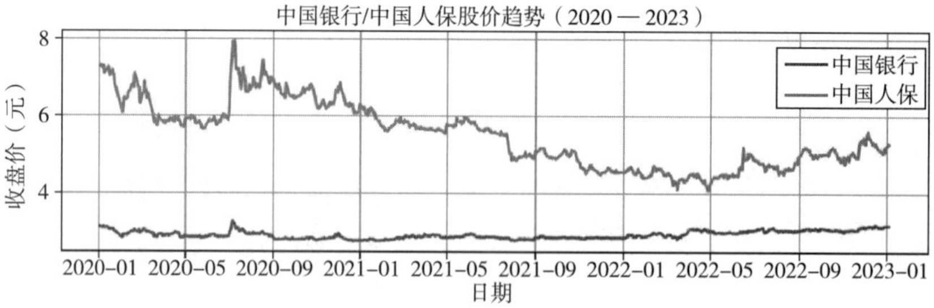

图 2-11　中国银行与中国人保股价趋势

但有个问题，如果我们使用中文标记标题与标签，有极大可能就会出现如下图（图 2-12）一样乱码的情况。

```
➡ plt.plot(boc_df.close)
  plt.plot(picc_df.close)
  plt.title('中国银行/中国人保股价趋势(2020—2023)')
  plt.ylabel('收盘价(元)')
  plt.grid( )
  plt.show( )
```

⮩

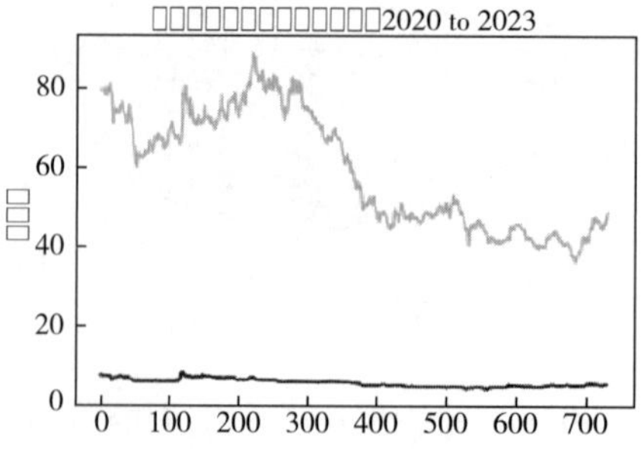

图 2-12　格式未调整视图

如此一来，中文标题与标签将无法正常显示，输出的图片看起来既不明确也不够美观。为了改善这种情况，我们可以输入以下代码进行配置。

```
import matplotlib.pyplot as plt
plt.rcParams['font.family']=['sans-serif']
plt.rcParams['font.sans-serif']=['SimHei']                # 显示中文
plt.rcParams['axes.unicode_minus']=False                  # 显示负号
```

说明与解释

plt（matplotlib.pyplot）使用 rc 配置文件来自定义图形的各种默认属性，称之为 rc 配置或 rc 参数。通过 rc 参数可以修改默认的属性，包括视图大小、分辨率、线条宽度、颜色、样式、坐标轴、坐标和网络属性、文本、字体等。

如果以上操作仍然无效，可以进一步尝试做以下调整。

```
from matplotlib.font_manager import FontManager
fm=FontManager()
mat_fonts=set(f.name for f in fm.ttflist)
print(mat_fonts)
```

从 mat_fonts 的输出结果中，寻找一个适合的中文字体填入下列◎◎◎处即可。

```
plt.rcParams['font.sans-serif']=['◎◎◎']                 # 显示中文标签
plt.rcParams['axes.unicode_minus']=False                 # 显示负号
```

另外，如果对输出图的尺寸不满意，还可以通过 plt.rcParams ['figure.figsize'] 进行尺寸的指定。

```
import matplotlib.pyplot as plt
plt.rcParams['figure.figsize']=(9,3)
```

（2）标签

Matplotlib 添加标签有两个步骤。首先，向 Matplotlib 说明添加一个相关的标签到 Matplotlib，需要使用 label=''设置。接着还需要执行 plt.legend（）函数。

下面的代码描述了如何通过这两个步骤来为折线图添加标签（图 2-13）。

```
plt.plot(boc_df.close,label='中国银行')
plt.plot(picc_df.close,label='中国人保')
plt.title('中国银行/中国人保股价趋势(2020—2023)')
plt.ylabel('收盘价(元)')
plt.legend()
plt.grid()
plt.show()
```

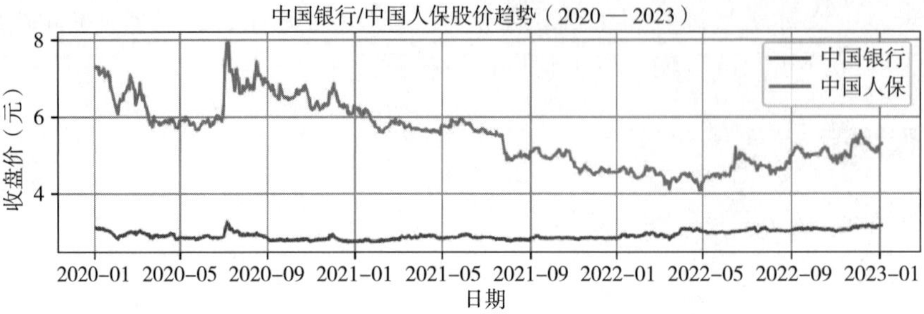

图 2-13　中国银行与中国人保股价趋势

(3) 标记与颜色

如果我们希望修改散点图标记的颜色和形状，我们所需要做的就是在执行 plt. scatter（ ）函数时指定它们。plt. scatter（ ）函数需要两个输入参数，用来按照我们希望的方式绘制视图。其中，参数“marker”是要绘制标记的形状，参数“color”是指定颜色。

下面的代码显示了如何通过输入 marker='+'和 color='red'将 Matplotlib 散点图的默认蓝点改为红色十字。由于本教材是单色印刷的，所以无法看到颜色的变化，但如果自己尝试在 JupyterNotebook 运行一下这块代码，就会看到设置的颜色变化。

```
plt.scatter(boc_df.close,picc_df.close,marker='+',color='red')
plt.title('中国银行与中国人保股价(2020—2023)')
plt.xlabel('中国银行收盘价(元)')
plt.ylabel('中国人保收盘价(元)')
plt.grid()
plt.show()
```

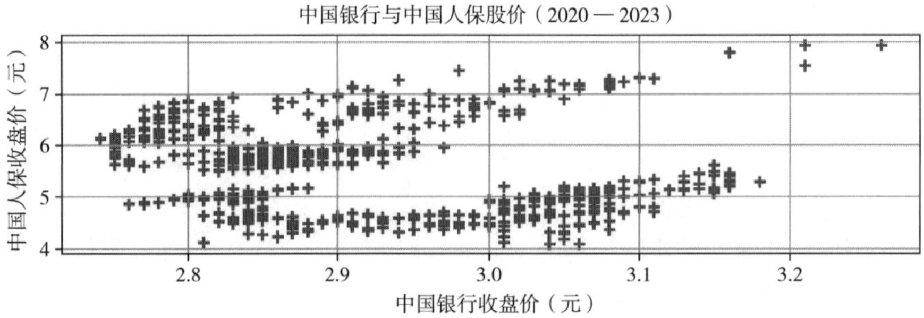

图 2-14　加入标记与颜色设置

上述代码中的 marker 和 color 可以有多种选择，详细内容参考 Matplotlib 官方网站。

接下来，我们将学习绘制子图，它允许我们将多个视图组织在一起。

2.7.3　绘制子图

绘制子图可以说是一个非常有用的数据分析和数据预处理工具。当我们希望展示多个视图，并以特定的方式将它们组织在一起时，我们就可以使用子图。在 Matplotlib 中创建子图的逻辑有些独特。为了绘制子图，我们首先需要计划并决定视图的数量以及它们的矩阵式组织。例如，下面的例子有 4 个视图（图 2-15），视图被组织成一个 2 行 2 列的矩阵。一旦确定了这些，就可以开始编程。

```
➡ import matplotlib.pyplot as plt
plt.subplot(2,2,1)                                    # 第 1 个子图
plt.hist(boc_df.close)
plt.title('柱状图')
plt.ylabel('中国银行收盘价(元)')
plt.subplot(2,2,2)                                    # 第 2 个子图
plt.boxplot(boc_df.close,vert=False)
plt.title('箱式图')
plt.yticks([1],['中国银行收盘价(元)'])
plt.subplot(2,2,3)                                    # 第 3 个子图
plt.hist(picc_df.close)
plt.title('柱状图')
plt.ylabel('中国人保收盘价(元)')
plt.subplot(2,2,4)                                    # 第 4 个子图
plt.boxplot(picc_df.close,vert=False)
plt.title('箱式图')
plt.yticks([1],['中国人保收盘价(元)'])
plt.tight_layout()
plt.show()
```

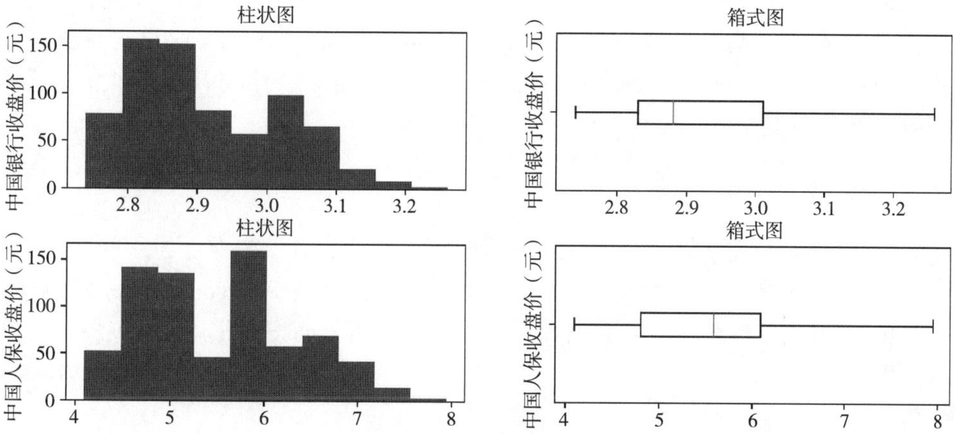

图 2-15　子图

让我们对以上代码进行一个简单的说明：plt. subplot（2，2，1）的含义为希望输出一个有 2 行 2 列的子图，运行的是第 1 个视图的代码；plt. subplot（2，2，2）的含义为希望输出一个有 2 行 2 列的子图，运行的是第 2 个视图的代码；plt. subplot（2，2，3）的含义为希望输出一个有 2 行 2 列的子图，运行的是第 3 个视图的代码；plt. subplot（2，2，4）的含义为希望输出一个有 2 行 2 列的子图，运行的是第 4 个视图的代码。

请注意，plt. subplot（ ）函数中的前两个输入数字（2，2）在整个子图绘制过程中保持不变，因为它们指定了子图的矩阵式组织。

plt. tight_ layout（ ）函数在我们完成了所有的视图效果设定并即将显示整个子图之后使

用。这个函数的作用是可以确保每个视图适合自己的边界，并且不会产生重叠。

实践与练习

在没有使用 plt. tight_layout（ ）语句的情况下运行上面的代码块，并观察差异。

前面，我们学习了如何绘制和设计视图。接下来，我们将学习如何调整视图的大小和清晰度，并将其保存在我们的本地电脑上。

（1）调整视图大小

用任何我们希望要的分辨率来保存 Matplotlib 的视图非常简单。Matplotlib 为其所有的视觉输出使用了一个默认的视觉尺寸，当我们有修改需要时，我们可能希望再调整视觉尺寸的大小。要调整视觉尺寸，最简单的方法是运行 plt. figure（figsize=（6，4））语句。

实践与练习

为了观察差异，在前面的代码中加入 plt. figure（figsize=（9，6）），并运行它来研究差异。另外，改变几次参数的数值，找到最适合 figsize 的数值。

（2）调整视图分辨率

我们需要用来保存和调整输出视图的分辨率的函数就是 plt. savefig（ ）。这个函数接收我们希望创建的用于保存视图的文件名，以及它的 DPI 分辨率。视图的 DPI 值越高，其分辨率就越高，清晰度越高。例如，运行 plt. savefig（'pingan_colums'，dpi=180）会把视图文件保存在我们的电脑中，该文件位于 JupyterNotebook 文件所在的同一目录下。这时，保存的视图文件的 DPI 分辨率将是 180。

2.7.4 可视化样式

Matplotlib 提供了大量可复制、可再编辑的可视化样式。对于初学者，这些样式可以作为数据分析可视化的参考。如果需要进一步了解学习可以参考 Matplotlib 的官方网站。掌握 Matplotlib 的基本方法，将会在后面数据预处理和数据分析方面发挥作用。

2.8 Seaborn 库

Seaborn 是一个主要用于在 Python 中制作统计图形的库，其建立在 Matplotlib 的基础之上，并与 Pandas 数据结构紧密集成。Seaborn 能够帮助我们更直观地探索和理解数据，它的绘图功能可以在包含整体数据集的 DataFrame 和 array 上运行，并生成信息丰富的绘图。Seaborn 与 Matplotlib 的集成允许我们在 Matplotlib 支持的许多环境中使用。Seaborn 的使用能够提供与 Matplotlib 风格不同的绘图效果。

使用 Seaborn 前需要导入库。

```
import seaborn as sns
```

下面，我们结合对金融数据进行的统计描述，简单介绍一下 Seaborn 的基本操作。

2.8.1　描述性统计

每当我们获得新数据集时，必须做的第一项任务就是找到以易于理解的方式汇总数据的方法。这就是描述性统计（相对于推断统计）的全部意义所在。事实上，对许多人来说，"统计"一词是描述性统计的同义词。在详细介绍描述性统计之前，让我们先通过一个例子了解一下为什么我们需要描述性统计。

首先，让我们从本地导入一个真实数据集，其中有两个变量，分别是日期和中国银行股票市场的历史收盘价数据。此数据集的时间段是从 2020 年到 2023 年。

```
import pandas as pd
boc_close_df=pd.read_csv('../dataFiles/boc_close.csv')
```

数据已经准备好，执行 print（ ）函数后，我们可以看到输出的是整体数据集的一部分数据，但仅查看这些数据片段，并不能让我们更有效地理解数据集本身。我们还需要计算一些描述性统计指标并绘制视图来更加直观地认识数据。

```
print(boc_close_df)
```

```
        date        中国银行
0       2020-01-02  3.11
1       2020-01-03  3.10
2       2020-01-06  3.08
3       2020-01-07  3.11
4       2020-01-08  3.08
...     ...         ...
729     2023-01-04  3.20
730     2023-01-05  3.20
731     2023-01-06  3.21
732     2023-01-09  3.19
733     2023-01-10  3.18
[734 rows x 2 columns]
```

我们可通过 Seaborn 提供的 sns.histplot（ ）函数绘制柱状图（图 2-16）。

```
import seaborn as sns
ax=sns.histplot(boc_close_df)
ax.set(xlabel='收盘价(元)',ylabel='价格出现频率')
```

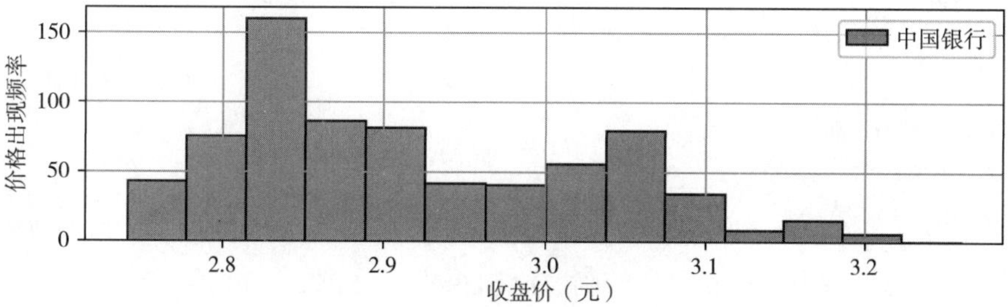

图 2-16　Seaborn 绘制柱状图

通过输出的视图，我们可以了解比单纯的数据列表更多的信息。如整体数据集是否呈现正态分布、偏度的趋势等。

（1）数据集边界

我们还可以通过 max（ ）、min（ ）函数找出数据集中的最大值与最小值。或者说是此数据集的边界。

```
➡ boc_close_df.max()
↳ date  2023-01-10
  中国银行  3.26
  dtype:object
➡ boc_close_df.min()
↳ date  2020-01-02
  中国银行  2.74
  dtype:object
```

（2）四分位距

四分位距（Interquartile Range，IQR），又称四分差，是描述统计学中的一种方法。四分位距类似于数据范围的描述，但它不是计算最大值和最小值之间的差异，而是计算第 25 个分位数和第 75 个分位数之间的差异。与方差、标准差一样，四分位距表示统计资料中各变量分散情形，但四分位距更多的为一种稳健统计（Robust Statistic）。我们还是先准备数据，进行适当处理后，再使用 Seaborn 进行数据可视化呈现。

我们可以通过用 NumPy 的 quantile（ ）函数来计算中国银行股价数据集的收盘价 25 分位数、50 分位数与 75 分位数。

```
➡ import numpy as np
➡ np.quantile(boc_close_df['中国银行'],0.5)
↳ 2.89
➡ np.quantile(boc_close_df['中国银行'],[0.25,0.75])
↳ array([2.83,3.01])
```

当然，我们也可以通过 describe（ ）函数得到一系列有用的描述性统计量，如最小值和最大值、主要分位数、平均值、方差和中位数。

```
➡ boc_close_df.describe()
↳          中国银行
  count    734.000000
  mean     2.916676
  std      0.109541
  min      2.740000
  25%      2.830000
  50%      2.890000
  75%      3.010000
  max      3.260000
```

然后在 Seaborn 中使用 boxplot（ ）函数绘制箱式图（图 2-17）。

```
➡ sns.boxplot(boc_close_df['中国银行'],orient='h')
```

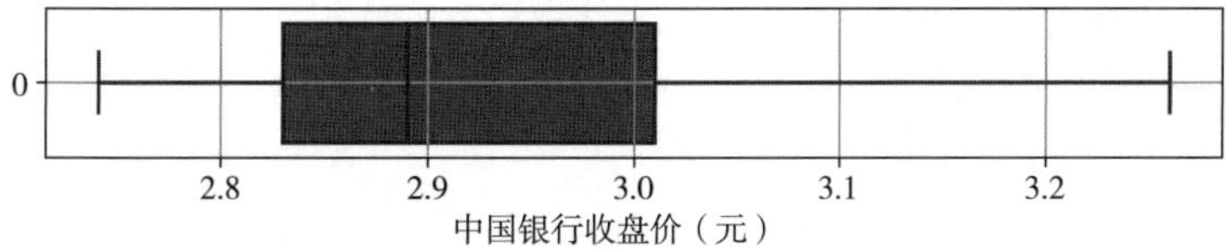

图 2-17　Seaborn 绘制箱式图

我们可以看到，箱式图中的最左侧一条线为数据集中的最大值，最右侧的一条线为数据集的最小值，矩形左边为 25 分位数，右边为 75 分位数，中线为均值。orient：'v' | 'h'用于控制图像是水平还是竖直显示。

（3）相关性

到目前为止，我们完全专注于如何为单个变量构建描述性统计量，还没有讨论如何描述数据中变量之间的关系。我们使用上证指数、贵州茅台和中国平安的历史股价数据，对数据中的变量进行描述，并观察价格变量间的相关性。

```
pa_mt_sz50_pd=pd.read_csv('../dataFiles/pa_mt_sz50.csv')
```

该数据集包括 4 个变量和 728 行数据。接下来，进行基本的描述性统计分析。

```
pa_mt_sz50_pd.describe()
```

```
        上证指数         贵州茅台         中国平安
count   728.000000      728.000000      728.000000
mean    3297.976662     1694.684396     59.288214
std     243.458751      305.450885      14.606462
min     2660.170000     916.100000      36.150000
25%     3097.170000     1591.420000     45.815000
50%     3338.385000     1737.755000     59.035000
75%     3505.205000     1908.245000     72.915000
max     3715.370000     2538.120000     88.680000
```

再使用 Seaborn 绘制直方图（图 2-18）来更直观地观察上证指数、贵州茅台和中国平安的历史股价。代码如下所示。

```
import seaborn as sns
from matplotlib import pyplot as plt
```

```
sz=pa_mt_sz50_pd['上证指数']
mt=pa_mt_sz50_pd['贵州茅台']
pa=pa_mt_sz50_pd['中国平安']
fig,axes=plt.subplots(1,3)
# fig.suptitle('股价历史数据')
sns.histplot(sz,ax=axes[0])
# axes[0].set_title(sz.name)
sns.histplot(mt,ax=axes[1])
# axes[1].set_title(mt.name)
sns.histplot(pa,ax=axes[2])
```

```
# axes[2].set_title(pa.name)
for ax in axes:
    ax.set(yticklabels=[])
    ax.set(ylabel=None)
    ax.tick_params(bottom=False)
    ax.tick_params(left=False)
```

➥

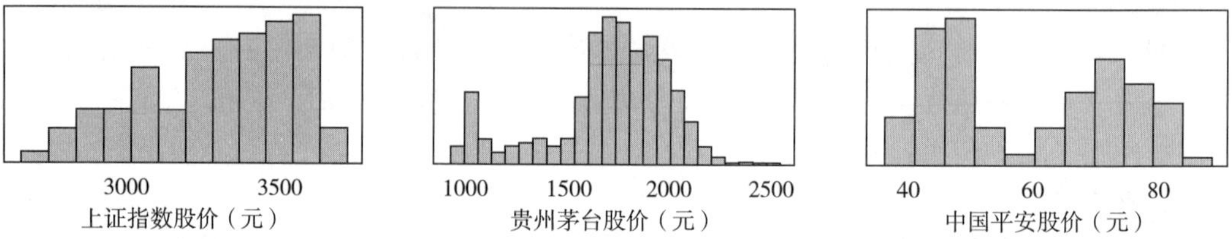

图 2-18　Seaborn 绘制直方图

（4）相关系数

接下来，我们计算上证指数、贵州茅台和中国平安的相关性。使用 Pandas 的 corr（ ）函数计算每对股票之间的皮尔逊相关系数。

➡
```
corr_df=pa_mt_sz50_pd.corr(method='pearson')
corr_df.head(10)
```

➥

	上证指数	贵州茅台	中国平安
上证指数	1.000000	0.781590	0.035143
贵州茅台	0.781590	1.000000	-0.161398
中国平安	0.035143	-0.161398	1.000000

我们需要对皮尔逊相关系数的缺点有一点认识。比如，它实际测量的是两个变量之间线性关系的强度。换句话说，它给我们的是一个度量，衡量数据在多大程度上倾向于落在一条完全直线上。通常，这与我们所说的“关系”的含义相当接近，但有时，事实并非如此。一种非常常见的情况是，当一个变量的增加实际上反映在另一个变量的增加中时，皮尔逊相关系数就不能完全正确使用，而且关系的性质不一定是线性的。为了弥补缺陷，除了皮尔逊相关系数之外，我们还可以使用斯皮尔曼相关系数。

➡
```
corr_df=pa_mt_sz50_pd.corr(method='spearman')
corr_df.head(10)
```

➥

	上证指数	贵州茅台	中国平安
上证指数	1.000000	0.705929	0.163921
贵州茅台	0.705929	1.000000	-0.062645
中国平安	0.163921	-0.062645	1.000000

皮尔逊和斯皮尔曼相关系数的数值范围都为-1 到 1。如果皮尔逊相关系数为 1，即当一个变量增加时，另一个变量将增加一致的量。这种关系形成了一条完美的线。在这种情况下，斯皮尔曼相关系数也是 1。如果关系是一个变量增加，另一个变量增加，但数量不一致，则皮尔逊相关系数为正但小于 1。在这种情况下，斯皮尔曼系数仍然为 1。

当关系是随机的或不存在时，两个相关系数几乎为零。如果关系是递减关系的完美线，则两个相关系数均为-1。如果关系是一个变量减少，而另一个变量增加，但数量不一致，则皮尔逊相关系数为负但大于-1。在这种情况下，斯皮尔曼系数仍然为-1。

(5) 关系的强度和方向

我们还可以使用 scatterplot ( ) 函数绘制散点图（图 2-19），其让我们能够大致了解两个变量的密切相关程度。

```
fig,axes=plt.subplots(1,3)
fig.suptitle('上证指数/贵州茅台/中国平安股价散点图')
sns.scatterplot(x=sz,y=mt,ax=axes[0])
fig.axes[0].set_xlabel('上证指数股价(元)')
fig.axes[0].set_ylabel('贵州茅台股价(元)')
sns.scatterplot(x=sz,y=pa,ax=axes[1])
fig.axes[1].set_xlabel('上证指数股价(元)')
fig.axes[1].set_ylabel('中国平安股价(元)')
sns.scatterplot(x=mt,y=pa,ax=axes[2])
fig.axes[2].set_xlabel('贵州茅台股价(元)')
fig.axes[2].set_ylabel('中国平安股价(元)')
```

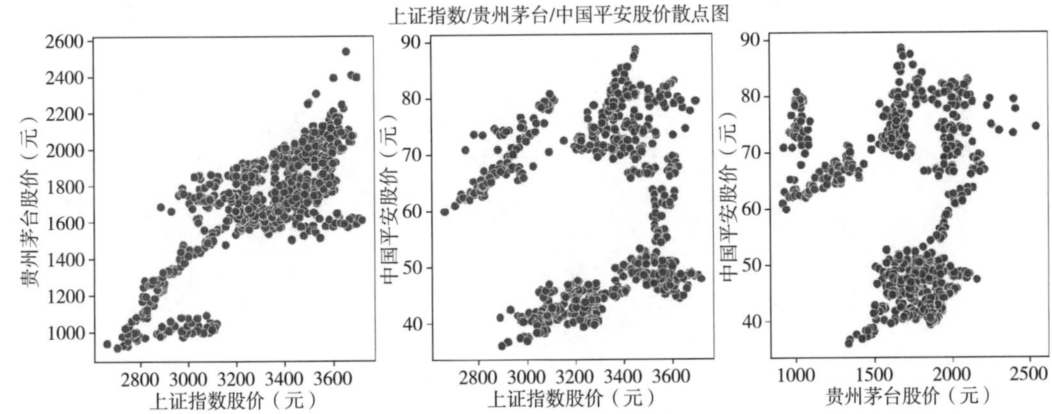

图 2-19　scatterplot 函数绘制散点图

以上散点图显示了上证指数、贵州茅台、中国平安的股价之间的相关关系的强度和方向。

(6) 相关性的热力图

最后，我们可以使用 Seaborn 和 Matplotlib 绘制相关性的热力图（图 2-20）。

```
import seaborn as sns
mask=np.zeros_like(corr_df)                          # 对角输出
mask[np.triu_indices_from(mask)]=True
sns.heatmap(corr_df,cmap='Blues',vmax=1.0,vmin=-1.0,
            mask=mask,linewidths=2)
plt.yticks(rotation=0)
plt.xticks(rotation=0)
plt.show()
```

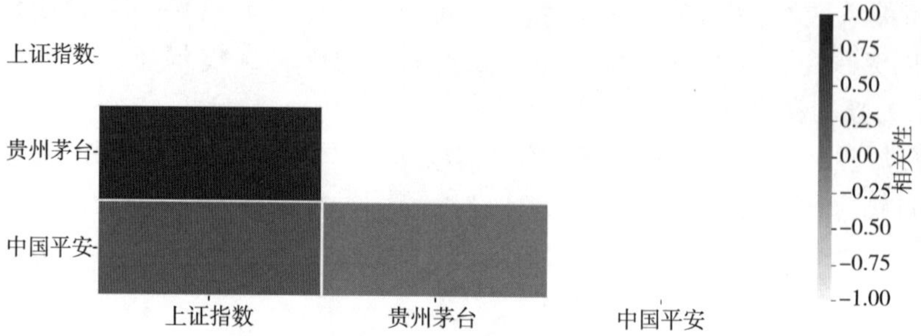

图 2-20 相关性的热力图

2.8.2 可视化设置

Seaborn 提供更加简洁的绘图语言。例如绘制散点图（图 2-21）。

(1) 标题和标签

代码块中的 X 确定了 x 轴，Y 确定了 y 轴。

```
➡ import seaborn as sns
➡ X=[1,2,4,5,6,7,8,9,10,11,12,13]
  Y=[5,6,7,13,14,15,16,17,18,19,20,21]
  plt.grid()
  sns.scatterplot(x=X,y=Y)
↪
```

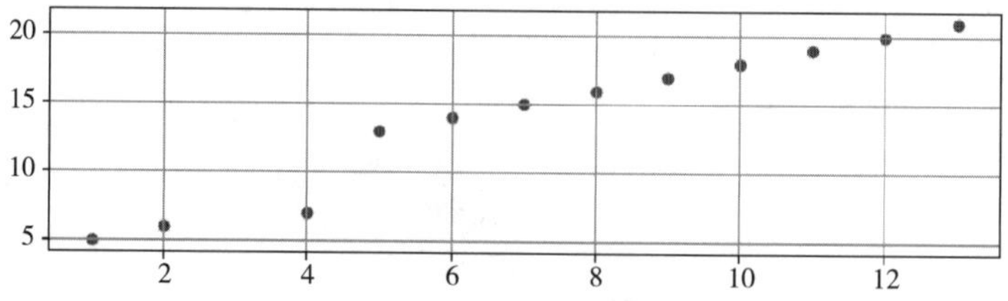

图 2-21 散点图

我们还可以通过参数 s 和 color 方便地设置散点的大小与颜色（图 2-22）。

```
➡ sns.scatterplot(x=X,y=Y,s=300,color='black')
↪
```

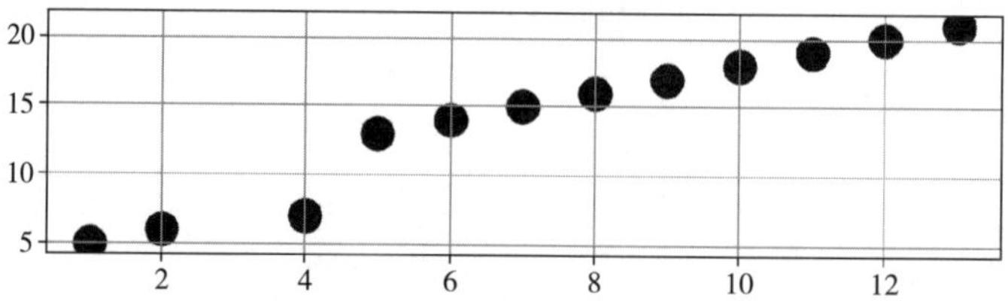

图 2-22 设置散点的大小与颜色

一张好的视图应该具备必要的标题和标签。但有时候，设置标题和标签并不像我们想象得那么容易。在 Seaborn 中为视图添加标题和标签的最简单方法是首先向视图中导入变量，然后放入该变量的标题和标签（图 2-23）。

```
X=mt                                         # 贵州茅台数据设为 x 轴
Y=sz                                         # 上证指数设为 y 轴
ax=sns.scatterplot(x=X,y=Y,color='green')
ax.set(title='上证指数/贵州茅台股价',xlabel='贵州茅台股价(元)',ylabel='上证指数股
价(元)')
plt.grid()
```

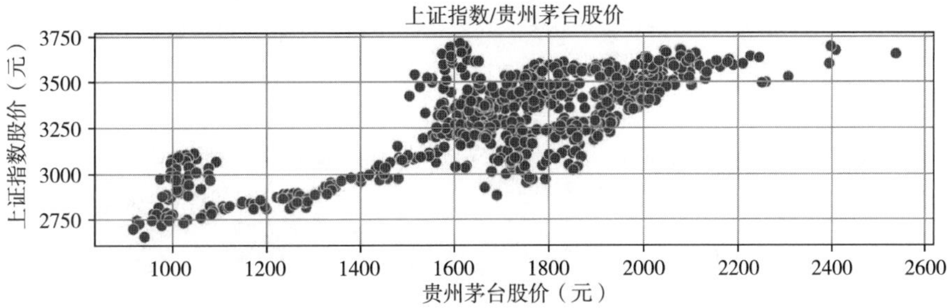

图 2-23　标题和标签的设置

（2）直方图

直方图是可视化数据的最简单、最有用的方法之一。如被正确地使用，那么直方图的最大优势在于它确实显示了数据集的整体分布。当然，直方图也有缺点，比如它不是很紧凑。绘制直方图时需要注意的主要微妙之处是确定应放置条柱的位置，以及指定条柱的数量。对于这个问题，我们可以通过 Seaborn 的 bins 来设置。

```
import seaborn as sns
from matplotlib import pyplot as plt
fig,axes=plt.subplots(1,2,figsize=(8,2))
ax1=sns.histplot(data=pa_mt_sz50_pd,x='上证指数股价(元)',
                 bins=5,ax=axes[0])
ax2=sns.histplot(data=pa_mt_sz50_pd,x='上证指数股价(元)',
                 bins=100,ax=axes[1])
axes[0].set_title('少箱图')
axes[1].set_title('多箱图')
```

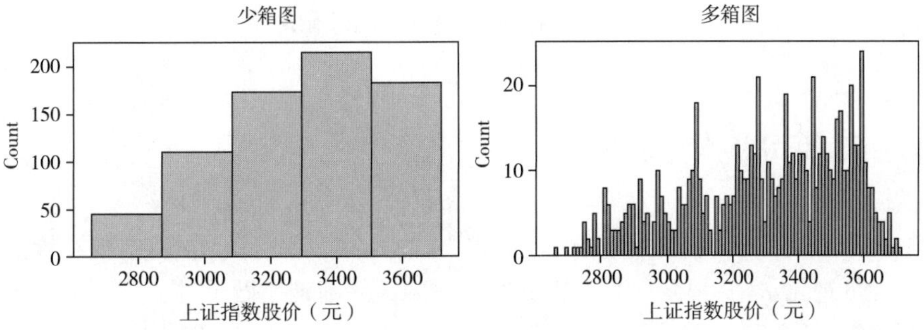

图 2-24　sns.histplot（ ）函数输出结果

在图 2-24 中，Seaborn 的 bins 设置的右图，条柱密集。因此，尽管该图信息量很大，可能已经显示了全部数据集，且完全没有丢失信息，但该图很难被解释，会让人感觉非常混乱。而左图的条柱较宽，容易阅读，但它可能并没有传达足够完整的信息，这样的图又会让我们感觉信息展示过少。总而言之，指定条柱数量的方式对直方图的外观有很大影响，因此需要根据分析的需要确定间隔柱的宽窄与疏密。

（3）散点图

散点图是一种简单但有效的数据可视化工具。但有时根据需要，我们面对的不只是一个变量的数据集，而是要用散点图显示两个或多个变量之间的关系。

```
➡ ax=sns.scatterplot(x='上证指数股价(元)',y='贵州茅台股价(元)',data=pa_mt_sz50_pd)
⮑
```

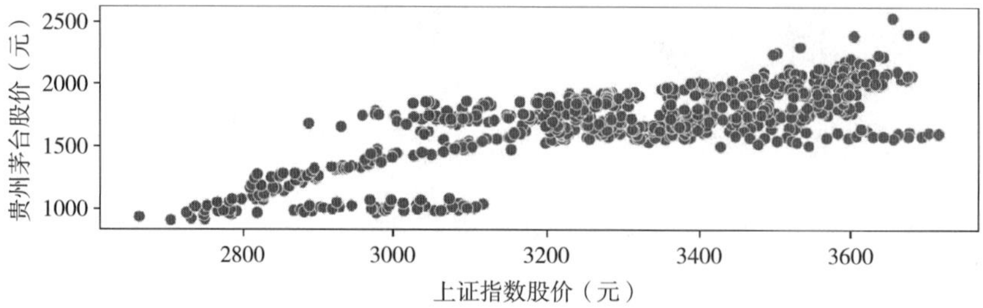

图 2-25　sns. scatterplot（ ）函数输出结果

输出视图（图 2-25）显示了上证指数和贵州茅台股价之间的关系，但如果在点中间用一条线就会使这种关系更加清晰。Seaborn 的 regplot（ ）函数可以完善绘图（图 2-26）。

```
➡ ax=sns.regplot(x='上证指数股价(元)',y='贵州茅台股价(元)',data=pa_mt_sz50_pd)
⮑
```

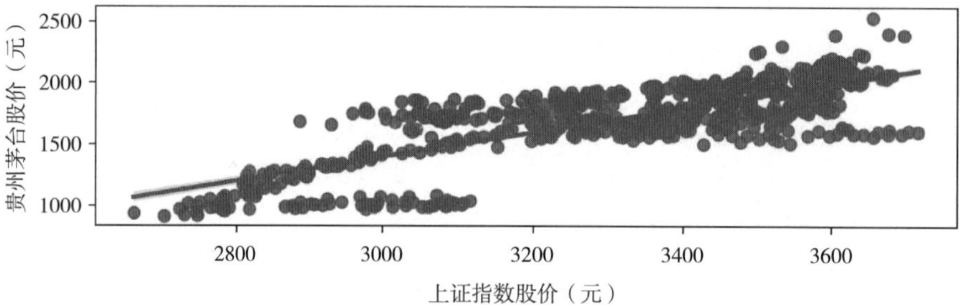

图 2-26　regplot（ ）函数输出结果

2.9　其他可视化包

除了 Matplotlib，在可视化的工具中还有很多优秀的第三方库，它们在现有库的基础上进行了完善，使可视化水平提升不少。cufflinks 在 Plotly 的基础上做了进一步的包装，其具有方法统一、参数配置简单的特点。上面介绍的 Matplotlib 与 Seaborn 都是静态可视化工具。而

cufflinks 则是一款动态可视化库，它非常适合观察局部细节变化。

使用 cufflinks，首先我们要对其进行安装，Python 下安装命令是：pip install cufflinks。

然后，我们进行必要的设置。以下是我们通过 cufflinks 绘制中国平安股价走势（图 2-27）。

```
import cufflinks as cf
cf.go_offline()
cf.set_config_file(offline=True)                    # 离线生成图片的设置
pingan_df=pd.read_csv('../dataFiles/中国平安.csv')
pingan_df['close'].iplot()
```

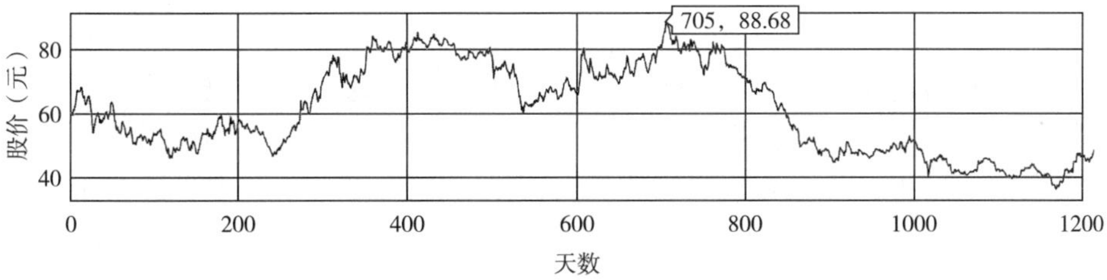

图 2-27 cufflinks 绘制中国平安股价走势

cufflinks 还提供了金融量化函数，可以轻松得到布林带（图 2-28）、蜡烛图等可视化格式。

```
pingan_df_Q=cf.QuantFig(pingan_df[0:100])
pingan_df_Q.add_bollinger_bands()                   # 添加布林带
pingan_df_Q.iplot()                                 # 添加蜡烛图
```

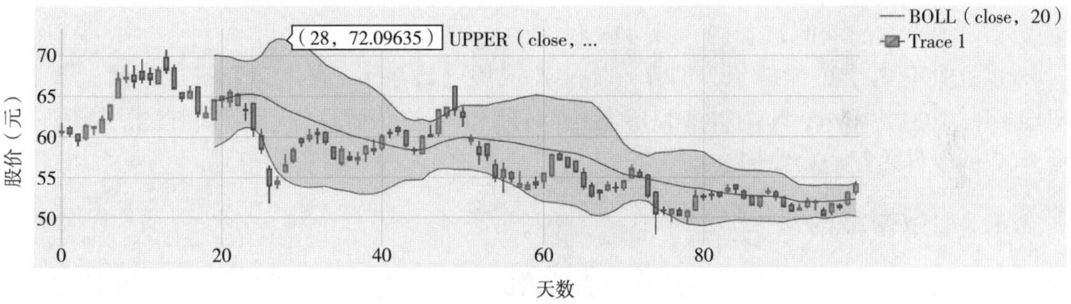

图 2-28 cufflinks 绘制布林带

如果对比 Plotly 的 cufflinks 和 Matplotlib 的 plot（）输出的同样的数据结果，可以发现 cufflinks 显示了鼠标所指时间节点的数据，具有了动态效果。

到目前为止，我们在以上学习过程中，执行代码时一定会出现很多的“错误”，作为初学者不要害怕这些错误，而是要勇敢面对这些错误，尝试通过各种手段寻找解决方法，这样才会将这些“错误”转变为提升能力的绝佳机会。

第3章 数据

3.1 数据概述

“数据（Data）”本身是许多概念和科学分支（如统计学和数学）的巨大总称。数据的类型、形式多样，范围广泛，并且随着环境的变化而不断发展。例如，数据可以是数据库中的记录集合、信息和存储在计算机中或由计算机使用的数字、信息、声音和图像、记录、交易、报告等。数据被测量、收集和报告，并被分析，因此通常可以使用图形、图像或其他分析工具将其可视化呈现。我们把数据定义为代表对现实的测量或模型的符号或标志，它们是事实或观察的结果，是对客观事物的逻辑归纳，是用于表示客观事物的未经加工的原始素材。

3.1.1 数据类型

数据类型是数据分类中的基本要素。数据类型用于程序员和编译器之间的信息传输。常见的基本数据类型有整数类型、浮点数类型、布尔类型等。

整数由零、正数和负数组成。所有的算术运算都可以通过整数数据类型有效完成。如果数据的值超出了整数的数值范围，那么其在数据库服务器就会无法存储，一般来说，整数数据类型的每个值占用4个字节的存储空间。

浮点数据类型使用算法来贴近实数，以便在范围和精度之间进行权衡。由于需要快速的处理速度，经常发现有极小和极大的实数，系统都会使用浮点计算。在编程中，浮点数是用于存储浮点数值的变量类型。浮点数是小数点的位置可以“浮动”而不是在数字中的固定位置的数字。浮点数的示例如1.53、21.475和72033546.6。

布尔值具有两个可能的值，即真（True）或假（False）。布尔运算符或逻辑运算符由AND、OR、NOT、NOR、NAND和XOR等运算符组成。这些运算符与编程、搜索引擎、算法和公式中的条件语句一起使用。

3.1.2 数据结构

数据结构是在计算机上以特殊格式组织数据的特定方式，以便可以快速有效地组织、处理、存储和检索信息。它们是处理信息的一种手段，呈现数据以便于使用。每个应用程序、软件或程序基础都由两个组件组成，即数据和算法。数据是信息，算法是将数据转化为对编程有用的信息规则和指令。

数据结构=相关数据+允许对数据的操作

程序=数据结构+算法

(1) 线性数据结构

线性数据结构中的数据元素是以顺序排列的方式相互连接的，每个元素都与它前后的元素相连。通过这种方式，一个单一的运行可以遍历全体结构。线性数据结构包括四种类型，分别是堆栈、阵列、数组和列表。

说明与解释

堆栈：线性数据结构以“先入后出（FILO）”或“后入先出（LIFO）”顺序存储数据元素。通过使用 stack，元素可以从同一端同时添加和删除。在 Python 中，stack 可以通过多种方式开发。

数组：是类似数据类型的集合，被存储在连续的内存空间。数组在 Python 中也经常被使用。数组的工作范围是 0 到（n−1），其中 n 表示数组的大小。数组有两种类型，分别是一维数组和多维数组。

队列：是一个线性数据结构，遵循 FIFO 顺序。其顺序是，先插入的元素将先被移除。

列表：链接列表将连续存储的数据结构分开。一个数据结构的最后一个节点将被链接到下一个数据结构的第一个节点。任何数据结构的第一个元素都被称为列表的头部。链接列表有助于内存分配。

（2）非线性数据结构

非线性数据结构中的数据元素是随机排列的，这些元素并不按顺序排列，数据元素存储在不同的层次。非线性数据结构中的数据元素与一个或多个元素相连。非线性数据结构有两种类型，即树形数据结构和图形数据结构。树形数据结构与数组、堆栈、队列和列表完全不同。树形数据结构是分层的，它将节点收集在一起，以描述顺序。树形数据结构不按顺序存储数据，它将数据存储在多个层次上。树形数据结构的顶部节点被称为根节点。任何类型的数据都可以存储在根节点中。每个节点都应包含数据。树形数据结构中的分支被称为子节点。

3.1.3　数据库

数据库在数据预处理和数据分析中发挥着重要的作用。数据库擅长有效存储和检索数据，并且是快速、准确和安全的。数据库主要有两种类型，分别是关系型数据库、非关系型数据库。

（1）关系型数据库

关系型数据库（SQL Database）是使用最广泛的一种数据库类型，也是最古老的数据库类型。图 3-1 关系型数据库展示的是关系型数据库的三个关键组件，即“表（具有关系的实体类型）”“行（实体类型的记录或实例）”和“列（实例的值属性）”。

关系型数据库提供一组数据行来响应查询，其主要功能包括四个方面：一是数据类型范围，即提供存储任何数据以及执行复杂查询的功能。二是协作，即多个用户能够访问数据库并处理同一项目。三是安全，即通过用户权限限制或限制访问。四是稳定，即关系型数据库易于理解和记录。

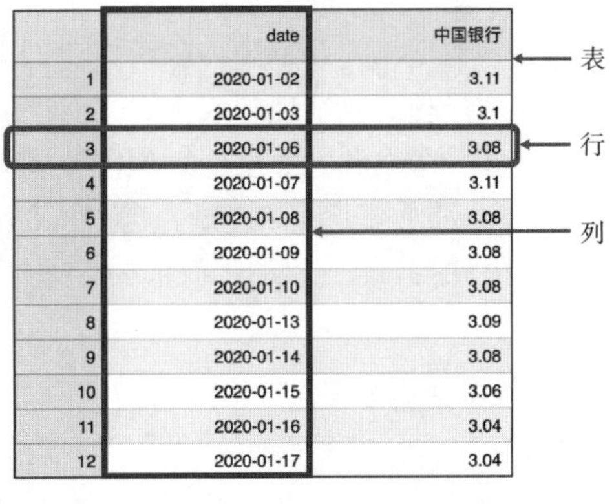

	date	中国银行
1	2020-01-02	3.11
2	2020-01-03	3.1
3	2020-01-06	3.08
4	2020-01-07	3.11
5	2020-01-08	3.08
6	2020-01-09	3.08
7	2020-01-10	3.08
8	2020-01-13	3.09
9	2020-01-14	3.08
10	2020-01-15	3.06
11	2020-01-16	3.04
12	2020-01-17	3.04

图 3-1　关系型数据库

关系型数据库的主要使用情景有以下几种。

- 在线交易系统。支持大量用户在线交易所需的频繁查询操作。
- 物联网。关系型数据库是轻量级的，具有边缘计算所需的处理能力。
- 数据仓库。数据仓库体系结构的关键组件是存储。关系型数据库可轻松集成和优化，以应对来自多个来源的大量查询。

(2) 非关系型数据库

非关系型数据库（NoSQL Database）是一种与关系型数据库不同的数据库类型。非关系型数据库不是表，而是以另一种方式对数据之间的关系进行建模。公文（document）、键值（key-value）、列存储（column based）、图（graph）是 4 种常见的非关系型数据库类型。非关系型数据库的主要特点有：一是灵活。处理结构化、半结构化和非结构化数据对于非关系型数据库类型来说轻而易举。二是可扩展且响应迅速。海量数据存储服务器可以很好地扩展，并提供快速的查询响应。三是零停机时间。高可用性，通过近乎实时的数据复制实现最短的停机时间。四是云兼容。云计算架构的可扩展性与非关系型数据库完美结合。五是多种数据结构。提供不同的信息类型以及多模型数据库格式。

3.2 大数据

大数据（Big Data）或称巨量资料，指所涉及的资料量规模巨大到无法通过主流软件工具在合理时间内达到收集、管理、处理并整理成为帮助企业经营决策更积极的目的的资讯。大数据不是一种新的或孤立的现象，而是捕获和使用数据长期演变的一部分。与数据存储、数据处理和互联网的其他关键发展一样，大数据只是人类数字时代的一环，其将改变经营商业和社会的方式。同时，大数据将为许多其他领域的演变奠定基础。

3.2.1 大数据的特征

“大数据”通常会给人一种数据量规模较大的印象。从某种意义上说，这是正确的，但并不能说明全部情况。规模大小并不是大数据的唯一特征。大数据是从各种来源、格式和大小中收集的大量数据，同时难以利用或从中获得价值。如今，大多数设备都是在线连接。如果一个组织想要在线收集这些信息，都将产生巨大的数据，这需要一个特殊的处理过程。此外，捕获的数据格式并不统一，所以我们必须处理结构化、半结构化或非结构化数据，这也增加了处理过程的复杂性和成本。

为了区分数据和大数据，我们需要理解一个非常有用的概念，即“四个 V”，它们分别是大量（Volume）、多样（Variety）、速度（Velocity）和真实（Veracity）。一般认为，当数据具有大容量、多种类和高速度时，我们要考虑机器学习和人工智能而不是简单而传统的数据分析。

说明与解释

大量：是指计算世界不断爆炸的数据的庞大规模。它提出了关于数据量的问题。

多样：是指数据类型。它提出了数据格式差异有多大的问题。

速度：是指处理速度。它提出了以什么速度处理数据的问题。

真实：决定了与我们希望要提取的业务价值相关的数据的准确性。

不管我们的数据有多复杂，多海量，在成功的数据预处理结束时，我们希望创建一个可以被挖掘、分析或可视化的表格。我们把这个表称为“数据集”。图3-2是一个具有结构元素的表格。我们可以使用特定的关键词来分析一个表的结构，如数据对象和数据属性。

数据属性
Data Attributes

数据对象
Data Objects

	date	中国银行
1	2020-01-02	3.11
2	2020-01-03	3.1
3	2020-01-06	3.08
4	2020-01-07	3.11
5	2020-01-08	3.08

图3-2 具有结构元素的表格

（1）数据对象

我们在日常工作当中，应该接触过大量的表格。但许多人可能并未注意过表的概念基础。表的概念基础是它对数据对象的定义。数据对象有许多不同的名字，如数据点、行、记录、例子、样本等。数据对象的定义是所有行共享的实体、概念、现象或事件。例如，将客户信息表放在一起的实体是“客户”这一概念。表的每一行都代表一个客户，并为我们提供关于客户的更多信息。在阅读一个新表时，我们需要首先弄清楚表的数据对象的定义是什么。

（2）数据属性

表的列就是数据属性，它还有其他不同的名称，如变量、特征和维度，都可以用来代替“属性”这个词。例如，在数学中，我们更可能提到“变量”或“维度”，而在编程中，我们更经常提到“属性”。属性是对表内数据对象的描述者。每个属性都描述了关于所有数据对象的一些情况。从分析学的角度来看，数据属性主要包括3种类型的值，分别为名义值（Nominal）、顺序值（Ordinal）、区间刻度值（Interval-Scaled）。

名义属性指的是对象的命名。除了一组简单的字母和符号作为对象的名称或对象的类别外，这个属性没有描述其他信息。例如，当数据对象是个人时，名义属性的一个突出例子是性别。虽然这个属性可能以不同的方式显示，但它所包含的信息是对人的两个类别的简单命名。因此，当数据对象是个人时，其他名义属性的例子是头发颜色、皮肤颜色、眼睛颜色、婚姻状况或职业。

顺序属性包含更多与顺序有关的信息。例如，当数据对象是个人的，教育水平就是一个典型的顺序属性的例子。虽然高中、学士、硕士和博士是指教育学位的名称，但所有这些学位之间都有一个公认的顺序。顺序属性的其他例子是课程字母等级（A、B、C、D），专业排名（助理教授、副教授和正教授），以及调查率（高度同意、同意、中立、不同意、非常不同意）。

区间刻度属性比顺序属性包含更多信息，因为它允许在数据对象之间进行区间比较。从顺序属性到区间属性，我们也从符号和类别转移到了数字（即从分类属性转移到数字属性）。有了数字，我们就知道数据对象之间存在多大的差异。例如，当数据对象是个人时，身高是一个区间刻度属性的例子。区间刻度属性的另一个例子是体重。当数据对象是天气时，以华氏度或摄氏度为单位的温度测量也是一个区间刻度属性的例子。

3.2.2 数据信息

信息（Information）一词具有两个具体但又非常不同的功能：一个是信息的日常使用，它意味着“关于某人或某事的事实或细节”；另一个是统计学的概念。

（1）统计学含义

术语“信息”也可以指一个属性在数据对象中的价值变化。换句话说，信息是用来指一个属性对数据对象群体的空间知识的补充。让我们以前面使用过的A_share_df数据集为例来说明。如下面的代码所示，这个数据集有5133个数据对象（行）和7个数据属性（列）。

```
➡ import pandas as pd
➡ A_share_df=pd.read_csv('../dataFiles/A_share_df.csv')
   A_share_df
```

	代码	名称	最高	今开	换手率	市盈率	昨收
0	301070	开勒股份	31.98	27.76	14.24	39.54	27.76
1	301398	星源卓镁	44.00	37.23	44.43	56.53	37.00
2	300943	春晖智控	15.95	14.42	23.73	47.71	13.78
3	688039	当虹科技	54.55	47.12	7.44	-75.55	46.66
4	300862	蓝盾光电	29.92	26.84	8.34	87.81	26.05
...	...	...	...	...	...	...	...
5128	300816	艾可蓝	36.00	35.84	5.87	105.13	36.55
5129	600095	湘财股份	11.28	11.282	5.21	-193.32	11.33
5130	1225	和泰机电	65.52	64.20	35.97	17.99	68.15
5131	300936	中英科技	35.62	35.30	33.54	70.23	37.20
5132	300585	奥联电子	23.99	23.51	31.34	137.13	25.29

5133 rows×7 columns

(2) 分类属性

数据集中的“名称”是一个名义属性，这个属性指为这个数据集的空间知识增加的价值变化。每个数据对象在这个属性下都有一个完全不同的值。从统计学上讲，这个属性的信息量是非常大的。

①数字属性

我们可以通过计算方差来得到数字属性有多少信息。前面我们介绍过方差，它是一个统计指标，捕捉了一组数字之间的分布，并通过每个数字与所有数字的平均值的平方距离的总和来计算。一个属性的方差越大，该属性的信息就越多。使用 Pandas 计算方差非常容易。

```
➡ A_share_df.var()
⮑ 代码      7.150076e+10
   最高      2.124209e+03
   今开      2.090335e+03
   换手率    1.331788e+01
   市盈率    4.977709e+05
   昨收      2.030915e+03
   dtype:float64
```

这时，输出的结果可能是以“科学计数法”的形式出现的，它可能并不易读，我们可以使用 astype（int）函数进行调整使之变为易读的格式。

```
➡ A_share_df.var().astype(int)
⮑ 代码      71500761085
   最高      2124
   今开      2090
   换手率    13
   市盈率    497770
   昨收      2030
```

```
dtype:int64
```

②数据冗余

数据冗余可以看作是数据呈现类似信息的属性。如果一个属性的值在一个数据集的各个数据对象中的变化与另一个属性的变化过于相似，甚至完全一致，我们称之为冗余的数据。

我们在 A_share_df 数据集最后一列人为增加一个属性，即“昨收＊2”。

```
A_share_df=pd.read_csv('../dataFiles/A_share_df.csv')
A_share_df.loc[:,'昨收* 2']=A_share_df['昨收']* 2
A_share_df.head()
```

	代码	名称	最高	今开	换手率	市盈率	昨收	昨收* 2
0	301070	开勒股份	31.98	27.76	14.24	39.54	27.76	55.52
1	301398	星源卓镁	44.00	37.23	44.43	56.53	37.00	74.00
2	300943	春晖智控	15.95	14.42	23.73	47.71	13.78	27.56
3	688039	当虹科技	54.55	47.12	7.44	-75.55	46.66	93.32
4	300862	蓝盾光电	29.92	26.84	8.34	87.81	26.05	52.10

可以看到，随着“昨收”的增加，“昨收＊2”也在增加，当然如此表述是必然的、滑稽的，这也证明“昨收”或“昨收＊2”其中一个并没有必要存在于数据集当中，是数据冗余，可以删除处理掉。为了检查数据冗余，我们还可以为怀疑可能存在类似信息的变量绘制一个散点图。例如，下面的代码绘制了“昨收”与“昨收＊2”两个数字属性的散点图（图 3-3）。

```
import matplotlib.pyplot as plt
A_share_df.plot.scatter(x='昨收* 2',y='昨收')
plt.rcParams['figure.figsize']=(8,2)
plt.rcParams['figure.dpi']=180
plt.grid()
plt.show()
```

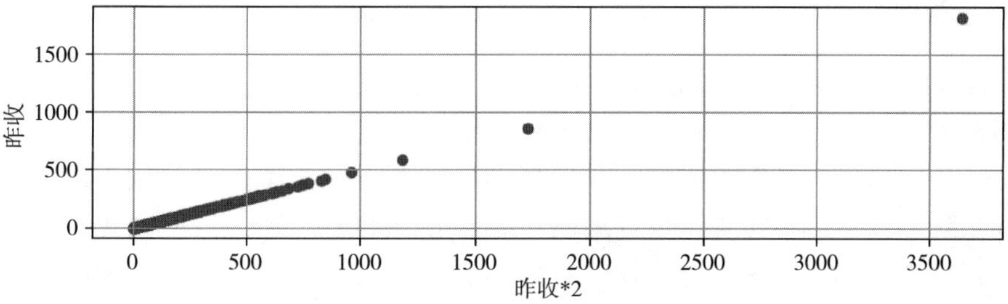

图 3-3 “昨收”与“昨收＊2”散点图

通过上图可以直观地观察到两个数字属性的相关性很强，足以证明信息的重复性。

③数据冗余度

我们也可以使用相关系数来检查数据的冗余情况。相关系数的数值在-1 和 1 之间。当相关系数接近于零时，意味着这两个属性没有显示类似的信息。当两个数字属性之间的相关系数更接近-1 或 1 的两端时，它表明这两个属性显示了类似的统计信息，也许其中一个是多余的。例如，当两个属性具有显著的正相关系数（大于 0.7），这意味着如果一个属性的值增加，另一个属性的值也会增加，当两个属性具有显著的负相关系数（小于-0.7）时，这意味着一个属性的增加会导致另一个属性的减少。当相关系数为 1 时，这被认为相关水平是最高的，表明两个数字属性中的一个可能是多余的。

下面使用 corr（）函数来计算 A_share_df 中数字属性之间的相关系数。

```
➡ corr=A_share_df.loc[:,['最高','换手率','市盈率','昨收','昨收* 2']].corr()
➡ corr
↪          最高          换手率        市盈率        昨收          昨收* 2
   最高     1.000000    0.030919    -0.000551    0.999855    0.999855
   换手率   0.030919    1.000000    -0.007523    0.035382    0.035382
   市盈率   -0.000551   -0.007523   1.000000     -0.000690   -0.000690
   昨收     0.999855    0.035382    -0.000690    1.000000    1.000000
   昨收* 2  0.999855    0.035382    -0.000690    1.000000    1.000000
```

我们可以看到，“昨收”与“昨收＊2”的相关系数为 1，即证明存在数据冗余的情况。

3.3 数据分析

在这个数据丰富的时代，了解如何从业务数据洞察中分析和提取真正的意义是成功的关键驱动力之一。尽管世界每天创建的数据量巨大，但实际上只有 0.5%的数据被分析并用于数据发现、挖掘和智能。虽然这看起来并不多，但考虑到我们触手可及的数字信息量，这 0.5%的数据量仍然巨大。

在科学领域，数据分析使用更复杂的方法和更先进的技术来探索和试验。在业务环境中，数据用于做出数据驱动的决策、支持战略和运营决策的见解依靠分析流程和工具被提取出来，使企业能够提高其整体绩效。数据分析是使用各种统计和逻辑方法以及技术收集、建模和分析数据的过程。所有这些不同的方法主要基于两个核心领域，即定量和定性研究。更好地了解定量研究中的不同技术和方法以及定性见解将为我们的分析工作提供更加明确的方向。

3.3.1 重要性

在我们详细介绍数据分析类别及其方法和技术之前，我们先来了解分析数据可以为我们带来怎样的益处。

从管理的角度来看，数据可以帮助我们根据事实而不是简单的直觉做出决策。例如，我们可以了解在哪个领域进行投资、发现增长机会、预测收益。通过这种方式，我们可以从组织中的所有领域提取相关见解，并在计算机软件的帮助下，以专业和交互式的方式向不同的利益相关者呈现结论。

数据分析的另一个益处是降低成本。借助预测分析等先进技术，企业可以发现数据中的改进机会、趋势和模式，并相应地规划策略。随着时间的推移，这将帮助企业节省实施错误策略的资金和资源。例如，通过预测销售和需求等不同场景，企业还可以预测生产和供应。

3.3.2 过程

进行数据分析是为了获取满意的结论，需要遵循分析的步骤与顺序。以下是数据分析的几个基本阶段的概要。

(1) 数据识别阶段

识别阶段，即在我们接触数据之前，首先需要确定为什么需要它。例如，客户对我们产品的看法如何，哪种类型的设计对我们的潜在客户更具吸引力。

(2) 数据收集阶段

收集阶段，我们可以定义为使用哪些数据源以及如何使用它们。数据收集可以有不同的形式，如内部数据整理或外部调查、访谈、问卷调查等。需要注意的是，对于定量还是定性，收集数据的方式会有所不同。

(3) 数据清洗阶段

获得必要的数据后，就该清理它并准备好进行分析了。通常情况下，我们所收集的所有数据并非都有用。在收集不同格式的大量数据时，我们很可能会发现数据中有重复或格式不正确的。为避免这种情况，在开始使用数据之前，需要确保清洗掉任何空格、重复记录、格式错误。这不仅是数据分析人员的基本素养，也是产生高质量分析结果的保证。

(4) 数据分析阶段

我们可以使用的数据分析方法非常丰富。借助统计分析、回归、机器学习、深度学习、神经网络、文本分析等技术，可以开始分析和操作数据以得出结论。在此阶段，趋势、相关性、变化和模式可以帮助我们回答在识别阶段设想到的问题。

(5) 数据解释阶段

数据分析最重要的步骤是解释分析的结果。此阶段，研究人员根据研究结果提出行动方案。

3.4 金融数据

金融数据是指面向金融与金融业的大型、多样（结构化和非结构化）和复杂的数据集，我们分析它们是为世界各地的金融服务和金融机构提供长期业务挑战的解决方案。该术语不再仅限于技术领域，现在被视为商业当务之急。

大数据正在彻底改变全球股市的运作方式以及投资者进行投资策略的方式。机器学习使用计算机算法在大量数据中寻找规律，使计算机能够在输入数据时做出准确的预测和类似人类的决策，以快速的速度和频率执行交易。业务模型可以实时监控股票趋势，允许分析人员做出明智的决定，并减少因行为影响和偏见而导致的操作风险。因此，与大数据相结合，算法交易为交易者提供了高度优化的洞察力，最大限度地提高其投资组合收益。

金融组织使用大数据来降低运营风险和打击欺诈，同时显著缓解信息不对称问题。银行可以访问实时数据，并实现监管和合规目标。这可能有助于识别欺诈活动。例如，如果在不同城市的短时间内通过同一张信用卡进行两笔交易，银行可以立即通知持卡人警惕安全威胁，甚至阻止此类交易。此外，就保险而言，在处理索赔时，除了本次的索赔详细信息外，保险公司还可以访问被保险人的社交媒体、过去的索赔信息、犯罪记录、电话对话等数据。如果它发现任何可疑的东西，它可以标记索赔以供进一步调查。为了有效应对欺诈，如阿里巴巴就建立过基于实时大数据处理的欺诈风险监控和管理系统。该系统通过使用机器学习实时分析大量用户行为数据来识别不良交易并捕获欺诈信号。

3.4.1 数据来源

(1) 官方网站

通过访问官方网站下载数据是最为常见的数据获取方式。例如，我们可以从中国国家统计局、世界贸易组织、世界银行以及各上市公司的网页以及专题性数据平台等处下载经济、金融数据。

（2）训练数据集

我们还可以从用于数据分析技能学习的 Github、kaggle、雪球等网站下载专题数据。

（3）第三方数据库

很多 Python 的第三方数据库提供了丰富的数据接口，下面介绍财经金融领域广为使用的几个代表性库。

①akshare

akshare 是基于 Python 的财经数据接口库，涵盖股票、期货、期权、基金、外汇、债券、指数、加密货币等金融产品的基本面、实时和历史行情数据。

我们可以通过以下语句安装、启动 akshare，输出中国平安 2022 年 1 月 1 日至 2023 年 1 月 1 日的收盘价数据，并绘制价格走势图。

```
➡ pip install akshare
➡ import akshare as ak
  pingan_df=ak.stock_zh_a_daily(symbol='sz000002',
                                start_date='20220101',
                                end_date='20230101')
```

②efinance

efinance 也是一款用于获取股票、基金、期货数据的免费开源 Python 库。关于 efinance 更加详细的介绍可访问 Github 网站。

```
➡ pip install efinance                               # 安装 efinance
➡ import efinance as ef                              # 启动 efinance
  stock_code='600519'
  ef.stock.get_quote_history(stock_code)
```

以上是我们以贵州茅台（600519）为例，使用 efinance 库实现其获取股票价格的 Python 语句。

③qstock

qstock 是一个个人量化投研的分析包，目前包括数据获取（data）、可视化（plot）、选股（stock）和量化回测模块。qstock 为用户提供简洁的数据接口和规整化后的金融市场数据。可视化模块可以为用户提供基于 web 的交互图形的简单接口，选股模块提供了同花顺的选股数据和自定义选股，包括股价相对强度（RPS）、投资组合趋势、财务指标、资金流模型等。同样地，我们也可以利用 qstock 得到与 akshare 相同的中国 2022 年 1 月 1 日至 2023 年 1 月 1 日的收盘价走势图。

```
➡ import qstock as qs
  chinaPingan_df=qs.get_data('中国平安',start='2022-01-01',end='2023-01-01')
```

第4章 数据清洗

4.1 数据清洗的目的与意义

收集到的数据很少从一开始就是“准备好的”。更多的时候，在进行数据分析之前，数据源都可能存在混合了半角或全角、部分数据遗漏、输入了错误的数据、数据缺失、异常、格式不一致、单位不一致、数据冗余等问题。如果按此状态分析数据，则无法准确得出分析结果。分析结果可能与实际结果大不相同，或者存在得出错误结论的风险。这时，就需要对数据进行预处理，其中一个重要的环节就是数据清洗（Data Cleaning）。数据清洗的过程中能够发现并纠正数据中可识别的错误，包括检查数据一致性、拼写错误、符号错误，处理无效值和缺失值等。然后根据需要和目标进行规范化操作，以便提高数据分析质量。

数据清洗是数据分析的一个非常重要的步骤，也是一项艰巨的任务，在数据科学领域，分析员会花费大量时间清洗数据。有时，数据清洗比处理或可视化数据所消耗的时间要长得多，这是主要过程。通常情况下，数据预处理的工作时间会占整体数据分析总工作时间的70%~80%，虽然投入成本较高，但非常必要。

一般情况下，如果我们获取的数据较少，则很容易直接处理。例如，我们将日期格式有变化的数据调整为统一格式。再如，统一像“男”“Men”“Male”这样的标记。对数据进行预处理是为了我们能够顺利进行接下来的数据分析工作。

数据预处理通常按以下步骤进行。当然，数据形式不同，步骤也会稍有不同。

- 事前分析。数据导入、检查数据的信息量、状态等，讨论需要进行怎样的预处理工作。
- 数据清洗。列名的变更、检查标记异常、检查重复行、检查缺失值、删除不需要的行和列。
- 加工、转换、变更。必要时还要追加列、合并其他数据、追加特征量。

4.2 初步数据整理

4.2.1 数据导入

在数据清洗之前，首先需要读入数据。假设在计算机本地已有目标数据，希望导入到JupyterNotebook 对其进行清洗工作。我们可以使用以下几种方式进行数据导入。

（1）csv 文件

读入 csv 文件可以使用 Pandas 的 read_csv（ ）函数。

```
import pandas as pd
csvData=pd.read_csv('路径/csvData.csv')
```

说明与解释

csv：逗号分隔值（Comma-Separated Values）是一种通用的、轻量的数据文件格式。

csv 是一种结构简单的纯文本文件，这使得 csv 格式的数据更容易导入到电子表格或数据库存储器中。csv 轻量的特点也意味着它的内存消耗相较于其他数据格式文件也小得多。

（2）excel 文件

excel 文件可以使用 read_excel 函数读取。

```
➡ import pandas as pd
  df=pd.read_excel('路径/filename.xlsx',sheetname='Sheet2')
```

提示与注意

如果 excel 文件包括 Sheet1 以外的其他 Sheet 内容，则可以在 sheetname=''语句的引号中指定 Sheet 名。

（3）txt 文件

读入 txt 文件可以使用 open（ ）函数。

```
➡ textFile=open('路径/textFile.txt',r)
```

提示与注意

r：以读方式打开文件，可读取文件信息。
w：以写方式打开文件，可向文件写入信息。如果文件存在，则清空该文件，再写入新内容。

其他数据格式和导入方式可以参考 Pandas 的官方网站。

4.2.2 数据保存

我们可以将下载的数据保存起来。例如，可以将下载的数据保存为 csv 文件格式。

```
➡ df.to_csv('路径/csvData.csv')
```

也可以通过 openpyxl 库将下载的数据保存为 excel 文件格式。

```
➡ pip install openpyxl
➡ df.to_excel('路径/filename.xlsx')
```

其他数据格式的保存方式可以参考 Pandas 的官方网站。

4.2.3 导入数据

我们以中国银行的数据集为例，尝试使用 read_csv（ ）函数从本地导入数据。

```
import pandas as pd
df=pd.read_csv('../dataFiles/boc_df.csv')
df
```

```
     date       code    open  high  low   close  volume   turnover
0    2020/1/2   601988  3.10  3.13  3.09  3.11   1389910  517677568
1    2020/1/3   601988  3.12  3.12  3.09  3.10   857384   318451776
2    2020/1/6   601988  3.09  3.11  3.07  3.08   1371085  507089536
3    2020/1/7   601988  3.08  3.13  3.08  3.11   1565238  582835392
4    2020/1/8   601988  3.10  3.10  3.07  3.08   1042788  385355648
…    …          …       …     …     …     …      …        …
729  2023/1/4   601988  3.16  3.21  3.16  3.20   2007337  640825711
730  2023/1/5   601988  3.21  3.23  3.20  3.20   1180471  379146671
731  2023/1/6   601988  3.21  3.22  3.18  3.21   1258527  402754304
732  2023/1/9   601988  3.21  3.22  3.19  3.19   835156   267453283
733  2023/1/10  601988  3.20  3.20  3.18  NaN    665470   211969670
734 rows×8 columns
```

4.2.4　列操作

从上面的输出结果可以看到，有些数据可能是我们不需要的，但这时候并没有必要改动原文件 boc_df.csv。在数据量不是特别巨大的情况下，可以考虑将数据初步整理成我们希望要的维度，保存在计算机内存（DataFrame 的存储空间）中进行处理。这些处理方法主要包括行与列的删除、切分、替换、去重等。

在进行上述操作之前，有必要对数据集的列信息有所了解。

(1) 查看列

当我们希望查看数据集的列信息时，可以使用 .columns 显示列名。

```
boc_df=pd.read_csv('../dataFiles/boc_df.csv')
boc_df.columns                                # 显示列名
```

```
Index(['date','code','open','high','low','close','volume','turnover'],dtype=
      'object')
```

```
boc_df.count()                                # 查看每列行数
```

```
date      734
code      734
open      734
high      734
low       734
close     733
volume    734
turnover  734
dtype:int64
```

可以看到，输出的行数并不一致，close 列的行数为 733，这说明 close 列可能存在缺失值。

(2) 删除列

我们可以使用 del 语句删除指定列，也可以通过 drop（ ）函数完成同样的操作。

```
➡ del boc_df['code']                                # 方法 1:del 语句删除列
➡ boc_df2=boc_df.drop(['code'],axis=1)              # 方法 2:drop()函数删除列
  boc_df2
```

	date	open	high	low	close	volume	turnover
0	2020/1/2	3.10	3.13	3.09	3.11	1389910	517677568
1	2020/1/3	3.12	3.12	3.09	3.10	857384	318451776
2	2020/1/6	3.09	3.11	3.07	3.08	1371085	507089536
3	2020/1/7	3.08	3.13	3.08	3.11	1565238	582835392
4	2020/1/8	3.10	3.10	3.07	3.08	1042788	385355648
…	…	…	…	…	…	…	…
729	2023/1/4	3.16	3.21	3.16	3.20	2007337	640825711
730	2023/1/5	3.21	3.23	3.20	3.20	1180471	379146671
731	2023/1/6	3.21	3.22	3.18	3.21	1258527	402754304
732	2023/1/9	3.21	3.22	3.19	3.19	835156	267453283
733	2023/1/10	3.20	3.20	3.18	NaN	665470	211969670

734 rows×7 columns

说明与解释

axis=1 的设定是横向发生变化，体现列的减少。

如果需要删除多列，可以在 drop（ ）函数括号里指定。

```
➡ boc_df3=boc_df.drop(['turnover','code'],axis=1)
  boc_df3
```

	date	open	high	low	close	volume
0	2020/1/2	3.10	3.13	3.09	3.11	1389910
1	2020/1/3	3.12	3.12	3.09	3.10	857384
2	2020/1/6	3.09	3.11	3.07	3.08	1371085
3	2020/1/7	3.08	3.13	3.08	3.11	1565238
4	2020/1/8	3.10	3.10	3.07	3.08	1042788
…	…	…	…	…	…	…
729	2023/1/4	3.16	3.21	3.16	3.20	2007337
730	2023/1/5	3.21	3.23	3.20	3.20	1180471
731	2023/1/6	3.21	3.22	3.18	3.21	1258527
732	2023/1/9	3.21	3.22	3.19	3.19	835156
733	2023/1/10	3.20	3.20	3.18	NaN	665470

734 rows×7 columns

可以看到，turnover 和 code 列已被删除。

进行金融数据分析时，收盘价是一个重要的指标，当我们需要将除 close 和 date 以外的其他全部列都删除时，下面的 isin（[ ]）方法可能更加高效。这种方法适合于那些需要保留较少列数的情况。

```
➡ # 除[]中列名外,将 boc_df 的其他列都删除
```

```
boc_df4=boc_df.loc[:,df.columns.isin(['date','close'])]
boc_df4
```

```
     date        close
0    2020/1/2    3.11
1    2020/1/3    3.10
2    2020/1/6    3.08
3    2020/1/7    3.11
4    2020/1/8    3.08
…    …           …
729  2023/1/4    3.20
730  2023/1/5    3.20
731  2023/1/6    3.21
732  2023/1/9    3.19
733  2023/1/10   NaN
734 rows×2 columns
```

提示与注意

del 删除指定列，会改变 DataFrame 的存储空间。

drop（）函数在丢弃指定项时返回的是视图，并不会改变 DataFrame 本身的存储空间。

（3）提取列

除了使用删除的方式保留指定列，我们也可以使用提取数据的方式。

```
boc_df5=boc_df[['date','close']]
boc_df5
```

```
     date        close
0    2020/1/2    3.11
1    2020/1/3    3.10
2    2020/1/6    3.08
3    2020/1/7    3.11
4    2020/1/8    3.08
…    …           …
729  2023/1/4    3.20
730  2023/1/5    3.20
731  2023/1/6    3.21
732  2023/1/9    3.19
733  2023/1/10   NaN
734  rows×2 columns
```

可以看到，输出结果与前面介绍过的 loc［］函数功能相同。

（4）列名重命名

如果希望把 close 改为“收盘价”，可以使用 rename（columns=｛｝）语句。

```
boc_df6=boc_df5.rename(columns={'close':'收盘价'})
```

```
boc_df6.head(3)
```

```
     date        收盘价
0    2020/1/2    3.11
1    2020/1/3    3.10
2    2020/1/6    3.08
```

（5）列赋值

如果希望把 boc_df7 中的 turnover 列赋值为“0”，可使用第二块语句。

```
boc_df7=boc_df
boc_df7.head()
```

```
     date       code     open  high  low    close  volume     turnover
0    2020/1/2   601988   3.10  3.13  3.09   3.11   1389910    517677568
1    2020/1/3   601988   3.12  3.12  3.09   3.10   857384     318451776
2    2020/1/6   601988   3.09  3.11  3.07   3.08   1371085    507089536
3    2020/1/7   601988   3.08  3.13  3.08   3.11   1565238    582835392
4    2020/1/8   601988   3.10  3.10  3.07   3.08   1042788    385355648
```

```
boc_df8=boc_df7
boc_df8.loc[:,'turnover']='0'
boc_df8.head()
```

```
     date         code     open  high  low    close  volume     turnover
0    2020/1/2     601988   3.10  3.13  3.09   3.11   1389910    0
1    2020/1/3     601988   3.12  3.12  3.09   3.10   857384     0
2    2020/1/6     601988   3.09  3.11  3.07   3.08   1371085    0
3    2020/1/7     601988   3.08  3.13  3.08   3.11   1565238    0
4    2020/1/8     601988   3.10  3.10  3.07   3.08   1042788    0
```

4.2.5 行操作

（1）提取行

我们可以使用 loc［］进行行的切片操作。假如希望切片 boc_df8 的第 3 到第 6 行的数据，并赋新值保存到 boc_df9。

```
boc_df9=boc_df8.loc[3:6]
boc_df9
```

```
     date         code       open  high  low    close  volume  turnover
3    2020/1/7     601988     3.08  3.13  3.08   3.11   1565238 0
4    2020/1/8     601988     3.10  3.10  3.07   3.08   1042788 0
5    2020/1/9     601988     3.10  3.10  3.07   3.08   749714  0
6    2020/1/10    601988     3.08  3.09  3.07   3.08   538335  0
```

（2）删除行

我们也可以使用 drop（）函数删除行。此操作可与前面“删除列”的内容进行对比。

```
boc_df10=boc_df9.drop([3])
boc_df10
```

```
     date         code     open  high  low    close  volume     turnover
```

```
4   2020/1/8    601988  3.10   3.10   3.07   3.08   1042788   0
5   2020/1/96   01988   3.10   3.10   3.07   3.08   749714    0
6   2020/1/10   601988  3.08   3.09   3.07   3.08   538335    0
```

（3）指定行

有时，我们可能需要设置条件找出指定行的位置，即返回 . index 获取行的号码。例如，获取 close 列的值大于 3. 08 元所在行的号码。

```
➡ open_index=boc_df10[boc_df10['open']==3.08].index
  open_index
➥ Int64Index([6],dtype='int64')
```

4. 2. 6　数据类型变换

必要的时候，我们可能希望改变、调整数据的类型。这时我们可以使用 astype（object）、astype（str）、astype（float）和 astype（int）函数。

```
➡ # 显示数据类型
  boc_df3.info()
➡ # 数据类型的变换(新增列)
  boc_df3['open2']=boc_df3['open'].astype(object)
➥ # 数据类型的变换
  boc_df3['open']=boc_df3['open'].astype(object)   # 变换为字符串
  boc_df3['open']=boc_df3['open'].astype(str)      # 变换为字符串
  boc_df3['open']=boc_df3['open'].astype(float)    # 变换为浮点
  boc_df3['open']=boc_df3['open'].astype(int)      # 变换为整数
```

接下来，我们介绍数据清洗过程中最为重要的步骤，处理缺失值（Missing values）、离群值（Outliers）和误差（Errors）。

4. 3　缺失值

对于缺失值，我们应该“尽量多地保留数据和信息”，并在分析中“尽量少地引入偏见”的原则下采用以下 4 种方法来对其进行处理。

- 维持缺失值。
- 删除有缺失值的数据对象（行）。
- 删除有缺失值的属性（列）。
- 估计缺失值。

而实现“尽量多地保留数据和信息”与“尽量少地引入偏见”并非易事。我们往往需要权衡与取舍从而达到一种平衡。为了在处理缺失值时有效地找到平衡，需要了解和考虑缺失值出现的原因和缺失值的类型。

4. 3. 1　缺失值的原因

出现缺失值有各种各样的原因。表 4-1 列出了出现缺失值最常见的几个原因。

找出缺失值出现的原因的最佳行动方案就是询问信息提供者。但作为一个数据分析人员，在处理数据时，有时我们所拥有的只是数据本身，并没有任何人可以向我们解释关于数据的其他问题。因此，保持对数据的好奇心、勤于思考、勇于推测缺失值背后的原因是一个“好习惯”。

表 4-1 缺失值的原因

1	人为操作错误	5	缺乏有效数据库管理导致的记录丢失
2	问卷受访者拒答问题	6	故意删除和跳过数据收集
3	问卷受访者弃答问题	7	第三方篡改、造假或阻止数据收集
4	被删除的明显错误值	8	硬件故障导致采集数据错误

4.3.2 缺失值的类型

不管是什么原因造成的缺失值，从数据分析的角度来看，我们可以将所有的缺失值分为三种类型，即“完全随机缺失”“随机缺失”和“非随机缺失”。了解缺失值的类型对于决定如何处理缺失值是非常重要的。这三种类型的缺失值之间存在着一种顺序关系。从完全随机缺失到非随机缺失，缺失值问题会变得更复杂、更难处理。

（1）完全随机缺失

当没有理由相信缺失值是由于任何系统性的原因而引起的时候，这就可以称为完全随机缺失（Missing Completely at Random，MCAR）。当一个缺失值被归类为完全随机缺失时，有缺失值的数据对象可能是任何一个数据对象。例如，如果是软硬件问题导致股票交易数据在传播过程中无法被正常记录而出现短暂的数据缺失，那么该缺失值就属于完全随机缺失类型。

（2）随机缺失

随机缺失（Missing at Random，MAR）的数据实际上并不是随机缺失的。这种类型的缺失数据与我们收集的数据不同，但可以通过其他观察到的变量完全解释。数据点缺失的可能性与另一个观察到的变量有关，但与该数据点本身的特定值无关。这些类型的数据是随机缺失的，但不是完全缺失。数据的缺失程度由我们观察到的数据来决定。例如，假设我们购买了一些可以跟踪人们每小时心率的智能手表，然后，我们将手表分发给一组人佩戴，以便收集数据进行分析。数据收集完成后，我们发现缺少一些数据，这是由于有些人不愿意在晚上佩戴手表所导致的。因此，我们可以得出结论，缺失值是由观察到的数据引起的。

（3）非随机缺失

非随机缺失（Missing Not at Random，MNAR）不是随机缺失的，也称为“可忽略数据”。换句话说，缺失数据的缺失程度由被调查对象感兴趣的变量决定。一个常见的例子是在一项调查中涉及询问被调查对象拥有多少财产。遇到这类问题时，某些人可能会故意不完成调查，从而导致缺少值的出现。

4.3.3 处理缺失值的方法

下面，我们详细介绍处理缺失值的 4 种方法。

（1）维持缺失值

维持缺失值的方法是指维持缺失值状态，并进入下一阶段的数据预处理。当我们与其他人分享这些数据时，维持缺失值是处理缺失值的最佳方式。因为通过这种方式，我们将允许其他人根据自己的分析需要决定最终如何处理这些缺失值。如果我们的数据分析目标和将要使用的数据分析工具都能无缝地处理缺失值，那么维持缺失值原样可能是最好的选择。

（2）删除有缺失值的数据对象（行）

选择删除有缺失值的数据对象时必须非常谨慎，因为它可能违背处理缺失值的两个目标，即不在数据集中引入偏见，和不从数据中删除有价值的信息。例如，当数据集中的缺失值属于非随机缺失或随机缺失类型时，我们就应该避免删除有缺失值的数据对象。这是因为这样做意味着我们正在删除数据集中有意义的不同部分的数据。即使缺失值是完全随机缺失类型的，我们也应该首先尝试使用其他处理缺失值的方法，在没有其他方法处理缺失值的情况下，再转向删除有缺失值的数据对象。换句话说，从数据集中删除数据对象应该作为最后的手段来考虑。

（3）删除有缺失值的属性（列）

当一个数据集中的大部分缺失值都来自于一个属性时，我们可以考虑删除这个属性作为处理缺失值的一种方式。当然，如果该属性是一个关键属性，且这个关键属性的删除可能影响接下来的数据分析的质量，我们则要非常慎重。但是如果这个属性对分析工作来说不是绝对必要的，那么删除有缺失值的属性可能是正确的做法。当一个属性的缺失值数量足够大时，如超过数据集总量的 25%时，估计缺失值就变得毫无意义，这时选择删除缺失值的属性是明智的。

（4）估计缺失值

估计缺失值的方法是指利用我们的知识、理解和分析工具来填补缺失的值，如我们用数值代替缺失值。但同时，我们也要意识到这样做可能会导致我们的分析结果出现偏差。如果缺失值属于完全随机缺失或随机缺失类型，且我们所选择的分析工具无法处理缺失值的数据集，那么估计缺失值可能是最好的方法。

说明与解释

使用中心趋势（平均数、中位数）估计缺失值——适用于“完全随机缺失类型”。

使用一个相关数据组的中心趋势代替缺失值——适用于“随机缺失类型”。

使用回归分析方法估计缺失值——适用于“非随机缺失类型”。

使用插法（当数据集是一个时间序列数据集）估计缺失值——适用于“完全随机缺失类型”。

对估计缺失值的一个常见误解是，我们希望用最准确的替代值来填补缺失值，这种想法可能并不正确。在估计时，我们的目的不是为了推测最准确的缺失值，而是使估计的缺失值对我们的分析产生最小偏差。

接下来，我们将学习如何使用数据分析工具来诊断缺失值的类型。

4.3.4　检测缺失值

数据清洗前，我们需要确认数据的属性特征与基本状况。

缺失值是指我们期望有但没有的值。更简单地说，缺失值是指我们希望用于分析目标的数据集中的空单元。例如，一份问卷调查的数据表格中，空格表示各个属性中的空值。在 Python 中，缺失值不是用空格来表示的，而是通过 NaN 来表示的，NaN 是 Not a Number 的缩写。虽然 Not a Number 的字面意思并没有完全涵盖缺失值存在的所有可能情况，但只要数据集中存在缺失值，就会使用 NaN。

```
➡ que_df=pd.read_csv('../dataFiles/missingValues_NaN.csv')
```

我们现在知道什么是缺失值，以及它们在 Python 中是如何呈现的。缺失值并不总是以一种标准的方式呈现。例如，在 Pandas 的 DataFrame 中，NaN 只是呈现缺失值的一种标准方式。然而，也有人可能会用一些内部协议来呈现缺失值，如 MV、None、99999 和 N/A。如果缺失值没有以标准的方式呈现，那么处理它们的第一步就是要纠正和统一缺失值呈现的方式。在这种情况下，我们可以先将数据集的缺失值检测出来，然后用 np. nan 来替换它们。当数据集很小的时候，缺失值很容易被检测出来。但当数据集很大的时候，我们就不能仅仅依靠用肉眼观察数据来检测和理解缺失值，而是需要利用 Python 提供的有效函数工具。

（1）describe（ ）函数

describe（ ）函数能够一次性提供最大值、最小值、平均值、标准差等统计信息。这让我们可以总览数据集的基本情况。

```
➡ boc_df7=boc_df.loc[:,df.columns.isin(['close'])]
  boc_df7.describe()
```

```
↳          close
  count    733.000000
  mean     2.916317
  std      0.109183
  min      2.740000
  25%      2.830000
  50%      2.890000
  75%      3.010000
  max      3.260000
```

（2）info（ ）函数

本地存放的 A_ share. csv 是 A 股数据集。下面的代码显示了将文件读入 A_share_df 的 DataFrame 的代码，并显示了数据集的前 5 行和最后 5 行。

```
➡ A_share_df=pd.read_csv('../dataFiles/A_share.csv')
  A_share_df
```

	代码	名称	最高	换手率	量比	市盈率	昨收
0	301128	强瑞技术	30.84	11.50	9.47	43.56	25.70
1	300616	尚品宅配	23.20	7.79	4.71	-114.92	19.88
2	300894	火星人	30.95	8.62	6.06	40.66	25.79
3	300614	百川畅银	27.48	7.58	3.63	62.78	23.91
4	688625	呈和科技	54.98	0.73	4.58	38.15	49.33
…	…	…	…	…	…	…	…
5095	2475	立讯精密	31.22	2.56	5.40	23.66	31.52
5096	2095	生意宝	29.18	18.74	0.92	297.13	30.00
5097	600187	国中水务	3.69	19.91	1.85	-28.47	3.59
5098	153	丰原药业	12.20	2.76	0.14	24.02	13.56
5099	300309	* ST 吉艾	1.15	2.53	0.61	-1.99	1.44

info（ ）函数可以检测数据集的任何一列是否有任何缺失值。下面的代码展示了这个函数在 A_share_df 上的应用。

```
➡ A_share_df.info()
↳ <class'pandas.core.frame.DataFrame'>
```

```
RangeIndex:5100 entries,0 to 5099
Data columns(total 9 columns):
#   Column      Non-Null Count     Dtype
--- ------      -------------      ------
0   代码        5100 non-null      int64
1   名称        5100 non-null      object
2   最高        4901 non-null      float64
3   最低        4901 non-null      float64
4   换手率      5100 non-null      float64
5   量比        4901 non-null      float64
6   市盈率      4907 non-null      float64
7   成交量      4901 non-null      float64
8   昨收        5095 non-null      float64
dtypes:float64(7),int64(1),object(1)
memory usage:358.7+KB
```

可以看到，A_share_df 中属性最多的有 5100 行数据，但最高、最低、量比、市盈率、成交量、昨收的非空值都小于 5100，这意味着这些属性可能存在缺失值的情况。

（3）isan（ ）函数

使用 isan（ ）函数也可以确认缺失值。Pandas 的 DataFrame 和 Series 都可以使用 isan（ ）函数，输出相同的数据结构，所有的单元格都用布尔值填充，表示该单元格是否为 NaN。下面的代码使用 isan（ ）函数来观察 A_share_df 数据集的每个属性中的 NaN 条目数。

```
print('缺失值的数量:')
for column in A_share_df.columns:
    n_MV=sum(A_share_df[column].isna())
    print('{}:{}'.format(column,n_MV))
```

```
缺失值的数量:
代码:0
名称:0
最高:199
最低:199
换手率:0
量比:199
市盈率:193
成交量:199
昨收:5
```

结果显示，A_share_df 数据集中的“最高”“最低”“量比”“成交量”列存在 199 个缺失值，而“市盈率”列存在 193 个缺失值。

（4）shape（ ）函数

shape（ ）函数用于输出数据集的尺寸（有多少行和多少列）。我们仍以 A_share_df 数据集为例查看其行列数。

```
A_share_df.shape
```

```
(5100,9)
```

(5) value_counts ( ) 函数

value_counts ( ) 函数可以用来统计数据集中每个值的出现次数。

```
close_count=boc_df['close'].value_counts()
close_count.head(5)
```

```
2.84    45
2.85    42
2.83    41
2.86    35
2.87    33
Name:close,dtype:int64
```

我们再来看一个统计男女性别数量的例子。

```
homeCredit_df=pd.read_csv('../dataFiles/homeCredit.csv')
gender_count=homeCredit_df['gender'].value_counts()
gender_count
```

```
F    3339
M    1720
Name:gender,dtype:int64
```

可以看到，通过 value_counts ( ) 函数，可以很容易地统计出男女性别的数量。

(6) count ( ) 函数

通过 count ( ) 函数计算缺失值（行数-数据数）即可得出所有列的缺失状态。

```
missingVal=pd.read_csv('../dataFiles/boc_missingVal.csv')
missingVal.shape[0]-missingVal.count()
```

```
date        1
open        3
high        6
low         9
close       7
volume      11
turnover    1
dtype:int64
```

(7) isnull ( ) 函数

使用 isnull ( ) 函数，可以就特定属性进行缺失值统计。例如，我们希望计算 close 列的缺失值。

```
missingVal['close'].isnull().value_counts()
```

```
False    727
True     7
Name:close,dtype:int64
```

4.3.5 处理缺失值

(1) 删除有缺失值的数据对象（行）

删除 NaN 之前，我们要判断数据集中是否有和哪里有 NaN。

我们先导入本地存放的 boc_missingVal. csv 数据。

```
➡ boc_mV=pd.read_csv('../dataFiles/boc_missingVal.csv')
  boc_mV
```

```
      date       open  high  low   close  volume     turnover
0     2020/1/2   3.10  3.13  3.09  3.11   1389910.0  517677568.0
1     NaN        NaN   NaN   NaN   NaN    NaN        NaN
2     2020/1/6   3.09  3.11  3.07  3.08   1371085.0  0.0
3     2020/1/7   3.08  3.13  3.08  NaN    1565238.0  582835392.0
4     2020/1/8   3.10  3.10  3.07  3.08   NaN        385355648.0
...   ...        ...   ...   ...   ...    ...        ...
729   2023/1/4   3.16  3.21  3.16  3.20   2007337.0  640825711.0
730   2023/1/5   3.21  3.23  3.20  3.20   1180471.0  379146671.0
731   2023/1/6   3.21  3.22  3.18  3.21   1258527.0  402754304.0
732   2023/1/9   3.21  3.22  3.19  3.19   835156.0   267453283.0
733   2023/1/10  3.20  3.20  3.18  3.18   665470.0   211969670.0
```

输出显示，数据集为 734 行×7 列。

df. isnull（）函数可以返回 True 或 False 的 Series 对象，进而筛选出我们需要的特定数据。

```
➡ boc_mV.isnull().head()
```

```
   date   open   high   low    close  volume  turnover
0  False  False  False  False  False  False   False
1  True   True   True   True   True   True    True
2  False  False  False  False  False  False   False
3  False  False  False  False  True   False   False
4  False  False  False  False  False  True    False
```

从输出结果可以看到，NaN 的位置显示为“True”。

notnull（）函数是 isnull（）函数的反操作，非 NaN 的位置显示为“True”。

```
➡ boc_mV.notnull().head()
```

```
   date   open   high   low    close  volume  turnover
0  True   True   True   True   True   True    True
1  False  False  False  False  False  False   False
2  True   True   True   True   True   True    True
3  True   True   True   True   False  True    True
4  True   True   True   True   True   False   True
```

注意，这里只是显示“True”或“False”，而并不是赋值为“True”或“False”。

进而，我们可以使用 dropna（）函数将所有含有 NaN 项的行删除。

```
➡ boc_mV1=boc_mV
  boc_mV1.dropna()
```

```
   date      open  high  low   close  volume     turnover
0  2020/1/2  3.10  3.13  3.09  3.11   1389910.0  517677568.0
```

```
2     2020/1/6    3.09  3.11  3.07  3.08   1371085.0  0.0
6     2020/1/10   3.08  3.09  3.07  3.08   538335.0   198636220.0
7     2020/1/13   3.09  3.09  3.07  3.09   537305.0   198075977.0
11    2020/1/17   3.04  3.06  3.04  3.04   642486.0   234889781.0
...   ...         ...   ...   ...   ...    ...        ...
729   2023/1/4    3.16  3.21  3.16  3.20   2007337.0  640825711.0
730   2023/1/5    3.21  3.23  3.20  3.20   1180471.0  379146671.0
731   2023/1/6    3.21  3.22  3.18  3.21   1258527.0  402754304.0
732   2023/1/9    3.21  3.22  3.19  3.19   835156.0   267453283.0
733   2023/1/10   3.20  3.20  3.18  3.18   665470.0   211969670.0
```

数据集由 734 行减少到 702 行，存在 NaN 的 32 行数据已经被删除。

另外，通过对 dropna（ ）函数中参数的设置，我们可以实现将存在 3 项为 NaN 的列删除。例如，我们可以通过确定阈值，删除包含 3 项或更多 NaN 的行。

```
➡ df.dropna(axis=1,thresh=3)
```

还可以选择将全部项都是 NaN 的行删除。

```
➡ df.dropna(how='ALL')
```

提示与注意

how 的参数

all：当行或列中的所有数据都为空时。

any：当行或列中只有一个空格时。

（2）估计缺失值

如果我们不希望 NaN 出现在数据集中，而是希望以其他值替代，则可以使用 fillna（ ）函数。该函数括号中可以设置以何值替代。如下面代码中是以“66”替代 NaN。

```
➡ boc_mV2=boc_mV
  boc_mV2.fillna(66).head()
↳    date       open   high   low    close  volume     turnover
  0  2020/1/2   3.10   3.13   3.09   3.11   1389910.0  517677568.0
  1  66         66.00  66.00  66.00  66.00  66.0       66.0
  2  2020/1/6   3.09   3.11   3.07   3.08   1371085.0  0.0
  3  2020/1/7   3.08   3.13   3.08   66.00  1565238.0  582835392.0
  4  2020/1/8   3.10   3.10   3.07   3.08   66.0       385355648.0
```

我们可以通过对 fillna（ ）函数中参数的设置来填充 DataFrame 的缺失值。

```
➡ missingVal.fillna(method='ffile')     # 用缺失值的前值填充
➡ missingVal.fillna(method='bfill')     # 用缺失值的后值填充
➡ missingVal.fillna(0)                  # 在所有空白单元格中输入“0”
```

（3）维持缺失值

使用 skipna 选项可以忽略缺失值，在维持缺失值状态下进行计算。

```
➡ boc_mV.sum(skipna=False)
➡ boc_mV2.mean(skipna=False)
```

4.4 离群值

离群值，又称异常值、极端点，是指其数值与其他数据对象差异过大的数据对象。我们可以从以下 3 个方面识别和处理它们。

- 离群值可能是数据中的数据错误，应该被删除。
- 不属于错误的离群值会使分析结果发生偏差。
- 离群值可能具有“欺诈性”的条目。

我们首先介绍可以用来检测离群值的工具，然后说明根据具体情况处理离群值的方法。

4.4.1 检测离群值

如果我们只对基于一个属性的离群值检测感兴趣，我们称之为单变量离群值检测。如果我们基于两个属性来检测它们，则其可以被称为双变量离群值检测。如果我们希望基于两个以上的属性来检测离群值，我们可称之为多变量离群值检测。

（1）单变量离群值检测

我们选择怎样的单变量离群值检测的工具取决于属性的类型。对于数字属性，我们可以使用 boxplot 或［Q1-1.5 * IQR，Q3+1.5 * IQR］进行检测。

下面，让我们来看看在一个数字属性上进行单变量离群值检测的第一个例子。例如，我们希望检测 bank_loan.income 数字属性中的离群值，有两种方法可以做到这一点，即可视化方法和使用 quantile（ ）函数。第一种方法是可视化，我们将使用一个箱式图。下面的代码显示了为 bank_loan.income 创建一个箱式图（图 4-1）的过程。

```
➡ from matplotlib import pyplot as plt
➡ bank_loan=pd.read_csv('../dataFiles/bank_loan.csv')
  bank_loan1=bank_loan.drop(['othdebt','default'],axis=1)
  bank_loan2=bank_loan.loc[0:10]
  fig=plt.boxplot(bank_loan2.income,vert=False)
  plt.rcParams['figure.figsize']=(8,1)
  plt.grid()
```

➥

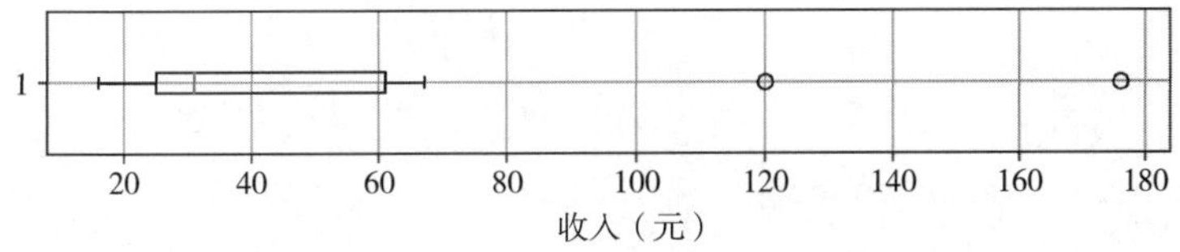

图 4-1　单变量离群值

在下限和上限右侧的圆圈代表数据集中与其他数字在统计学上有太大差异的数据对象。我们可以通过不同的方式来访问箱式图中的数据对象。首先，我们可以从视觉上做到这一点。可以使用布尔掩码来过滤掉这些数据对象，即 income>100。运行下列代码输出离群值。

```
➡ bank_loan2[bank_loan2.income>100]
↪     age  ed  employ  address  income  debtinc  creddebt   othdebt   default
   0  41   3   17      12       176     9.3      11.359392  5.008608  1.0
   3  41   1   15      14       120     2.9      2.658720   0.821280  0.0
```

使用箱式图的情况下，任何不在上限和下限之间的数据都将被标记为离群值。下面的代码使用 quantile（ ）函数来输出离群值是第二种方法。

```
➡ Q1=bank_loan2.income.quantile(0.25)
  Q3=bank_loan2.income.quantile(0.75)
  IQR=Q3-Q1
  BM=(bank_loan2.income>(Q3+1.5* IQR))|(bank_loan2.income<(Q1-1.5* IQR))
  bank_loan2.income[BM]
↪ 0    176
  3    120
  Name:income,dtype:int64
```

以上两种方法的运行结果可以看到，样本中有 2 个数据对象的 income 值在统计学上与其他数据对象相差较大。这些离群值的 income 值分别是 176、120。

接下来的例子展示了基于一个分类属性的离群值检测。在这个例子中，我们希望检测 bank_loan4. income 分类属性中的离群值。

为了检测一个分类属性中的离群值，可以使用频率表或条形图。我们可以运行 bank_loan4. income. value_counts（ ）来获得一个频率表。另外，运行 bank_loan4. income. value_counts( ) . plot. bar( ) 将会创建一个条形图（图 4-2）。运行这两行代码，以确认收入的数据对象在这一个分类属性中是一个离群值。

```
➡ bank_loan2.income.value_counts()
↪ 25     2
  176    1
  31     1
  55     1
  120    1
  28     1
  67     1
  38     1
  19     1
  16     1
  Name:income,dtype:int64
➡ bank_loan2.income.value_counts().plot.bar()
↪
```

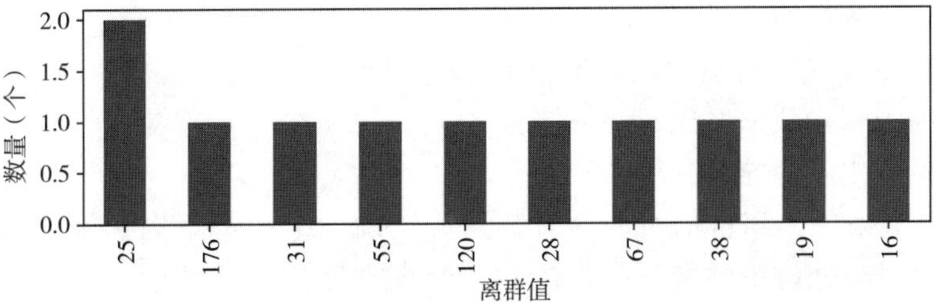

图 4-2　分类属性的离群值

(2) 双变量离群值检测

在双变量离群值检测中，离群值是指那些在两个属性中的数值组合与其他属性差别较大的数据对象。与单变量离群值检测类似，我们选择怎样的双变量离群值检测的工具取决于数据属性的类型。

在下面这个例子中，我们希望检测两个属性的离群值，即 bank_loan. income 和 bank_loan. age。注意，bank_loan. income 是分类属性，而 bank_loan. age 是数字属性。在对一个数字属性和一个分类属性进行双变量离群值检测时，可以使用多个箱式图。我们可以为分类属性的每个类别创建一个横跨数字属性的箱式图（图 4-3）。

```
import seaborn as sns
sns.boxplot(x=bank_loan.age,y=bank_loan.income)
```

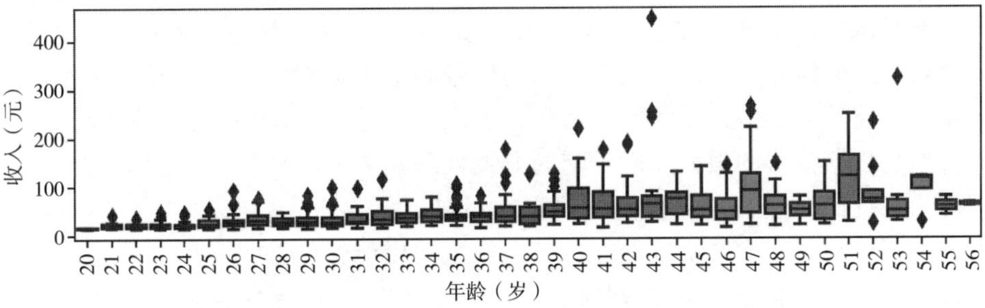

图 4-3　双变量离群值检测

现在，我们可以把注意力转向处理离群值。

4.4.2　处理离群值

当我们在要进行分析的数据集中检测到离群值时，我们还需要有效的对其进行处理。下面是处理离群值常用的 4 种方法。

(1) 保留离群值

在大多数分析情况下，保留离群值可能是最好的策略。其原因是我们使用的大多数分析工具可以很容易地处理离群值。事实上，如果我们知道所利用的分析工具具备处理离群值的功能，那么我们可能不会首先进行离群值检测而是保留离群值。

(2) 替换离群值

当满足以下条件时，就应该考虑或尝试替换离群值。

- 离群值是单变量的。
- 分析目标和（或）工具对离群值很敏感。
- 不希望因为删除数据对象而丢失信息。
- 值的突然变化不会导致分析结论的重大改变。

如果符合以上条件，离群值可能会被替换成正确的上限或下限。上限和下限是前面的单变量离群值检测部分讨论的统计学概念。它们也是任何箱式图的一个重要部分。我们用 Q1-1.5×IQR 属性的下限替换比其他数据对象小得多的单变量离群值，用 Q3+1.5×IQR 属性的上限替换比其他数据对象大得多的单变量离群值。

(3) 进行对数转换

对数转换不仅仅是一种处理离群值的方法，也是一种有效的数据转换技术，后面我们还将详细介绍。但需要强调的是，当一个属性遵循指数分布时，对数转换才是处理离群值的最好方法。

(4) 删除有离群值的数据对象

当以上方法无济于事时，我们就可以考虑删除有离群值的数对象，当然这是一种万不得已的方法，且不受欢迎，它只应在绝对必要时使用。我们希望避免使用这种方法的原因是，离群值是真实的，存在只是碰巧与其他数据有较大的不同的可能性。

4.5 误差

误差是任何数据收集和测量中不可避免的一部分。下面的公式最能体现这一事实。

数据=真实信号+误差

真实信号是试图测量并以数据的形式呈现的现实，但由于测量系统或数据呈现的失效，就会无法捕获真正的信号。因此，误差是真实信号和记录数据之间的差异。误差包括随机误差和系统误差。这两类误差的最大区别在于，随机误差是不可避免的，但系统性误差是可以避免的。我们将根据错误的类型，以不同的方式处理误差，比如使用平滑或聚合的方式来减少误差。对于系统性误差，一旦我们认识它的存在，我们应该采取两步骤来处理。第一步，调整和改进数据收集，减少系统性误差在未来发生的可能性。第二步，如果确定存在系统性误差，尽量使用其他数据资源进行调整；如果确定不存在系统性误差，可以将误差视为缺失值。

第 5 章 统计基础

在计算机上进行统计比手动统计要更快、更容易。计算机擅长无意识的重复性任务，许多统计计算既无意识又重复。对于大多数人来说，用笔和纸进行统计计算的主要原因是出于学习目的。虽然 Excel 等表格工具能够完成一部分统计计算，但它们进行数据分析的能力有限。此外，电子表格的“功能块”都是模块化的，数据、运算命令和结果都出现在一个平面空间里，如果不小心，原始数据很容易被弄乱。经过比较，同样的统计计算需求，Python 可以轻松应对，且效率更高。下面，我们结合统计学知识，利用 Python 从平均值开始，介绍量化金融的一些基本概念。

5.1 统计数据

5.1.1 均值

假如我们已经有了某只股票的每日和每月的收益数据，那么就可以计算该只股票每日和每月的收益率的平均值。一般来说，Python 有两种方法去实现它：一是使用 Pandas 的 mean（ ）函数，二是使用 NumPy 的 mean（ ）函数。

（1）Pandas 的 mean（ ）函数

我们以华大基因的股价数据为例说明 Pandas 的 mean（ ）函数的使用过程。首先，导入 Pandas 和本地数据。

```
➡ import pandas as pd
➡ huada_df=pd.read_csv('../dataFiles/huada_df.csv',
                       index_col='date',parse_dates=True)
```

然后，我们利用 pct_change（ ）函数计算股价收益率。pct_change（ ）是 Python 的一个统计函数，用于表示当前元素与前面元素的相差百分比。最后使用 Pandas 的 mean（ ）函数计算均值。

```
➡ huada_dReturn=huada_df['close'].pct_change()
➡ huada_dReturn.mean()
➡ 4.064065802566713e-05
```

（2）NumPy 的 mean（ ）函数

NumPy 的 mean（ ）函数与 Pandas 的 mean（ ）函数的使用过程相似。首先，导入 NumPy 和本地数据。然后，我们利用 pct_change（ ）函数计算股价收益率。最后使用 NumPy 的 mean（ ）函数计算均值。

```
➡ import numpy as np
➡ huada_dReturn=huada_df['close'].pct_change()
  huada_dReturnMean=np.mean(huada_dReturn)
```

```
huada_dReturnMean
```
➥ 4.064065802566713e-05

我们可以看到，Pandas 的 mean（ ）函数和 NumPy 中的 mean（ ）函数的输出结果均是科学计数法的格式，结果为 4.064065802566713e-05。如果转换为浮点小数，那么是“4”前有 5 个 0，并在首个 0 后加一个小数点“.”，即 0.000040641。如果希望以浮点小数输出结果，可以使用 print（'%.9f'% huada_dReturnMean）进行设置。

```
➡ huada_dReturnMean=np.mean(huada_dReturn)
  print('日平均收益为%.9f'% huada_dReturnMean)
```
➥ 日平均收益 0.000040641

5.1.2 方差和标准差

（1）方差

均值是一组数据平均后浓缩成的数值，其平均的过程使这组数据失去了数据波动性的信息。方差（Variance）是对数据离散程度的度量，它可以把失去了数据波动性的信息体现出来。图 5-1 中实线的分布比虚线的方差大得多，其数据也更加分散。

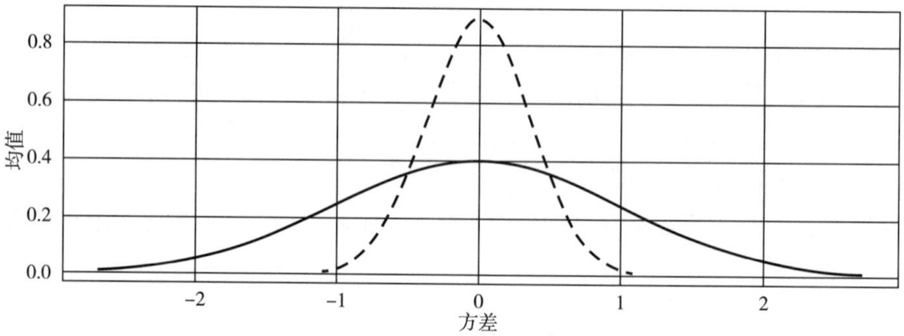

图 5-1　方差的比较

下面，我们使用中国平安和中国银行的收益波动率的数据进行绘图，从输出结果可以看到，中国平安（图 5-2）的方差大于中国银行（图 5-3），意味着中国平安的数据也更加分散。

```
➡ import pandas as pd
➡ pingan_df=pd.read_csv('../dataFiles/中国平安.csv',
                       index_col='date',parse_dates=True)
  pingan_dReturn=pingan_df['close'].pct_change()
  plt.hist(pingan_dReturn,bins=40,facecolor='# CDC0B0')
  plt.axvline(pingan_dReturn.mean(),color='black',
           linestyle='dashed',linewidth=2)
  plt.grid()
  plt.xlabel('分布')         # 添加横轴坐标标签
  plt.ylabel('收益')         # 添加纵轴坐标标签
  plt.show()
```
➥

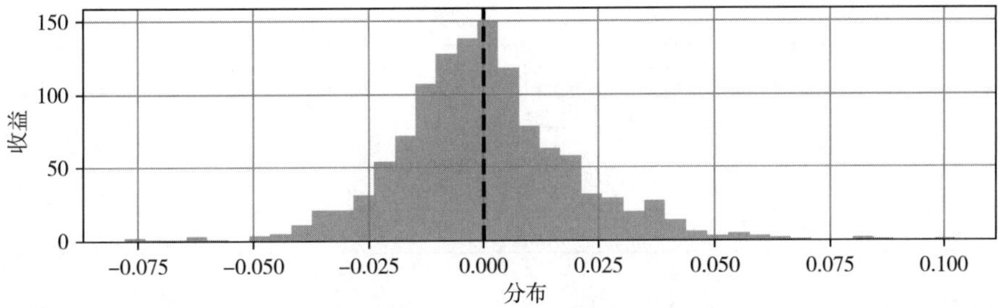

图 5-2　中国平安收益波动率

```
➡ boc_df=pd.read_csv('../dataFiles/中国银行.csv',
                     index_col='date',parse_dates=True)
  boc_dReturn=boc_df['close'].pct_change()
  plt.hist(boc_dReturn,bins=40,facecolor='# CDC0B0')
  plt.axvline(boc_dReturn.mean(),color='black',linestyle='dashed',linewidth=2)
  plt.grid()
  plt.xlabel('分布')        # 添加横轴坐标标签
  plt.ylabel('收益')        # 添加纵轴坐标标签
  plt.show()
```

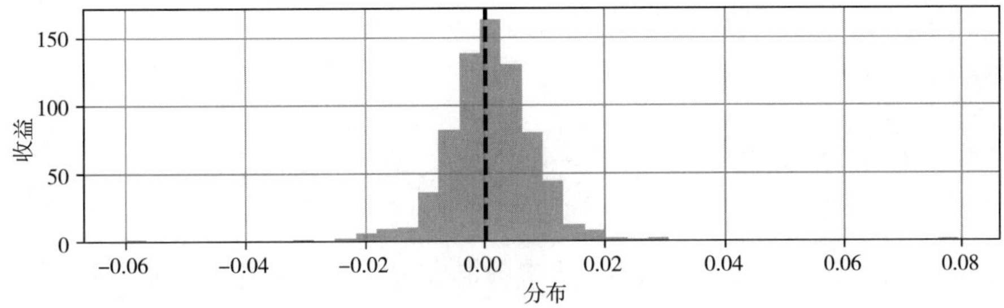

图 5-3　中国银行收益波动率

提示与注意

plt.hist（）函数中的 facecolor='# CDC0B0'配色设置有很多选择。

（2）标准差

标准差（Standard Deviation）又称均方差，是方差的算数平方根。通常情况下，投资收益中较高的标准差意味着存在较高的风险。我们可以使用以下公式找到一组数据的标准差。

$$sd = \sqrt{\frac{\sum (r_i - r_{avg})^2}{n-1}}$$

上式中，r_i 是在一个时期内观察到的收益，r_{avg} 为观察到的收益的算术平均值，n 是数据集中的观测值数。

表 5-1 是一位投资者的一些历史收益数据。

表 5-1　　　　历史收益数据

月份	收益
一月	20%
二月	-5%
三月	8%
四月	6%

如果投资者希望通过其投资组合在过去 4 个月中的标准差来计算风险，首先计算 r_{avg}，即算术平均值，（0.2-0.05+0.08+0.06）/4=0.0725，即收益的算数平均值为 7.25%。接下来，我们可以将数字输入标准差的计算公式中，得出收益的标准差为 8.87%。因此，投资者现在知道他的投资组合的收益每月波动约 8.87%。这些信息可用于修改投资组合，以及改善投资者对风险的态度。

如果投资者愿意投资高风险、高回报的证券，并能容忍更高的标准差，他们就可以考虑增加一些高收益债券。相反，风险厌恶型的投资者可能对这个标准差不满意，并希望增加更安全的投资，如大盘股或共同基金。

NumPy 提供的 std（ ）函数可以计算标准差。

```
# 计算中国平安标准差
pingan_dReturn_sd=np.std(pingan_dReturn)
print('中国平安收益标准差:',pingan_dReturn_sd)
```

```
中国平安收益标准差： 0.019682746057661647
```

```
# 计算中国银行标准差
boc_dReturn_sd=np.std(boc_dReturn)
print('中国银行收益标准差:',boc_dReturn_sd)
```

```
中国银行收益标准差： 0.007967353774955117
```

输出结果显示，中国平安的标准差大于中国银行的，这也证实了上面可视化的结果。

5.1.3　偏度与峰度

除了均值与标准差，偏度与峰度也是重要的度量维度。图 5-4 中的左右两图分别代表了负偏态和正偏态。在金融领域，投资者更倾向于正的偏度，因为这意味着高盈利的概率更大。

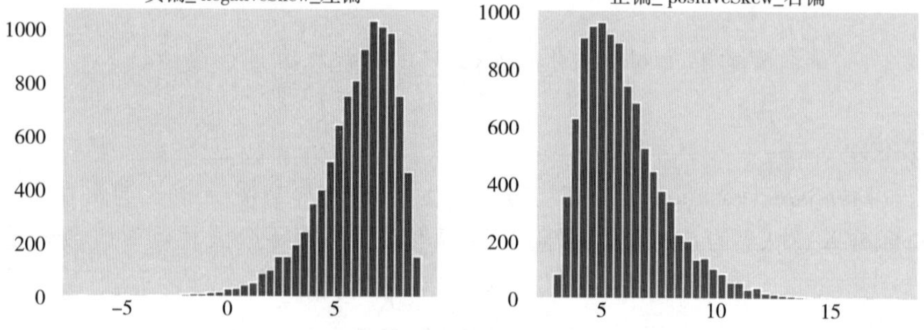

图 5-4　左偏与右偏

（1）偏度

偏度（Skewness）是描述数据分布偏斜方向和程度的度量，其是衡量数据分布非对称程度的数字特征，计算公式如下：

$$skew(X)=E\left[\left(\frac{X-\mu}{\sigma}\right)^{3}\right]=\frac{EX^{3}-3\mu\sigma^{2}-\mu^{3}}{\sigma^{3}}$$

正态分布的偏度为 0。因此，若数据分布是对称的，偏度为 0；若偏度>0，则可认为分布为右偏，也叫正偏，即分布有一条长尾在右；若偏度<0，则可认为分布为左偏，也叫负偏，即分布有一条长尾在左。

我们可以使用 scipy. stats 提供的 skew（ ）函数计算收益分布的偏度。

首先，导入必要的库，并从本地读入中国平安 .csv 数据。

```
➡ from scipy.stats import skew
➡ pingan_df=pd.read_csv('../dataFiles/中国平安.csv',
                         index_col='date',parse_dates=True)
➡ ingan_dReturn=pingan_df['close'].pct_change()        # 计算收益率
➡ nNaN_pingan_dReturn=pingan_dReturn.dropna()          # 删除 NaN
➡ returns_skewness=skew(nNaN_pingan_dReturn)           # 计算偏度
  print('中国平安收益偏度为',returns_skewness)
↳ 中国平安收益偏度为 0.3972066815984189
```

注意，计算日收益时，结果中会存在 NaN，删除 NaN 后才能正常输出偏度值。

（2）峰度

峰度（Kurtosis）是衡量一个概率分布的指标，或者说其尾部有多重或多轻。峰度描述了一个给定的概率分布的尾部与正常分布的不同程度。正态分布的峰度为零。具有较高峰度的分布具有较重的尾部。

峰度也是表示概率密度分布曲线在平均值处峰值高低的指标，反映了峰部的尖度。通常将样本的峰度和正态分布相比较，因为正态分布的峰度是 3，所以将超出 3 的部分称为超额峰度。大部分金融收益都具有正的超额峰度。

峰度计算公式如下：

$$kurt(X)=E\left[\left(\frac{X-\mu}{\sigma}\right)^{4}\right]=\frac{E[(X-\mu)^{4}]}{(E[(X-\mu)^{2}])^{2}}$$

正超额峰度（laplace）：当超额峰度为正时，分布有一个尖锐的峰值，或称拉普拉斯分布。零超额峰度（norm）：当超额峰度为零时，则该分布遵循正态分布，也被称为中峰分布。负超额峰度（uniform）：当超额峰度为负时，分布有一个平坦的峰值，或称柏拉图库尔特分布（图 5-5）。

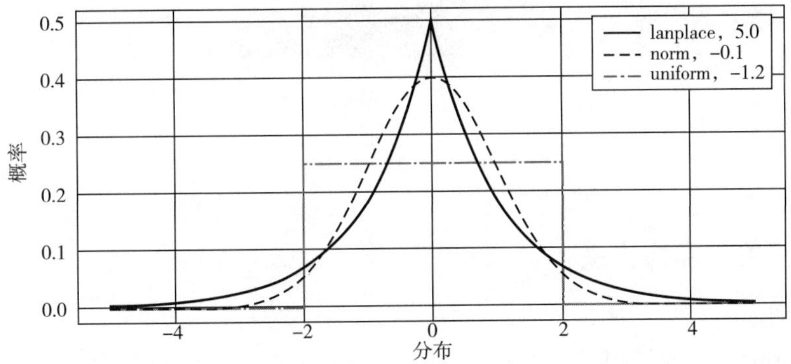

图 5-5　峰度

scipy. stats 提供的 kurtosis（ ）函数可以计算收益分布的峰度。

```
➡ from scipy.stats import kurtosis
➡ pingan_kurtosis=kurtosis(nNaN_pingan_dReturn)                    # 计算正超额峰度
  print('中国平安正超额峰度为',pingan_kurtosis)
➡ fourth_moment=pingan_kurtosis+3                                  # 计算峰度
  print('中国平安峰度为',fourth_moment)
↪ 中国平安正超额峰度为 2.0976694279304136
  中国平安峰度为 5.0976694279304136
```

通过输出结果可以看到，中国平安股票收益的峰度比正态分布高。图 5-6 中，深色为正态分布，浅色为中国平安收益的分布。

```
➡ pingan_df=pd.read_csv('../dataFiles/中国平安.csv',
                        index_col='date',parse_dates=True)
  pingan_dReturn=pingan_df['close'].pct_change()
  pingan_dReturnMean=np.mean(pingan_dReturn)
  pingan_dReturnMean
  mu=pingan_dReturnMean
  sd=pingan_dReturn_sd
  norm=np.random.normal(mu,sd,size=10000)
  plt.hist(norm,bins=30,density=True,label='正态分布')
  plt.hist(nNaN_pingan_dReturn,bins=30,alpha=0.8,density=True,facecolor="#
         CDC0B0",label='中国平安收益分布')
  plt.legend()
  plt.grid()
  plt.xlabel('分布')       # 添加横轴坐标标签
  plt.ylabel('收益')       # 添加纵轴坐标标签
  plt.show()
↪
```

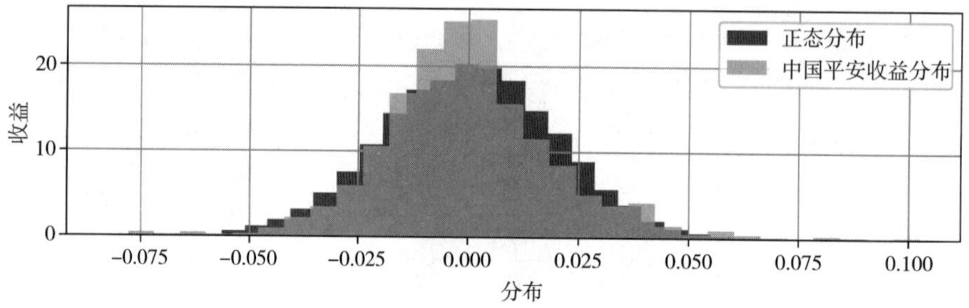

图 5-6　中国平安收益的分布

5.1.4　相关性和协方差

(1) 相关性

相关性是衡量两个变量相互移动程度的一种统计方法。相关性衡量关联性，但不显示 X 是否导致 Y，或 Y 是否导致 X。两只股票之间的相关性是一个数值，其范围在-1 到 1 之间。

以下为相关性的计算公式：

$$r = \frac{\sum (X - \bar{X})(Y - \bar{Y})}{\sqrt{\sum (X - \bar{X})^2 \sum (Y - \bar{Y})^2}}$$

上式中，r 为相关系数，$\bar{X}$ 为 X 观察值的均值，$\bar{Y}$ 为 Y 观察值的均值。当 $r=1$ 时说明 X 与 Y 为正相关，$r=-1$ 时为负相关，$r=0$ 时则不相关。

我们可以很容易地计算出多只股票月收益的相关性。

```
stocks_close=pd.read_csv('../dataFiles/sz50_5s.csv',
                          index_col='date',parse_dates=True)
stocks_mReturns=stocks_close.resample('M').ffill().pct_change()
stocks_mReturns=stocks_mReturns.dropna()            # 删除缺失值
stocks_mReturns.corr()                              # 通过 corr()函数计算相关性
```

	三一重工	海通证券	韦尔股份	上汽集团	隆基绿能
三一重工	1.000000	0.483280	0.420494	0.252100	0.333599
海通证券	0.483280	1.000000	0.368538	0.319467	0.396142
韦尔股份	0.420494	0.368538	1.000000	0.285431	0.382940
上汽集团	0.252100	0.319467	0.285431	1.000000	0.170475
隆基绿能	0.333599	0.396142	0.382940	0.170475	1.000000

（2）协方差

在数学和统计学中，协方差（Covariance）是两个随机变量之间关系的度量。该指标评估两个变量一起变化的程度。换句话说，它本质上是对两个变量之间方差的度量。相关性衡量两个变量之间关系的强度，而协方差衡量该关系的方向。正协方差表示两个变量倾向于向同方向移动，负协方差显示两个变量倾向于反向移动。在金融领域，这个概念主要用于投资组合理论，通过选择彼此之间不表现出正协方差的资产，可以部分消除非系统性风险。例如，协方差评估两个随机变量的平均值如何一起移动。如果股票 A 的收益率在股票 B 的收益率上升时走高，并且当每只股票的收益率下降时发现相同的关系，则称这些股票具有正协方差。协方差是现代投资组合理论中确定将哪些证券放入投资组合的重要工具。通过配对具有负协方差的资产，可以降低投资组合中的风险和波动性。协方差的计算公式如下：

$$cov = \sum \frac{(r_{abc} - avg_{abc}) \times (r_{xyz} - avg_{xyz})}{n - 1}$$

上式中，r_{abc} 为 ABC 股票的日收益；avg_{abc} 为 ABC 股票的过往收益均值，r_{xyz} 为 XYZ 股票的日收益，avg_{xyz} 为 XYZ 股票的过往收益均值，n 为抽样天数。

下面，我们使用 cov（ ）函数计算多只股票的协方差。

```
stocks_mReturns.cov()
```

	三一重工	海通证券	韦尔股份	上汽集团	隆基绿能
三一重工	0.010994	0.004275	0.006692	0.002163	0.005155
海通证券	0.004275	0.007119	0.004720	0.002206	0.004926
韦尔股份	0.006692	0.004720	0.023040	0.003545	0.008567
上汽集团	0.002163	0.002206	0.003545	0.006695	0.002056
隆基绿能	0.005155	0.004926	0.008567	0.002056	0.021722

虽然通过计算得到了多只股票的协方差，但为了使这个结果更加直观，还可以使用相关性热力图。

(3) 热力图

我们可以利用 Seaborn 绘制热力图（图 5-7）。相关系数越接近于 1，颜色越深。首先导入 Seaborn 库。然后计算相关系数后，我们可以指定视图的尺寸与颜色。

```
import seaborn as sns
stocks_mReturns_matrix=stocks_mReturns.corr()
sns.heatmap(stocks_mReturns_matrix.corr(),annot=True,square=False)
plt.show()
```

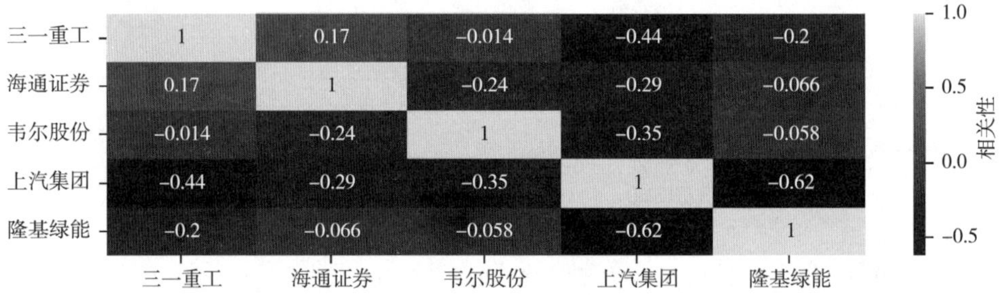

图 5-7 热力图

5.2 统计理论

如今，统计学被用于广泛的领域，包括金融、社会科学、医学和工程学等。从古代起源到现代应用，统计学在帮助我们了解周围的世界并做出明智的决策方面发挥了至关重要的作用。

5.2.1 概率

在学习数据科学的统计学时，将不可避免地需要了解概率。我们可能很容易迷失在概率背后的公式和理论中，但概率的确在工作和日常生活中有着特殊的用途，因此我们有必要了解和学习概率的相关知识。前面，我们已经讨论过描述性统计中的一些基本概念。接下来，我们将探讨统计与概率的一些关系。

在最基本的层面上，概率试图回答这样一个问题，即“事件发生的概率是多少?”。事件是一些感兴趣的结果，为了计算事件发生的概率，我们还需要考虑可能发生的所有其他事件。概率的典型例子就是投掷硬币观察正面、背面的出现情况。在抛硬币的过程中，可能发生的事件集是{正面，反面}。这两个事件构成了样本空间{}，即可能发生的所有可能事件的集合。为了计算事件发生的概率，我们计算感兴趣的事件发生的次数并将其除以样本空间。因此，概率会告诉我们，随机投掷硬币的结果将有 1/2 的机会出现正面或反面。通过观察可能发生的事件，概率为我们提供了一个框架，用于预测事件发生的频率。然而，如果我们真的试图抛出一些硬币，我们很可能会每隔一段时间就会得到异常高或异常低的正面计数。当然，如果我们不认为投掷硬币是公平的，则还可以收集数据，即使用统计数据根据现实世界的观察来计算概率，并检查它与理论值的比较情况。

下面，我们投掷 10 次硬币并计算获得正面的次数，并将一组 10 次抛硬币称为“试验”。一开始，我们可能不会得到“理论结果”的 5 个正面，但随着试验次数的增多，预计所有试验的平均正面数量就会接近 50%。

Python 允许我们在代码中对这个过程进行建模，从而节省大量真实实践的时间。给定足够的数据，统计学使我们能够使用真实世界的观察来计算概率。概率提供了理论，而统计学提供了使用数据来检验该理论的工具。下面的代码模拟 10、1000 和 1000000 次抛硬币试验，然后计算观察到的硬币正面的平均比例。

首先导入必要的 random 库，并创建名为 coin_test 的函数。

```
➡ import random
  def coin_test():
      heads=0
      for i in range(100):
            if random.random()<=0.5:
                heads +=1
            return heads
  def do_simu(n):
      tests=[]
      for i in range(n):
          tests.append(coin_test())
      return(sum(tests)/n)
➡ print(do_simu(10),
          do_simu(1000),
          do_simu(1000000))
↳ 0.6 0.48 0.5002736
```

我们创建的 coin_test（ ）函数代表抛硬币的模拟。模拟结果生成一个介于 0 和 1 之间的浮点数，如果它在该范围的一半以内，则增加我们的计数。然后，根据希望的次数重复这些试验，返回所有试验的平均正面数。结果证实，平均正面数量确实接近概率所描述的那样，即随着试验次数的增加，这一平均值会有所改善。在 10 次试验中，还存在一些轻微的偏差，但随着我们进行更多的试验，这个偏差会进一步减小，在 1000000 次试验中，结果与平均值的偏差几乎消失。

金融领域中，我们会思考更多的概率问题，例如随着时间的推移，某只股票上涨的概率有多大？某个信用贷款的客户违约的概率是多少？这些概率问题并没有简单的方法来计算，因此我们必须依靠使用数据和统计手段来计算它们。

5.2.2　分布

正态分布中的高点代表发生概率最高的事件。当离这个概率最高的事件越远，即越靠近分布的两侧，概率就会迅速下降，形成钟形样态。统计学中，高点是指平均值，离平均值越远，频率就越小。或者是说，与平均值的极高和极低的偏差是存在的，但极其罕见。下面，我们介绍一些常用的分布，并尝试用 Python 实现它们。

（1）均匀分布

均匀分布定义了给定连续值范围内的相等概率，其是一个具有恒定概率的分布。区间［a，b］上连续均匀分布的概率密度函数为：

$$f(x)=\begin{cases}\dfrac{1}{b-a} & (a \leqslant x \leqslant b)\\ 0 & (x<a \ or \ x>b)\end{cases}$$

当投掷 6 面骰子时，每面有 1/6 的机会。使用 SciPy 模块在 Python 中实现和可视化均匀概率分布（图 5-8）。

```
➡ from scipy.stats import uniform
import seaborn as sn
import matplotlib.pyplot as plt
# 提取随机变量
data=uniform.rvs(size=1000,loc=3,scale=10)
ax=sn.distplot(data,bins=20)
ax.set(xlabel='分布')
ax.set(ylabel='概率')
plt.grid()
plt.show()
```

➥

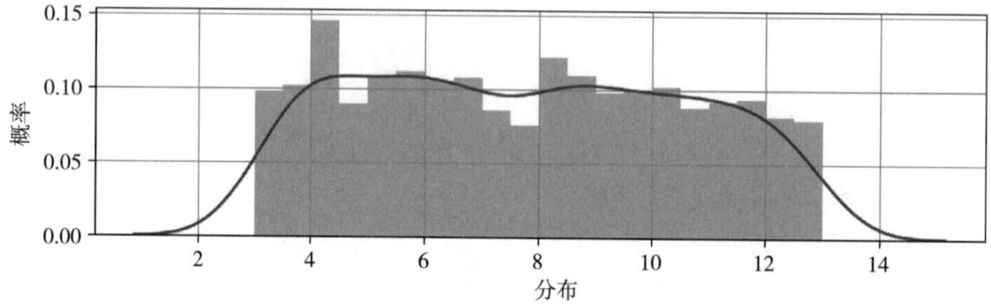

图 5-8　均匀分布

（2）二项分布

二项分布是统计学中最常用的分布之一。它描述了在 n 个二项式试验中获得 k 个成功的概率。如果随机变量 X 服从二项分布，则 $X=k$ 成功的概率可以通过以下公式得到：

$$P_{(X=k)}=C_k^n p^k(1-p)^{n-k}$$

上式中，n 为试验的数量，k 为成功的次数，p 是某次试验成功的概率，C_k^n 为在 n 次试验中获得 k 次成功的方法的数量。

我们可以使用 NumPy 库中的 random.binomial 函数生成一个服从二项分布的值数组。所得数组中的每个数字代表在 15 次试验中所经历的“成功”数量，其中在特定试验中成功的概率为 0.25。

```
➡ from numpy import random
random.binomial(n=15,p=0.25,size=15)
➥ array([10,10,8,5,7,8,3,7,6,7,6,8,6,8,8])
```

可视化结果如图 5-9 所示。

```
from scipy.stats import binom
import matplotlib.pyplot as plt
pb=binom(n=15,p=0.5)
x=np.arange(1,21)
pmf=pb.pmf(x)
plt.vlines(x,0,pb.pmf(x),lw=10)
plt.xlabel('分布')
plt.ylabel('概率')
plt.grid()
plt.show()
```

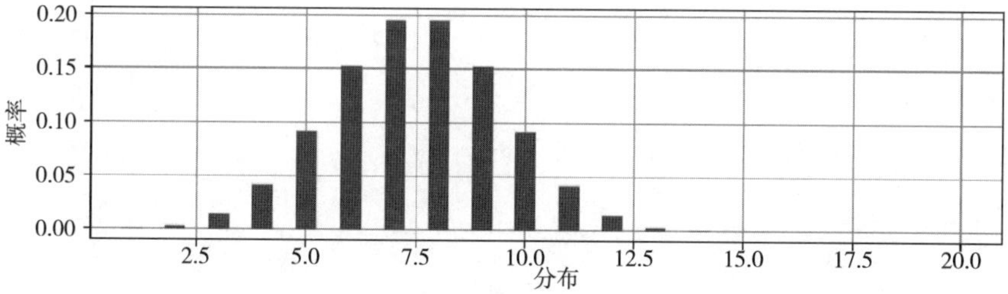

图 5-9 二项分布

我们还可以使用 SciPy 库中的二进制函数回答有关二项式概率的问题。

实践与练习

某投资者以往股票投资会盈利的概率大约是 60%。如果他投资 20 次，正好有 15 次盈利的概率是多少？

```
from scipy.stats import binom
# 计算二项式概率
binom.pmf(k=15,n=20,p=0.6)
```

```
0.07464701952887111
```

投资盈利正好 15 次的概率是 7.46%。

实践与练习

亚马逊银行消费类贷款违约率为 10%。如果随机选择 50 个贷款顾客，其中 5 个人违约的概率是多少？

```
binom.pmf(k=5,n=50,p=0.1)
```

```
0.1849246008952154
```

随机选择的贷款顾客中有 5 个违约的概率为 18.49%。

（3）泊松分布

泊松分布为我们提供了给定数量的事件在固定时间间隔内发生的概率（如果这些事件以已知的恒定平均速率发生并且彼此独立），即平均速率，也称为 Lambda（λ）。假设我们是投资咨询公司，平均每 60 分钟就有 10 名顾客打来电话咨询投资事宜，这里的平均速率是 10 或 λ = 10。泊松概率分布可以帮助我们回答诸如 5 名顾客在接下来的 10 分钟内来电咨询的概率是多少的问题。概率密度函数公式如下。我们还可以进行可视化（图 5-10）。

$$P_{(X=k)}=\frac{\lambda^{k}e^{-\lambda}}{k!}$$

➡
```
from scipy.stats import poisson
import seaborn as sn
x=np.arange(0,60)
pmf=poisson.pmf(x,10)
plt.vlines(x,0,pmf,lw=4)
plt.xlabel('分布')
plt.ylabel('概率')
plt.grid()
plt.show()
```
⮑

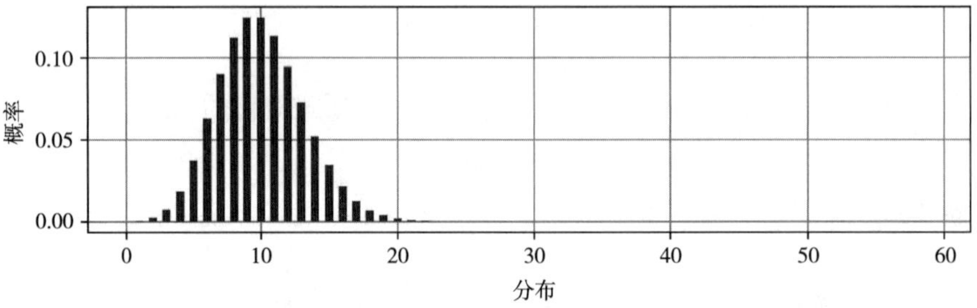

图 5-10　泊松分布

（4）指数分布

在概率和统计中，指数分布是泊松过程中事件之间时间的概率分布。指数分布描述了连续过程改变状态的时间。泊松分布处理给定时间段内事件的发生次数，指数分布处理这些事件之间的时间。指数分布可以看作是几何分布的连续对应物。可视化如图 5-11 所示。

$$f_{(x)}=\begin{cases}\lambda e^{-\lambda x} & (x \geqslant 0)\\ 0 & (x<0)\end{cases}$$

scipy.stats 也提供了指数分布的函数。

➡
```
from scipy.stats import expon
x=np.linspace(1,10,100)
pdf=expon.pdf(x)
plt.plot(x,pdf,lw=4)
plt.xlabel('分布')
plt.ylabel('概率')
plt.grid()
```

```
plt.show()
```

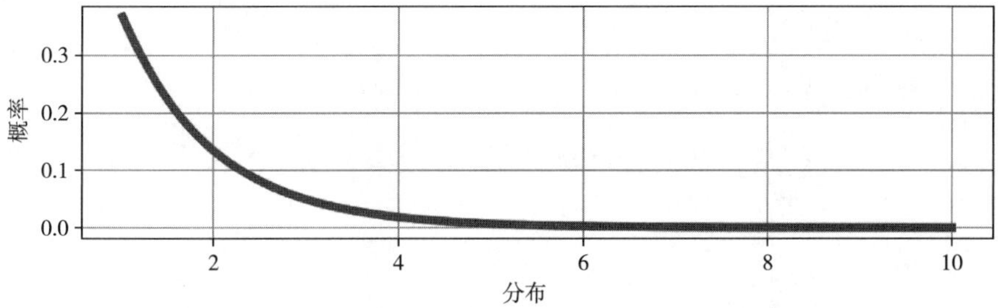

图 5-11　指数分布

(5) 正态分布

统计学中，最重要的分布非正态分布莫属，其使用两个参数来描述，即分布的均值和分布的标准差。我们通常以如下公式表示变量正态分布。

$$X \sim Normal(\mu,\ \sigma)$$

$$f_{(x)} = \frac{1}{\sqrt{2\pi\sigma^2}} e^{-\frac{1}{2}\left(\frac{x-\mu}{\sigma}\right)^2}$$

上式中，μ 为平均值，σ 为标准差，x 为输入值。

我们可以非常容易地输出正态分布视图（图 5-12）。

```
import matplotlib.pyplot as plt
import numpy as np
import seaborn as sn
import scipy.stats as stats
import math
sn.set_style('whitegrid')
mu=0
sigma=15
x=np.linspace(mu-3*sigma,mu+3*sigma,100)
y=stats.norm.pdf(x,mu,sigma)
plt.xlabel('分布')
plt.ylabel('概率')
sn.lineplot(x=x,y=y)
```

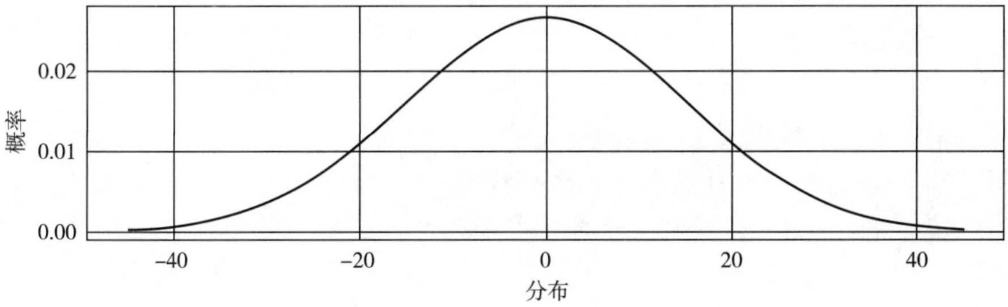

图 5-12　正态分布

下面我们尝试使用真实数据观察其数据分布情况。

我们使用中国银行收盘价数据，求出平均值、标准差。

```
➡ import numpy as np
```

从本地读入数据，先使用 np. mean（ ） 函数计算均值。

```
➡ boc_close_df=pd.read_csv('../dataFiles/boc_close.csv')
  np.mean(boc_close_df['中国银行'])
↳ 2.91667574931878
```

再使用 np. std（ ） 函数计算标准差。

```
➡ np.std(boc_close_df['中国银行'])
↳ 0.10946668354800865
```

有了均值和标准差，我们就可以绘图（图 5-13）。

```
➡ import matplotlib.pyplot as plt
  count,bins,ignored=plt.hist(boc_close_df['中国银行'],30)
  plt.axvline(2.916675,color='black',linestyle='dashed')
  plt.xlabel('分布')        # 添加横轴坐标标签
  plt.ylabel('股价(元)')  # 添加纵轴坐标标签
  plt.show()
↳
```

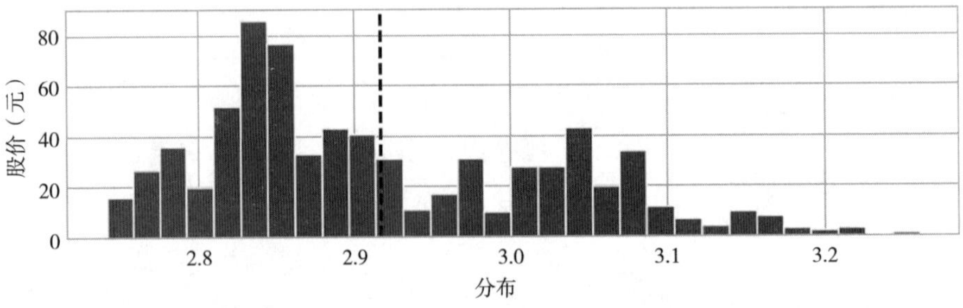

图 5-13 直方图

我们还可以使用 shapiro（ ） 函数执行夏皮罗-威尔克检验，看看该数据集是否来自正态分布的总体。

说明与解释

夏皮罗-威尔克假设检验（scipy. stats）：

H0（接受）：p>0.05，则样本来自正态分布

H1（拒绝）：p≤0.05，则样本并非来自正态分布

```
➡ from scipy.stats import shapiro
```

```
shapiro(boc_close_df['中国银行'])
```

```
ShapiroResult(statistic=0.9417098164558411,pvalue=2.252341868972562e-16)
```

输出结果显示，检验的 p 值约为 0，该值小于 0.05，因此我们可以假设样本数据并非来自正态分布的总体。

描述性统计的作用是简明扼要地总结我们所知道的。相比之下，推断统计的目的是“从我们的工作中学习我们不知道的东西”。现在我们有了概率论的基础，就可以很好地思考统计推断的问题。推断统计的核心问题分为两个部分，即估计和假设检验。

（6）估计置信区间

每个数据集都会给我们留下一定程度的不确定性，所以我们的估计永远不会完全准确。如果能够说真实均值在 109 到 121 之间的可能性为 95%，这种描述可称为“均值的置信区间”。我们可以使用 norm. ppf（ ）函数来计算正态分布的第 2.5 个和第 97.5 个百分位数。

```
from scipy.stats import norm
norm.ppf([.025,0.975])
```

```
array([-1.95996398,1.95996398])
```

输出结果表明，正态分布数量有 95%的可能性落在真实平均值的 1.96 个标准差范围内。如果希望要一个 70%的置信区间，可以使用 norm. ppf（ ）函数来计算第 15 个和第 85 个百分位数。

```
norm.ppf([.15,.85])
```

```
array([-1.03643339,1.03643339])
```

5.2.3　假设检验

统计的假设检验基于一种称为原假设的概念，其假设我们正在测试的任何变量之间没有“显著的事情发生”。原假设的确切形式因测试类型而异。例如，如果我们希望测试 H 市股民的平均年龄是否与全国平均年龄不同，原假设就是“平均年龄之间没有差异”。

假设测试的目的是确定给定样本数据的原假设是否可能为真。如果给定数据有证据支持原假设，则表示我们接受原假设。如果给定数据不太可能支持原假设，我们会拒绝原假设，转而支持备择假设，即有显著的事情发生。备择假设的确切形式将取决于我们正在进行的具体测试。上述例子的另一种假设是“H 市股民的平均年龄实际上确实与全国平均水平不同”。

一旦有了原假设和备择假设，就会选择一个概率阈值，即显著性水平（常见选项为 0.10、0.05 和 0.01，通常用希腊字母 α 表示），其决定了何时拒绝原假设。进行测试后，如果获得的概率结果低于概率阈值，则我们拒绝原假设，转而支持备择假设。

下面，我们从 T 检验开始进一步认识假设检验。

（1）单样本 T 检验

T 检验（T-test）也称为学生检验，是一种统计测试，用于确定数据样本是否与总体显著不同，或者两个样本是否彼此不同。这是一种使用均值和方差查找两个样本之间关系的推断统计方法。T 检验基本上用于接受或否定原假设 H0。但是，接受或否定原假设取决于 p 值。如果 p 值大于 α 值（在大多数情况下 α 被设为 0.05），则我们拒绝原假设并认为两个样本之间存在显著差异。总之，我们可以说 Python 中的 T 检验可以帮助程序员更快地测试他们的假设并给出准确的结果。此外，它也为程序员提供了样本的统计数据，这些数据非常有用。单样本 T 检验用于检验总体的均值是否等于某个值。

说明与解释

单样本 T 检验始终使用以下原假设：

H0：μ=μ0（总体均值等于某个假设值 μ0）

备择假设可以是双尾、左尾或右尾：

H1（双尾）：μ≠μ0（总体均值不等于某个假设值 μ0）

H1（左尾）：μ<μ0（总体均值小于某个假设值 μ0）

H1（右尾）：μ>μ0（总体均值大于某个假设值 μ0）

我们使用以下公式来计算检验统计量 t。

$$t = \frac{x - \mu}{s \sqrt{n}}$$

上式中，x 为样本均值，μ 为假设总体均值，s 为样本标准差，n 为样本量。

如果对应于自由度为 $n-1$ 的检验统计量 t 的 p 值小于选择的显著性水平，则可以否定原假设。

要使单样本 T 检验的结果有效，应满足以下假设：

- 所研究的变量应该是区间或比率变量。
- 样本中的观测值是独立的。
- 所研究的变量应近似正态分布。我们可以通过创建直方图直观地检查分布是否大致具有“钟形”来检查此假设。
- 所研究的变量不应具有离群值。我们可以通过创建箱式图直观地检查离群值来检查此假设。

案例 1

假设我们希望知道高中生的平均身高是否为 170 厘米，我们收集了一个简单的随机高中生身高样本，数据分别为 180、170、165、150、177、168、192、179、150、140、150、160、130。以下代码演示如何使用 scipy. stats 库中的 ttest_1samp（ ）函数进行一个样本 T 检验。

```
import scipy.stats as stats
```

定义 data 数据与显著性水平 α 值为 0. 05。

```
data=[180,170,165,150,177,168,192,179,150,140,150,160,130]
stats.ttest_1samp(a=data,popmean=170)
```

```
Ttest_1sampResult(statistic=-1.545209716619099,pvalue=0.14824865532762857)
```

使用示例代码计算 p 和 t 值，进行 T 检验并检查结果。T 检验统计量为-1. 5452，相应的双侧 p 值为 0. 1482。

此特定样本 T 检验的两个假设如下：

- H0：μ=170（平均身高为 170）（原假设）。
- H1：μ≠170（平均身高不是 170）（备择假设）。

由于检验的 p 值（0. 1482）远大于定义的 α 值（0. 05），因此我们无法拒绝原假设，或者说我们没有足够的证据表明随机抽样的高中生平均身高不是 170 厘米。

案例 2

假设我们采集到了中国银行收盘价的一部分数据作样本。我们假设平均收盘价为 2. 9，使用 T 检验判断我们节选的数据样本均值和实际均值之间是否存在差异。

此特定样本 T 检验的两个假设如下：

- H0：数据样本均值和实际均值之间存在差异。
- H1：数据样本均值和实际均值之间没有差异。

实施检验的步骤与前面相同，即导入数据、定义 α 值为 0.05、使用示例代码中给出的语法来计算 p 和 t 值、进行 T 检验并检查结果。

```
➡ boc_close=pd.read_csv('../dataFiles/boc_close.csv')['中国银行']
  boc_close[:10]
➥ 0    3.11
  1    3.10
  2    3.08
  3    3.11
  4    3.08
  5    3.08
  6    3.08
  7    3.09
  8    3.08
  9    3.06
  Name:中国银行,dtype:float64
➡ from scipy import stats
  boc_close_10=boc_close[:10]
  alpha=0.05
  u=2.9
  t,p=stats.ttest_1samp(boc_close_10,u)
  p=float("{:.3f}".format(p/2))
  print(format(t))
  print(p)
  ifp<=alpha:
     print('拒绝原假设 H0')
  else:
     print('不拒绝原假设 H0')
➥ 37.73694374319316
  0.0
  拒绝原假设 H0
```

输出结果表明，数据样本均值和实际均值之间没有差异。

(2) 双样本 T 检验

双样本 T 检验用于检验两个总体的均值是否相等。

说明与解释

双样本 T 检验始终使用以下原假设：

H0：$\mu1=\mu2$（两个总体均值相等）

备择假设可以是双尾、左尾或右尾：

H1（双尾）：μ1≠μ2（两个总体均值不相等）

H1（左尾）：μ1<μ2（总体 1 均值小于总体 2 均值）

H1（右尾）：μ1>μ2（总体 1 均值大于总体 2 均值）

我们使用以下公式来计算检验统计量 t。

$$t = \frac{x_1 - x_2}{\sqrt{\frac{v_1^2}{s_1} + \frac{v_2^2}{s_2}}}$$

上式中，x_1 和 x_2 是样本均值，v_1^2 和 v_2^2 分别是两个样本的方差，s_1 和 s_2 是样本大小。

如果检验统计量的 p 值小于选择的显著性水平，则可以否定原假设。

要使双样本 T 检验的结果有效，应满足以下假设：

- 一个样本中的观测值应独立于另一个样本中的观测值。
- 数据应大致呈正态分布。
- 两个样本应具有大致相同的方差。如果不满足此假设，则应改为执行韦尔奇 T 检验。
- 两个样本中的数据都是使用随机抽样方法获得的。

案例 3

假设我们希望知道 A、B 两市高中生之间的平均体重是否相等，我们从 A、B 两市收集了随机身高样本。

```
➡ import scipy.stats as stats
  # 定义每个样本的身高数组
  A_city=[180,170,165,150,177,168,192,179,150,140,150,160,130]
  B_city=[169,181,160,190,155,160,165,180,172,150,165,140,190]
  stats.ttest_ind(a=A_city,b=B_city)
↪ Ttest_indResult(statistic=-0.7861321966452289,pvalue=0.43948337749762834)
```

T 检验统计量为-0.786，相应的双侧 p 值为 0.439。

此特定两个样本 T 检验的两个假设如下：

- H0：μ1=μ2（A、B 两市高中生之间的平均身高趋同）。
- H1：μ1≠μ2（A、B 两市高中生之间的平均身高不相等）。

由于检验的 p 值（0.439）大于 α 值（0.05），因此我们不能否定原假设。这意味着我们有足够的证据表明 A、B 两市高中生之间的平均身高趋同。

案例 4

假设我们希望判断中国银行的早期股价与近期的股价是否存在差异。

我们选择一部分中国银行的早期股价，再选择近期的股价。然后我们分别计算两个时间段的平均股价 e_data（前 100 个数据）和 p_data（后 100 个数据）。

此特定两个样本 T 检验的两个假设如下：

- H0：两个时间段的平均股价之间没有差异。
- H1：两个时间段的平均股价之间存在差异。

```
➡ boc_data=pd.read_csv('../dataFiles/boc_close.csv')['中国银行']
  e_data=boc_data[:100]
```

```
p_data=boc_data[-100:]
e_data_bar,p_data_bar=np.mean(e_data),np.mean(p_data)
n1,n2=len(e_data),len(p_data)
var_e_data=np.var(e_data,ddof=1)
var_p_data=np.var(p_data,ddof=1)
var=(((n1-1)*var_e_data)+((n2-1)*var_p_data))/(n1+n2-2)
std_error=np.sqrt(var*(1.0/n1+1.0/n2))
print('早期数据样本均值:',np.round(e_data_bar,4))
print('近期数据样本均值:',np.round(p_data_bar,4))
print('第一个样本的方差:',np.round(var_e_data))
print('第二个样本的方差:',np.round(var_p_data,4))
print('集合样本方差:',var)
print('标准误差:',std_error)
t=abs(e_data_bar-p_data_bar)/std_error
print('t static:',t)
t_c=stats.t.ppf(q=0.975,df=17)          # α=0.05 时的双尾临界值
print('t 双尾的临界值:',t_c)
t_c=stats.t.ppf(q=0.95,df=12)           # α=0.05 时的单尾临界值
print('t 单尾的临界值:',t_c)
p_two=2*(1-stats.t.cdf(x=t,df=12))      # 得到双尾的 p 值
print('双尾的 p 值:',p_two)
p_one=1-stats.t.cdf(x=t,df=12)          # 得到单尾的 p 值
print('单尾的 p 值:',p_one)
```

```
早期数据样本均值:2.9301
近期数据样本均值:3.0825
第一个样本的方差:0.0
第二个样本的方差:0.0028
集合样本方差:0.004781686868686874
标准误差:0.009779250348249476
t static:15.584016624268212
t 双尾的临界值:2.1098155778331806
t 单尾的临界值:1.782287555649159
双尾的 p 值:2.509138896655827e-09
单尾的 p 值:1.2545694483279135e-09
```

输出结果显示 p 值（0）小于 α 值（0.05）。因此拒绝原假设，并得出结论，中国银行早期和近期的收盘价的平均值之间存在差异。

（3）配对样本 T 检验

配对样本 T 检验用于比较两个样本的均值。例如，假设我们希望知道某个教学方法是否能提高学生的金融学学习成绩。为了测试这一点，我们先收集 10 名学生的简单随机样本，并测量他们的成绩，再让每个学生体验一学期的新教学方法，然后在期末再次测量他们的成绩。

以下数据显示了学生体验新教学方法之前和之后的金融学成绩（以分为单位）：

之前：76，50，80，90，86，86，76，90，78，79，93，87

之后：90，79，80，89，69，79，89，88，76，76，85，92

以下代码演示如何使用 scipy. stats 库中的 ttest_rel（ ）函数来执行此配对样本 T 检验。

```
import scipy.stats as stats
before=[76,50,80,90,86,86,76,90,78,79,93,87]
after=[90,79,80,89,69,79,89,88,76,76,85,92]
stats.ttest_rel(a=before,b=after)
```

```
Ttest_relResult(statistic=-0.5004257131465111,pvalue=0.6266360896639515)
```

输出结果显示，T 检验统计量为-0. 5004，相应的双侧 p 值为 0. 6266。

此特定配对样本 T 检验的两个假设如下：

- H0：μ1=μ2（使用新教学方法前后的平均成绩相等）。
- H1：μ1≠μ2（使用新教学方法前后的平均成绩不相等）。

由于检验的 p 值（0. 6266）大于 0. 05，因此我们不能拒绝原假设。这意味着我们没有足够的证据表明，使用新教学方法前后的平均成绩是不相等的。或者说新教学方法可能在提升学生金融学成绩方面效果并不显著。

5. 2. 4 统计工具

（1）线性回归

回归分析是统计学中最重要的领域之一。回归方法种类有许多，线性回归是基础部分。举一个金融例子，我们决定是否对某客户授予信用贷款，这取决于客户的特征，如客户的收入、教育水平、工作、就业城市等。通常，在回归分析中，我们会考虑一些感兴趣的现象并且这些现象具有许多观察结果。每个观测值具有两个或多个要素。假设至少有一个要素依赖于其他要素，然后尝试在它们之间建立关系。换句话说，我们需要找到一个将某些特征或变量足够映射到其他特征或变量的函数。这些特征称为因变量、输出变量或响应变量。输入变量或预测变量称为自变量。

通常的做法是用 y 表示输出，用 x 表示输入。如果有两个或更多自变量，则可以将它们表示为自变量集 $x=(x_1, x_2, \cdots, x_n)$，其中 n 是输入的数量。在自变量 $x=(x_1, x_2, \cdots, x_n)$ 集上实现某些因变量 y 的线性回归时，其中 n 是预测变量的数量，假设 y 和 x 之间存在线性关系。$y=\beta_0+\beta_1x_1+\cdots+\beta_nx_n+\varepsilon$，这个方程就是回归方程。$\beta_0$、$\beta_1$、⋯、$\beta_n$ 是回归系数，ε 是随机误差。线性回归计算回归系数的估计量或简单的预测权重，用 b_0、b_1、⋯、b_r 表示。这些估计量定义估计的回归函数 $f(x)=b_0+b_1x_1+\cdots+b_rx_r$。此函数能获得输入和输出之间的依赖关系。对于每个观测值，估计或预测的响应 $f(x_i)$，$i=1, \cdots n$，应尽可能接近相应的实际响应 y_i。所有观测值 $i=1, \cdots n$ 的差值 $y_i-f(x_i)$ 称为残差。回归是关于确定最佳预测权重，即对应于最小残差的权重。为了获得最佳权重，通常最小化所有观测值的平方残差（SSR）之和 $i=1, \cdots n$：$SSR=\sum_i(y_i-f(x_i))^2$，这种方法称为普通最小二乘法。

（2）回归性能

实际响应 y_i，$i=1, \cdots n$ 的变化部分是由于对预测变量 x_i 的依赖性。但是，输出还存在额外的固有差异。判定系数（R^2）告诉我们 y 中的变异量可以通过对 x 的依赖性来解释，使用特定的回归模型。R^2 越大表示拟合越好，意味着模型可以更好地解释输出随不同输入的变化。值 $R^2=1$ 对应于 $SSR=0$，拟合效果较好，预测和实际响应的值完全吻合。

(3) 简单线性回归

简单线性回归是一种可用于理解单个自变量和单个因变量之间关系的技术。此技术找到一条最“拟合”数据的线，并采用以下公式。

$$\hat{y} = b_0 + b_1 x$$

上式中，$\hat{y}$ 为估计的响应值，b_0 为回归线的截距；b_1 为回归线的斜率。

上式不仅可以帮助我们理解自变量和因变量之间的关系，并且（假设它在统计意义上显著）可用于在给定自变量值的情况下预测因变量的值。

下面，我们利用 startups. csv 数据集来观察研发投入变量对收益变量的影响。

```
➡ startups_df=pd.read_csv('../dataFiles/startups.csv')
  startups_df.head(1)
```

```
➥    R_DSpend   Administration  MarketingSpend  State     Profit
  0  165349.2   136897.8        471784.1        New York  192261.83
```

可视化结果如图 5-14 所示。

```
➡ import matplotlib.pyplot as plt
  plt.scatter(startups_df.R_DSpend,startups_df.Profit)
  plt.xlabel('研发投入(元)')
  plt.ylabel('收益(元)')
  plt.show()
```

➥

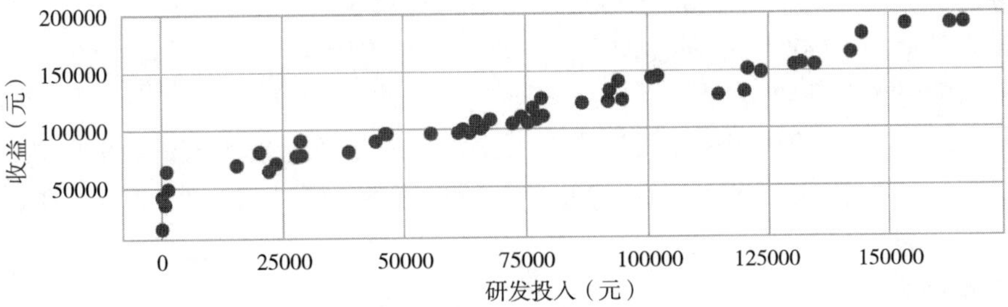

图 5-14　简单线性回归

可以看到，收益与研发投入的关系呈现出线性，即随着研发投入的增加，企业收益也趋于增加。一旦我们确认变量之间的关系是线性的，且无离群值，就可以继续拟合一个简单的线性回归模型。我们使用 statsmodels 库中的 OLS（ ）函数来拟合回归模型（表 5-2）。

```
➡ import statsmodels.api as sm
➡ startups_df=pd.read_csv('../dataFiles/startups.csv')
  Y=startups_df['Profit']                    # 定义因变量
  x=startups_df['R_DSpend']                  # 定义自变量
  ax=sm.add_constant(x)                      # 为预测变量添加常数
  model=sm.OLS(Y,ax).fit()                   # 拟合线性回归模型
  model.summary()                            # 查看回归概要
```

➥

表 5-2　　OLS Regression Results

Dep. Variable:		Profit	判定系数:		0.947
Model:		OLS	Adj. 判定系数:		0.945
Method:		Least Squares	F-statistic:		849.8
Date:		Sat, 28 Jan 2023	Prob (F-statistic):		3.50e-32
Time:		17:16:09	Log-Likelihood:		-527.44
No. Observations:		50	AIC:		1059.
Df Residuals:		48	BIC:		1063.
Df Model:		1			
Covariance Type:		nonrobust			
	coef	std err	t	P>|t|	[0.025	0.975]
const	4.903e+04	2537.897	19.320	0.000	4.39e+04	5.41e+04
R_DSpend	0.8543	0.029	29.151	0.000	0.795	0.913
Omnibus:		13.727	Durbin-Watson:		1.116
Prob (Omnibus):		0.001	Jarque-Bera (JB):		18.536
Skew:		-0.911	Prob (JB):		9.44e-05
Kurtosis:		5.361	Cond. No.		1.65e+05

从模型概要中可以得到以下拟合回归方程。

$$Profit = 49030 + 0.8543 \times R\_DSpend$$

这意味着每增加 10000 元的研发投入，企业收益平均增加 8543 元。截距值 49030 告诉我们研发投入为零时的企业收益。

我们还可以使用这个等式进行预测，根据研发投入的金额计算预期的企业收益。例如，研发投入 50 万元，企业应获得约 43 万元的收益。具体算式为：收益 = 49030 + 0.8543 × (500000) = 432053。

(4) 回归摘要

P>|t|：这是与模型系数关联的 p 值。由于研发投入的 p 值（0.000）明显小于 0.05，因此我们可以说研发投入和企业收益之间存在统计上的显著关联。

R^2：这个数字告诉我们企业收益变化的百分比可以用研发投入来解释。通常，回归模型的 R^2 值越大，解释变量预测响应变量值的能力就越好。在这种情况下，94.7%的收益变化可以用研发投入来解释。

F 统计量和 p 值：F 统计量（849.8）和相应的 p 值（3.50e-32）告诉我们回归模型的总体显著性，即模型中的解释变量是否有助于解释响应变量的变化。

(5) 残差图

线性回归的关键假设之一是回归模型的残差呈正态分布，并且在解释变量的每个水平上都是同方差的。如果违反了这些假设，那么回归模型的结果就不可靠。为了检验是否满足这些假设，我们可以创建残差图。残差与拟合值图可用于直观地确认同方差性。x 轴显示拟合值，y 轴显示残差。只要残差在整个图表中围绕零随机均匀分布，我们就可以假设没有违反同方差性。代码执行后的输出结果如图 5-15 所示。右上角的图是残差与拟合图。此图中的 x 轴显示预测变量点的实际值，y 轴显示该值的残差。由于残差似乎随机分散在零附近，这表明不存在异方差性问题。

```
➡ res_fig=sm.graphics.plot_regress_exog(model,'R_DSpend',fig=fig)
```

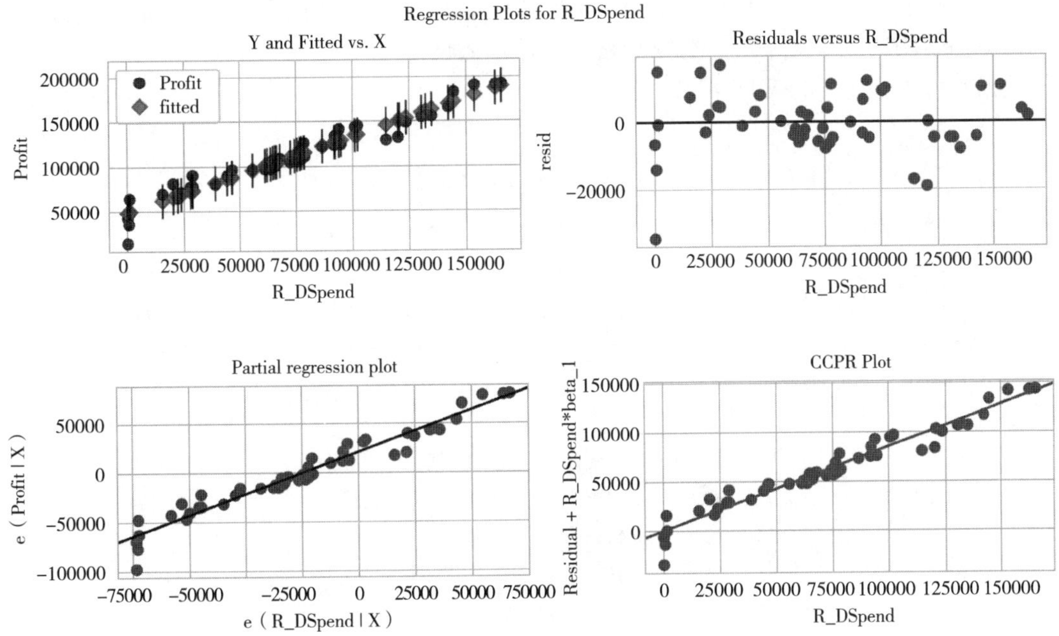

图 5-15　残差图

（6）Q-Q 图

Q-Q 图可用于确定残差是否服从正态分布（图 5-16）。如果图中的数据值沿呈 45°角的直线落下，则数据呈正态分布。

```
➡ res=model.resid                                # 定义残差
  QQ_fig=sm.qqplot(res,fit=True,line='45')       # 绘制 Q-Q 图
  plt.show()
```

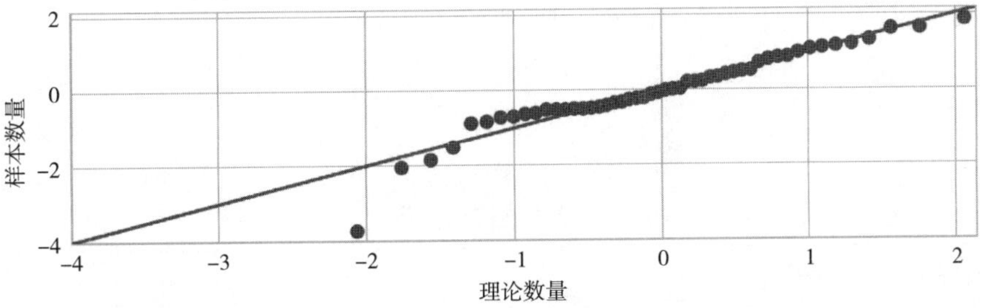

图 5-16　Q-Q 图检验正态分布

上图中，残差稍稍偏离了呈 45°角的直线，但不足以引起过度的关注。我们可以假设其满足正态性假设。由于残差是正态分布和同方差的，我们已经验证了简单线性回归模型的假

设得到满足。因此，可以认为该模型的输出结果是可靠的。

（7）多变量线性回归

接下来，我们介绍具有多个自变量的线性回归。简单线性回归模型为：$Y=\alpha+\beta x+\varepsilon$。多元线性回归模型为：$Y=\alpha+\beta_1 x_1+\beta_2 x_2+\cdots+\beta_n x_n+\varepsilon$。

下面，我们使用沪深 300 指数来预测美的集团股票收益。为了添加更多变量来改进模型，我们将美的集团的竞争对手海尔智家和格力电器加入模型。

数据既可以通过 qstock 库下载。

```
import qstock as qs
code_list=['美的集团','海尔智家','格力电器','沪深 300']
df=qs.get_price(code_list,start='20140101',end='20230201')
```

也可以从本地导入。

```
import pandas as pd
hsStocks_pd=pd.read_csv('../dataFiles/hs300_sStocks.csv')
hsStocks_pd
```

```
      date        沪深 300    美的集团   海尔智家   格力电器
0     2014-01-02  2321.98    2.64      6.79      0.19
1     2014-01-03  2290.78    2.41      6.50      -0.36
2     2014-01-06  2238.64    2.02      6.46      -0.84
3     2014-01-07  2238.00    1.98      6.40      -0.87
4     2014-01-08  2241.91    NaN       6.45      -0.77
…     …           …          …         …         …
2204  2023-01-19  4156.01    57.38     26.36     35.10
2205  2023-01-20  4181.53    57.08     26.39     35.05
2206  2023-01-30  4201.35    55.65     26.15     35.05
2207  2023-01-31  4156.86    55.20     25.70     34.63
2208  2023-02-01  4195.93    55.50     25.76     34.95
2209 rows×5 columns
```

我们首先使用 statsmodels 包来观察简单线性回归的结果（表 5-3）。

```
import statsmodels.formula.api as sm
simple_ols=sm.ols(formula='美的集团~沪深 300',
                  data=hsStocks_pd).fit()
simple_ols.summary()
```

表 5-3　简单线性回归分析

Dep. Variable:	美的集团	判定系数:	0.706
Model:	OLS	Adj. 判定系数:	0.706
Method:	Least Squares	F-statistic:	5146.
Date:	Thu, 02 Feb 2023	Prob (F-statistic):	0.00
Time:	08:48:48	Log-Likelihood:	-8600.0

续表

No. Observations:		2147		AIC:		1.720e+04
Df Residuals:		2145		BIC:		1.722e+04
Df Model:		1				
Covariance Type:		nonrobust				
	coef	std err	t	P>|t|	[0.025	0.975]
Intercept	-60.7234	1.414	-42.937	0.000	-63.497	-57.950
沪深 300	0.0260	0.000	71.735	0.000	0.025	0.027
Omnibus:		792.084		Durbin-Watson:		0.008
Prob (Omnibus):		0.000		Jarque-Bera (JB):		2752.806
Skew:		-1.847		Prob (JB):		0.00
Kurtosis:		7.138		Cond. No.		1.92e+04

接下来，我们仍然使用 statsmodels 包建立多元线性回归模型，并得到分析结果（表 5-4）。

```
mul_ols=sm.ols(formula='美的集团~沪深 300+海尔智家+格力电器',
               data=hsStocks_pd).fit()
mul_ols.summary()
```

表 5-4 多元线性回归分析

Dep. Variable:		美的集团		判定系数:		0.966
Model:		OLS		Adj. 判定系数:		0.966
Method:		Least Squares		F-statistic:		1.810e+04
Date:		Thu, 02 Feb 2023		Prob (F-statistic):		0.00
Time:		08:59:44		Log-Likelihood:		-5603.0
No. Observations:		1921		AIC:		1.121e+04
Df Residuals:		1917		BIC:		1.124e+04
Df Model:		3				
Covariance Type:		nonrobust				
	coef	std err	t	P>|t|	[0.025	0.975]
Intercept	-11.9215	0.624	-19.105	0.000	-13.145	-10.698
沪深 300	0.0019	0.000	7.832	0.000	0.001	0.002
海尔智家	1.7510	0.026	67.324	0.000	1.700	1.802
格力电器	0.5907	0.009	66.819	0.000	0.573	0.608
Omnibus:		50.159		Durbin-Watson:		0.036
Prob (Omnibus):		0.000		Jarque-Bera (JB):		58.927
Skew:		-0.340		Prob (JB):		1.60e-13
Kurtosis:		3.524		Cond. No.		2.41e+04

第6章 股票数据分析

分析股票市场的收益和风险最常见的方法包括基本面分析、技术分析和定量分析。长期投资者更倾向于寻找更有可能在较长时间内获得最大化回报的投资。通过了解基本面分析、技术分析和定量分析之间的差异，长期投资者可以获得更有价值的选股策略，做出“有利可图”的投资决策。

6.1 基本面分析

基本面分析（Fundamental Analysis）通过检查相关的经济和金融因素来衡量证券的内在价值。基本面分析通常从宏观到微观的角度识别市场定价不正确的证券。其分析和考察的是整体经济状况、特定行业的实力和企业的财务业绩。

6.1.1 企业内在价值

基本面分析有两个假设。第一个假设是，与公开的金融数据相比，股票的当前价格通常不能完全反映企业的价值。第二个假设是，企业基本面数据反映的价值更有可能接近股票的真实价值。内在价值在股票估值中的含义与期权交易不同。期权定价使用内在价值的标准计算方法，而股票可以用许多不同的方式计算。

例如，假设一家企业的股票交易价格为20元，在对该企业进行广泛研究后，分析人员确定它的价值应该为24元。另一位分析人员做了同样的研究，但确定它的价值为26元。许多投资者会考虑这些估计的平均值，并假设股票的内在价值可能接近25元。通常投资者认为这些估计高度相关，因为他们希望以明显低于这些内在价值的价格购买股票。从长远来看，股市将反映基本面。问题是我们很难判断“长期”到底有多长，可能是几天或几年。通过专注于特定业务，投资者可以估计企业的内在价值，并找到折价购买或溢价出售的机会。当市场赶上基本面时，投资将得到回报。

基本面分析最常用于股票，但它对评估从债券到衍生品的任何证券都很有用。这种分析方法与技术分析形成鲜明对比，技术分析试图通过分析价格和交易量等历史市场数据来预测价格方向。技术分析使用价格趋势和价格行为来创建指标。一些投资者使用趋势线、支撑线和阻力线来展示交易者如何看待投资并指示将会发生什么。基本面分析依赖于正在分析其股票的企业报告的财务信息。比率和指标是使用表明企业与类似企业相比表现的数据创建的。

定义基本面一词的问题在于，它可以涵盖与企业经济福祉相关的任何内容。它们包括收入和利润等数字，但它们也可以包括从企业的市场份额到其管理质量的任何内容。各种基本因素可分为两类：定量和定性。这些术语的财务含义与众所周知的定义没有太大区别。

定量可以使用数字、数字、比率或公式显示的信息，而定性是对标的物的特征、标准或性质进行描述。在这种情况下，定量基本面是数据。它们是企业的可衡量特征。这就是为什么定量数据的最大来源是财务报表。收入、利润、资产等都可以准确衡量。定性的基本面不那么明显。它们可能包括企业主要高管的素质、品牌知名度、专利和专有技术。单独进行定性和定量分析本质上都不够全面。目前，许多分析人员都将两者综合在一起进行研究与分析。

6.1.2　数据来源

（1）财务报表数据

如需获取每股收益、营业收入、营业收入同比、营业收入季度环比、净利润、净利润同比、净利润季度环比、每股净资产、净资产收益率、每股经营现金流量、销售毛利率、行业等数据，qstock（pip install qstock）、akshare（pip install akshare）等第三方数据库是非常方便的工具。

例如，当我们需要某日业绩快报，就可以通过 qstock 库得到。

```
➡ import qstock as qs
  fs_df=qs.financial_statement('业绩报表',date='20220930')
```

我们还可以指定具体企业，获得代码、名称、净利润、总市值、流通市值、所处行业、市盈率、市净率、净资产收益率、毛利率和净利率指标。

```
➡ code_list=['中国平安','贵州茅台','华大基因']
  df=qs.stock_basics(code_list)
```

这些数据是我们进行基本面分析的基础。

（2）宏观数据

我们可以使用 akshare 库获得包括国内生产总值在内的一系列宏观数据。

①国内生产总值（GDP）

```
➡ import akshare as ak
➡ chinaGDP=ak.macro_china_gdp_yearly()
  chinaGDP.head()
↳ 2011-01-20    9.8
  2011-04-15    9.7
  2011-07-13    9.5
  2011-10-18    9.1
  2012-01-17    8.9
  Name:gpd,dtype:float64
```

②居民消费价格指数（CPI）

```
➡ chinaCPI=ak.macro_china_cpi_yearly()
  chinaCPI.head()
↳ 1986-02-01    7.1
  1986-03-01    7.1
  1986-04-01    7.1
  1986-05-01    7.1
  1986-06-01    7.1
  Name:cpi,dtype:float64
```

③出口年率

```
➡ chinaEXPORTS=ak.macro_china_exports_yoy()
  chinaEXPORTS.head()
```

```
➥ 1982-02-01    8.7
  1982-03-01    23.2
  1982-04-01    12.2
  1982-05-01    -2.5
  1982-06-01    41.5
  Name:china_exports_yoy,dtype:float64
```

④进口年率

```
➡ chinaIMPORTS=ak.macro_china_imports_yoy()
  chinaIMPORTS.head()
➥ 1996-02-01    55.8
  1996-03-01    14.2
  1996-04-01    8.7
  1996-05-01    6.4
  1996-06-01    4.5
  Name:china_imports_yoy,dtype:float64
```

⑤外汇储备

```
➡ chinaFXreserves=ak.macro_china_fx_reserves_yearly()
  chinaFXreserves.head()
➥ 2014-01-15    39500.0
  2014-07-15    39900.0
  2015-01-15    32300.0
  2016-03-07    32020.0
  2016-04-07    32100.0
  Name:fx_reserves,dtype:float64
```

除了上面的数据以外，我们还可以很轻松地获得 M2 货币供应年率、新房价指数、企业景气及企业家信心指数、全国税收收入等宏观数据。

实践与练习

利用 qstock、akshare 输出中国银行、建设银行、农业银行、工商银行的代码、名称、净利润、总市值、流通市值、所处行业、市盈率、市净率、净资产收益率、毛利率和净利率指标。

6.2 技术分析

技术分析是一门交易学科，用于通过分析从交易活动中收集的统计趋势（例如价格变动和交易量）来评估投资和识别交易机会。技术分析使用短期数据来开发用于预测证券或市场走势的模式，而基本面分析依赖于跨越数年的信息。由于技术分析中数据收集的时间较短，投资者更倾向于在短期交易中使用这种方法。然而，当与基本面分析相结合时，技术分析就可以成为评估长期投资的有益工具。

技术分析里，通常使用技术指标来描述股票、债券等证券的历史定价数据变动的计算值。投资者利用这些指标来预测股票的走势，以最佳方式确定何时买入、卖出或持有。常用的技术指标包括移动平均线（SMA、EMA、MACD）、相对强弱指数（RSI）、布林带以及其他指标。pandas_ta 库能够实现技术指标的计算。

6.3 定量分析

对企业或大盘历史业绩的评估通常通过定量分析来完成。投资者通过简单的财务比率计算（如每股收益，EPS）或更复杂的计算（如贴现现金流，DCF）进行定量分析。

定量分析的结果提供了对特定证券或整个市场的估值或历史表现的洞察。但定量分析通常不被用作评估长期投资的独立方法。相反，定量分析与基本面和技术分析结合使用，以确定投资决策的潜在优势和风险。

基本面分析的目标是通过评估业务的各个方面以及行业、整个市场以及国内和全球环境来得出企业的公允价值。技术分析的目标是评估数据（如历史回报和价格变化），以绘制可用于估计证券和整个市场未来价格走势的模式。定量分析的目标侧重于使用简单的财务比率计算来深入了解特定企业或广泛市场的估值。实际的情况下，投资者和分析人员在评估企业的增长和盈利能力潜力时，会经常将基本面分析、技术分析和定量分析结合起来使用。

6.4 时间序列

“时间”因素，在包括股票分析在内的数据分析当中都具有重要的作用，我们先来介绍 Python 处理时间序列的一些知识，这些知识是后面分析的基础。

首先，让我们认识一下 Pandas 时间序列数据的几个关键点。大多数金融数据集采用时间序列的形式，带有日期时间索引和相应的值。Pandas 具有处理时间序列数据的特殊功能，其中主要包括时间索引、重新采样、时间位移。

6.4.1 时间索引

（1）datetime（ ）函数

通常，金融数据集中的时间和日期不会是单独的列，而是索引。对日期和时间的处理已经有内置的 Python 库存在，因此无须安装任何其他工具库，我们可以直接导入库后使用。

```
from datetime import datetime
```

datetime 允许我们创建时间戳或特定的日期对象。让我们尝试创建几个变量。

```
year=2023
month=1
day=10
```

下面我们使用 datetime（ ）函数处理时间对象。datetime（ ）函数需要必要的参数，包括年、月、日。让我们输入这些参数并观察 datetime（ ）函数的输出结果。

```
timeDate=datetime(year,month,day)
```

```
timeDate
```
```
datetime.datetime(2023,1,10,0,0)
```

（2）时间列表转换

我们还可以将两个时间对象的列表转换为索引。

```
timeList=[datetime(2023,1,10),
          datetime(2023,1,12)]
```

我们可以使用以下方法将 NumPy 数组或列表转换为索引。

```
timeList_Datetime=pd.DatetimeIndex(timeList)
timeList_Datetime
```
```
DatetimeIndex(['2023-01-10','2023-01-12'],dtype='datetime64[ns]',freq=None)
```

（3）时间频度转换

在处理金融数据集时，我们通常会获得具有较小比例（日、小时、分钟等）的 datetime 索引的数据。但是，出于分析目的，通常最好根据某种频率（每月、每季度等）聚合数据。

幸运的是，Pandas 内置了频率采样工具来解决这个问题。让我们以三一重工从 2010 年 1 月 1 日至 2023 年 1 月 1 日的股票数据为例说明时间频度转换问题。

```
import numpy as np
import pandas as pd
```

先通过 qstock 下载三一重工数据并保存到本地。

```
import qstock as qs
```
```
sanyi=qs.get_data('三一重工',start='20100101',end='20230101')
sanyi.to_csv('../dataFiles/sanyi.csv')
```

然后，我们查看下载的 csv 数据。

```
sanyi_df=pd.read_csv('../dataFiles/sanyi.csv')
sanyi_df.head()
```
```
   date        open  high  low   close  turnover     turnover_rate
0  2010-01-04  5.03  5.04  4.88  4.94   226602363.0  0.41
1  2010-01-05  4.94  5.00  4.81  4.95   273567568.0  0.51
2  2010-01-06  4.95  5.43  4.89  5.16   489761096.0  0.87
3  2010-01-07  5.16  5.33  4.99  5.08   534057876.0  0.95
4  2010-01-08  5.08  5.08  4.81  4.94   278403555.0  0.52
```
```
sanyi_df.index
```
```
RangeIndex(start=0,stop=3146,step=1)
```

通过输出结果可以看到，目前的索引是从第 0 行到第 3146 行的 RangeIndex。

但通常情况下，我们可能更希望将这种 RangeIndex 转换为正确时间戳的 DateTimeIndex，使用 index_col='date'，parse_dates=True 设置能够实现这种目的。

```
sanyi_df_02=pd.read_csv('../dataFiles/sanyi.csv',
                        index_col='date',parse_dates=True)
```

```
sanyi_df_02
```

```
             open   high   low    close  turnover      turnover_rate
date
2010-01-04   5.03   5.04   4.88   4.94   226602363.0   0.41
2010-01-05   4.94   5.00   4.81   4.95   273567568.0   0.51
2010-01-06   4.95   5.43   4.89   5.16   489761096.0   0.87
2010-01-07   5.16   5.33   4.99   5.08   534057876.0   0.95
2010-01-08   5.08   5.08   4.81   4.94   278403555.0   0.52
...          ...    ...    ...    ...    ...           ...
2022-12-26   16.14  16.23  15.87  16.21  647119315.0   0.47
2022-12-27   16.36  16.40  16.10  16.18  532071803.0   0.39
2022-12-28   16.19  16.19  15.78  15.84  683648687.0   0.51
2022-12-29   15.70  15.75  15.50  15.66  866798387.0   0.66
2022-12-30   15.70  16.13  15.70  15.80  688032663.0   0.51
```

```
sanyi_df_02.index
```

```
DatetimeIndex(['2010-01-04','2010-01-05','2010-01-06','2010-01-07','2010-01-
08','2010-01-11','2010-01-12','2010-01-13','2010-01-14','2010-01-15',
...
'2022-12-19','2022-12-20','2022-12-21','2022-12-22','2022-12-23','2022-12-26',
'2022-12-27','2022-12-28','2022-12-29','2022-12-30'],
dtype='datetime64[ns]',name='date',length=3146,freq=None)
```

可以看到，索引已经由 RangeIndex 转换为 DateTimeIndex。

6.4.2 重新采样

要进行重新采样，我们需要一个日期时间索引，这利用 resample（rule=''）函数就可以实现。关于 rule=''的参数设置可以根据需要进行选择。

说明与解释

rule=''的参数设置列表

B：business day frequency 营业日频率

C：custom business day frequency 自定义工作日频率

D：calendar day frequency 日历日频率

W：weekly frequency 周频率

M：month end frequency 月末频率

SM：semi-month end frequency 半月末频率（15 日和月末）

BM：business month end frequency 业务月末频率

CBM：custom business month end frequency 自定义业务月末频率

MS：month start frequency 月度开始频率

SMS：semi-month start frequency 半月开始频率（1 日和 15 日）

BMS：business month start frequency 业务月开始频率

CBMS：custom business month start frequency 自定义业务月开始频率

Q：quarter end frequency 季末频率
BQ：business quarter end frequency 业务季末频率
QS：quarter start frequency 季度开始频率
BQS：business quarter start frequency 业务季度开始频率
A，Y：year end frequency 年末频率
BA，BY：business year end frequency 业务年末频率
AS，YS：year start frequency 年开始频率
BYS：business year start frequency 业务年开始频率
BH：business hour frequency 营业时间频率
H：hourly frequency 每小时频率
T，min：minutely frequency 分钟频率
S：secondly frequency 秒频
L，ms：milliseconds 毫秒
U，US：microseconds 微秒
N：nanoseconds 纳秒

更多有关设置可以参考 Pandas 官网。
我们以“A，Y 年末频率”为例，尝试对重新采样数据取均值。

```
sanyi_df_02.resample(rule='A').mean()
```

```
            open       high       low        close      volume
date
2010-12-31  5.931737   6.118263   5.759280   5.956992   2.918868e+05
2011-12-31  13.247149  13.504959  13.003512  13.251322  3.747465e+05
2012-12-31  9.514667   9.699958   9.333958   9.509583   3.038010e+05
2013-12-31  6.346681   6.482143   6.204580   6.335168   3.444527e+05
2014-12-31  3.878484   3.974016   3.796311   3.888770   5.754476e+05
2015-12-31  6.566790   6.774856   6.347490   6.562099   1.830147e+06
2016-12-31  3.621393   3.700164   3.545574   3.621803   3.662957e+05
2017-12-31  5.763402   5.881270   5.660861   5.780451   7.099709e+05
2018-12-31  6.742346   6.871605   6.610988   6.747531   7.974732e+05
2019-12-31  11.264262  11.465656  11.078279  11.285615  8.590363e+05
2020-12-31  20.601152  21.034568  20.242058  20.675638  8.163067e+05
2021-12-31  29.510288  30.141399  28.870370  29.504198  1.448306e+06
2022-12-31  17.205083  17.482562  16.936198  17.197231  8.838245e+05
```

从输出结果中可以看到，日期 date 都转换成了年频率，并对全年数据求取了均值。
我们还可以以季度、月、周为时间频率重新采样后获得平均值。

```
df.resample(rule='Q').mean()
df.resample(rule='M').mean()
df.resample(rule='W').mean()
```

6.4.3 时间位移

通常，时间序列预测模型需要我们将数据向前和向后移动一定的时间步长。Pandas 用

shift（）函数来实现这个需求。

以三一重工的 csv 数据为例，其包含的是每日数据。如果我们希望把时间段向上移一步，就可以使用 . shift（periods = 1）。我们可以把 df 与 df. shift（periods = 1）做一个对比。

```
➡ df.head(3)
↳               name      code      open    high    low     close
  date
  2010-01-04    三一重工  600031    5.03    5.04    4.88    4.94
  2010-01-05    三一重工  600031    4.94    5.00    4.81    4.95
  2010-01-06    三一重工  600031    4.95    5.43    4.89    5.16
➡ df.shift(periods=1).head(3)
↳               name      code      open    high    low     close
  date
  2010-01-04    NaN       NaN       NaN     NaN     NaN     NaN
  2010-01-05    三一重工  600031    5.03    5.04    4.88    4.94
  2010-01-06    三一重工  600031    4.94    5.00    4.81    4.95
```

通过输出结果可以看到，第一个时间段不再有任何数值了。

实践与练习

将 periods 设置为 3、5、10，并输出数据表格。

金融市场中最重要的任务之一是分析各种投资的收益。我们可以借助数据科学以独特视角理解股票市场和金融数据。证券、商品和股票都遵循一些交易的基本原则，如我们可以卖出、买入或持有。投资者的这些"动作"的目标都是希望获得最多的收益。在分析金融市场时，数据科学中使用了某些概念来帮助我们确定投资某只股票是否值得。接下来，我们从单只股票开始介绍股票数据分析的一系列过程。

6.5 单只股票

进行单只股票的分析需要以下 3 个步骤。

- 获取股票数据。
- 计算收益。
- 计算收益的平均值和标准差。

6.5.1 获取数据

我们使用 qstock 下载股票的历史价格，以"中国平安"为例进行股票收益计算。

```
➡ import pandas as pd
  import numpy as np
  import matplotlib.pyplot as plt
```

中国平安的股票代码为 601318，我们使用 qs. get_data（）函数获取 2020 年 1 月 1 日至

2023 年 1 月 10 日的数据，并保存到本地。

```
➡ import qstock as qs
➡ pingan_df=qs.get_data('601318',start='20200101',end='20230110')
➡ pingan_df.to_csv('../dataFiles/pingan_df.csv')
➡ pingan_df=pd.read_csv('../dataFiles/pingan_df.csv',
                         index_col='date',parse_dates=True)
  pingan_df.info()
↪ <class'pandas.core.frame.DataFrame'>
  DatetimeIndex:734 entries,2020-01-02 to 2023-01-10
  Data columns(total 9 columns):
  #    Column           Non-Null Count    Dtype
  ---  -------          --------------    ------
  0    name             734 non-null      object
  1    code             734 non-null      int64
  2    open             734 non-null      float64
  3    high             734 non-null      float64
  4    low              734 non-null      float64
  5    close            734 non-null      float6
  6    volume           734 non-null      int64
  7    turnover         734 non-null      float64
  8    turnover_rate    734 non-null      float64
  dtypes:float64(6),int64(2),object(1)
  memory usage:57.3+KB
```

通过使用 info（ ）函数，我们可以看到数据集共包括 8 个变量、3146 条数据，并没有发现缺失值。有时候，保存在本地中的数据列并非都有必要，可以根据具体需求进行整理，如删除 name、code 这些信息重复的列。

这里需要注意，虽然我们执行了 drop（ ）函数，但存储在本地中的 pingan_df 数据集并不会有变更。

```
➡ pingan_df.drop(['name','code'],axis=1)
```

如果执行 pingan_df.head（ ），我们会发现在输出结果中，name、code、turnover、turnover_rate 列没有从 pingan_df 数据集中真正被删除掉。如果希望以删除 name、code、turnover、turnover_rate 列后的数据为基础进行下一步的操作，可以采用对变更后的数据另赋新变量名保存的方法。

```
➡ pingan_df2=pingan_df.drop(['name','code','turnover','turnover_rate'],axis=1)
  pingan_df2.head()
↪             open    high    low     close   volume
  date
  2020-01-02  79.10   79.99   79.08   79.32   778252
  2020-01-03  80.01   80.08   79.10   79.40   594980
  2020-01-06  79.12   80.07   78.70   78.80   636448
  2020-01-07  79.21   79.66   78.87   79.35   452188
```

```
2020-01-08   79.18    79.18    77.70  78.20     628053
```

6.5.2 收益可视化

下面，我们将利用调整后的数据绘制“中国平安”的收盘价走势图。

```
pingan_df2['close'].plot()
plt.show()
```

如果执行以上代码，将会发现输出的视图不够清晰，另外也缺少必要的信息，如标题、标签。为了使其更加易读与美观，我们也可以调整代码，对输出的视图进行设置，还可以加入中文标示，并调整视图显示的清晰度和比例，如图 6-1 所示。

```
import pandas as pd
import numpy as np
import matplotlib.pyplot as plt
plt.rcParams['font.sans-serif']=['SimHei']    # 设定要显示的中文字体
plt.rcParams['figure.figsize']=(8,2)          # 设定图片大小
plt.rcParams['figure.dpi']=180                # 设定图片分辨率
plt.plot(pingan_df2['close'])
plt.xlabel('日期')
plt.ylabel('收盘价(元)')
plt.title('中国平安收盘价走势')
plt.grid()
plt.show()
```

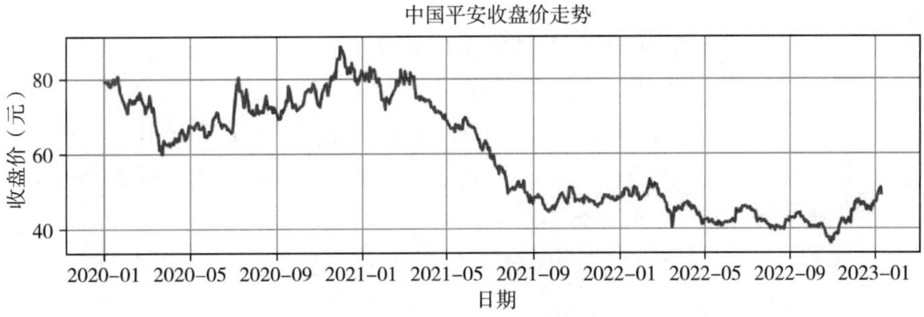

图 6-1　中国平安收盘价走势

6.5.3 日收益和月收益

我们可以使用 Pandas 来计算每日和每月的价格收益。

(1) 日收益

我们先来看看每日收益的计算公式。

$$Re_{t2} = \frac{P_{t2} - P_{t1}}{P_{t1}}$$

上式中，Re_{t2} 为每日收益，其为两天的价格（收盘价）之差除以前一天的价格。Pandas 中使用 pct_change（ ）函数来完成这个计算过程。

```
# 日收益
pingan_dReturn=pingan_df2['close'].pct_change()
pingan_dReturn
```

```
date
2020-01-02        NaN
2020-01-03        0.001009
2020-01-06        -0.007557
2020-01-07        0.006980
2020-01-08        -0.014493
...               ...
2023-01-04        0.029268
2023-01-05        0.008242
2023-01-06        0.016554
2023-01-09        0.023522
2023-01-10        -0.033392
Name:close,Length:734,dtype:float64
```

(2) 月收益

同理，我们计算每月收益时，其为两月的价格（收盘价）之差除以前一月的价格。

```
# 月收益
pingan_mReturn=pingan_df2['close'].resample('M').ffill().pct_change()
```

提示与注意

resample（'M'）函数是以月为单位重新进行采样。

ffill（）函数用于前后填充 DataFrame 中的缺失值。

pct_change（）函数用于表示当前元素与前面元素的相差百分比。如给定三个元素[2，3，6]，计算相差百分比后得到［NaN，0.5，1.0］，从第一个元素到第二个元素增加50%，从第二个元素到第三个元素增加 100%。

＊当代码过长时，可以使用“\”进行串行，但它不会影响代码正常执行。

以下分别输出中国平安每日、每月收益率的前五行数据。

```
pingan_dReturn.head()
```

```
date
2020-01-02        NaN
2020-01-03        0.001009
2020-01-06        -0.007557
2020-01-07        0.006980
2020-01-08        -0.014493
Name:close,dtype:float64
```

```
pingan_mReturn.head()
```

```
date
```

```
2020-01-31      NaN
2020-02-29      -0.075238
2020-03-31      -0.120558
2020-04-30      0.084816
2020-05-31      -0.036210
Freq:M,Name:close,dtype:float64
```

注意，每日和每月的首行收益率是缺失值 NaN，这是因为没有前一天的数据用于计算。为了后续计算顺利，我们需要使用 dropna（ ）函数对缺失值进行处理。

```
pingan_dReturn=pingan_dReturn.dropna()
pingan_mReturn=pingan_mReturn.dropna()
```

（3）日线和月线图

我们还可以绘制中国平安的日线（图 6-2）和月线图（图 6-3）。通过日线与月线的对比，我们可以直观地看到，“中国平安”的收益较不稳定。

```
plt.plot(pingan_dReturn)
plt.xlabel('日期')
plt.ylabel('波动')
plt.title('中国平安的日线')
plt.rcParams['axes.unicode_minus']=False   # 负号 unicode 编码
plt.grid()
plt.show()
```

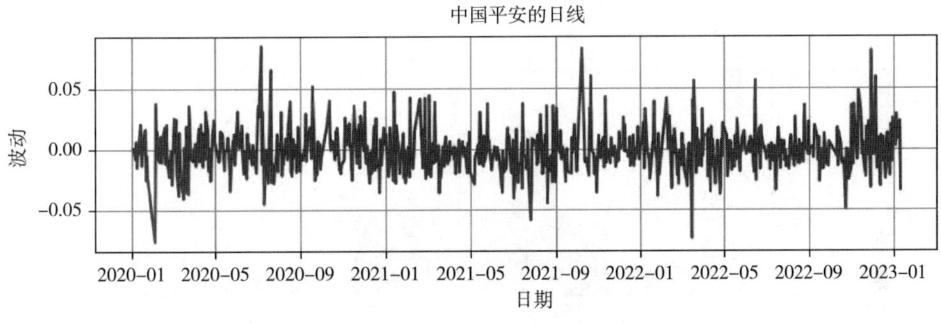

图 6-2 中国平安的日线

```
plt.plot(pingan_mReturn)
plt.xlabel('日期')
plt.ylabel('波动')
plt.title('中国平安的月线')
plt.rcParams['axes.unicode_minus']=False      # 负号 unicode 编码
plt.grid()
plt.show()
```

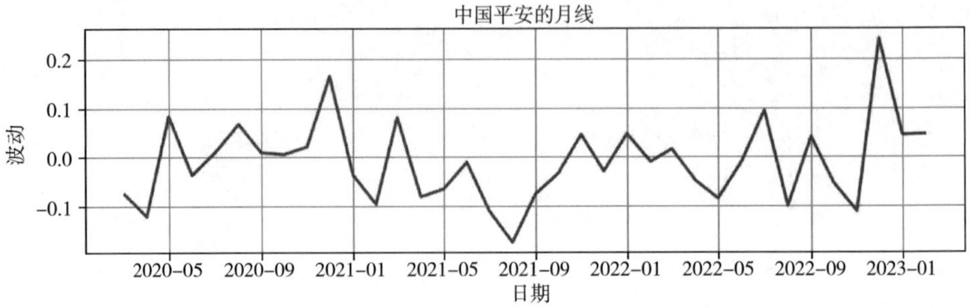

图 6-3　中国平安的月线

另外，为了了解收益率的极端程度，我们还可以绘制一个柱状图。通过柱状图，我们能观察到中国平安的收益中的离群值。如图 6-4 中，收益分布的两侧延伸出的“尾巴”。通常情况下，“左尾”（左侧尾巴的离群值）代表了较大的亏损，我们投资会选择避免“左尾”，而另一侧的“右尾”（右侧尾巴上的离群值）代表较大的收益。

```
pingan_dReturn.plot.hist(bins=60)
plt.xlabel('日收益率分布')
plt.ylabel('收盘价(元)')
plt.title('中国平安的日线')
ax1.text(-0.06,3,'极低/n 收益')
ax1.text(0.07,3,'极高/n 收益')
plt.rcParams['axes.unicode_minus']=False    # 负号 unicode 编码
plt.grid()
plt.show()
```

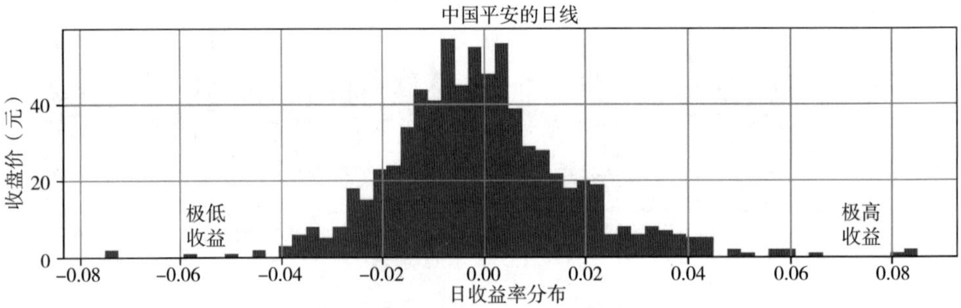

图 6-4　中国平安的日线柱状图

说明与解释

matplotlib 库的 axiss 模块中的 Axes. text（ ）函数用于将文本添加到坐标的指定位置上。

6.5.4　累计收益

绘制收益图对于了解投资的每日、每月的波动性很有帮助。为了计算我们投资的总收益，我们需要计算该投资的累计收益。计算累计收益，可以使用 cumprod（ ）函数。

```
pingan_cReturns=(pingan_dReturn+1).cumprod()
```

接下来我们还可以绘制中国平安股票每日的累计收益图（图 6-5）。

```
plt.plot(pingan_cReturns)
plt.xlabel('日期')
plt.ylabel('投资增长率')
plt.title('中国平安每日累计收益')
plt.grid()
plt.show()
```

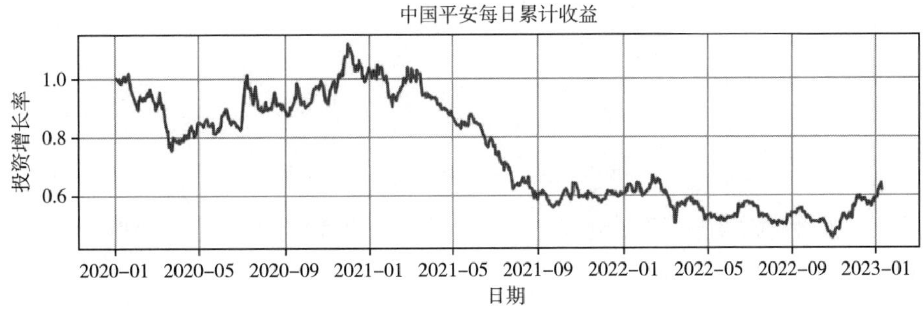

图 6-5　中国平安每日累计收益

上图显示了自 2020 年以来中国平安股票的每日的累计收益趋势。我们再来绘制中国平安股票每月的累计收益图（图 6-6）。

```
pingan_cReturns=(pingan_mReturn+1).cumprod()
plt.plot(pingan_cReturns)
plt.xlabel('日期')
plt.ylabel('投资增长率')
plt.title('中国平安每月累计收益')
plt.grid()
plt.show()
```

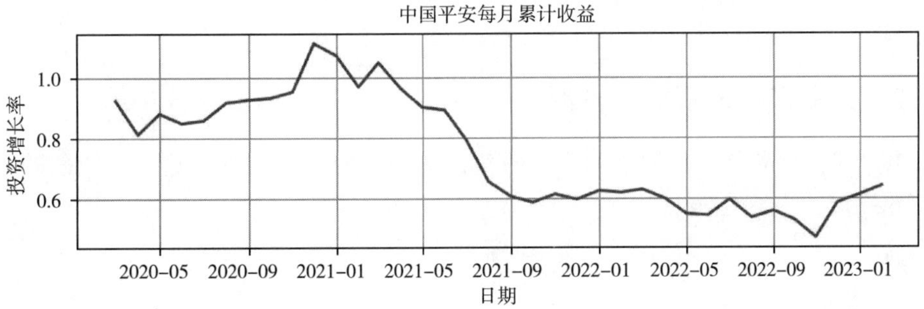

图 6-6　中国平安每月累计收益

通过输出结果可以直观地看到，月度累计收益趋势图比日累计收益趋势图平滑得多。

6.6 多只股票

多只股票的分析步骤与单只股票的基本相同。首先，将多只股票的代码或名称分配给一个名为“code_ list”的列表变量。我们以宁德时代、贵州茅台、华大基因这 3 只股票为例展示多只股票的分析过程。

6.6.1 获取多只股票数据

我们可以使用 qstock 库一次性获取多只股票的数据。

```
➡ import qstock as qs
code_list=['宁德时代','贵州茅台','华大基因']
mul_stocks=qs.get_data(code_list,start='20200101')
mul_stocks.to_csv('../dataFiles/mul_stocks.csv')
mul_stocks=pd.read_csv('../dataFiles/mul_stocks.csv',
                       index_col='date',parse_dates=True)
```

通过以上代码数据被统一下载到 mul_stocks 中，如果我们希望分别提取这 3 只股票的价格数据，可以采用下列 3 种方法。

一是利用 groups.get_group（ ）函数。

```
➡ groups=mul_stocks.groupby(mul_stocks.name)
ningde_df=groups.get_group('宁德时代')
maotai_df=groups.get_group('贵州茅台')
huada_df=groups.get_group('华大基因')
```

二是采用先指定列，再截取行的方法。

```
➡ ningde_df=mul_stocks[mul_stocks['name']=='宁德时代']
maotai_df=mul_stocks[mul_stocks['name']=='贵州茅台']
huada_df=mul_stocks[mul_stocks['name']=='华大基因']
```

三是可以逐个分别下载多只股票的数据，或者使用 for 循环语句等。

```
➡ ningde_df=qs.get_data('宁德时代',start='20220101')
maotai_df=qs.get_data('贵州茅台',start='20220101')
huada_df=qs.get_data('华大基因',start='20220101')
```

6.6.2 绘制多只股票的股价图

接下来，我们用获得的数据绘制宁德时代、贵州茅台、华大基因这 3 只股票的收盘价趋势图（图 6-7）。

```
➡ fig=plt.figure()
ax1=fig.add_subplot(311)
ax2=fig.add_subplot(312)
```

```
ax3=fig.add_subplot(313)
ax1.plot(huada_df['close'])
ax1.set_title('华大基因')
ax2.plot(ningde_df['close'])
ax2.set_title('宁德时代')
ax3.plot(maotai_df['close'])
ax3.set_title('贵州茅台')
plt.tight_layout()
plt.ylabel('收盘价(元)')
plt.show()
```

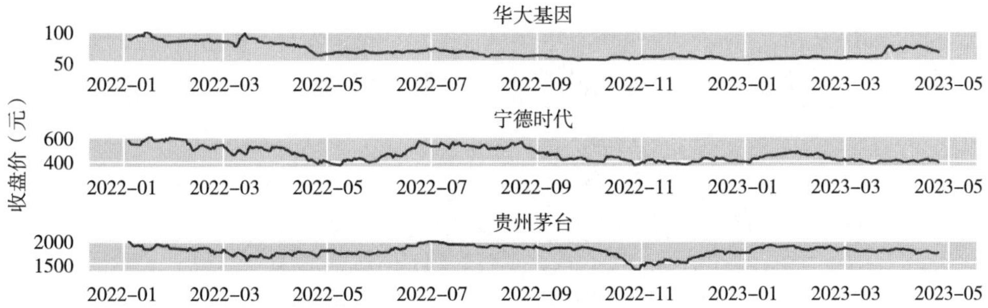

图 6-7　宁德时代、贵州茅台、华大基因的收盘价走势

或者合并子图，输出在一张视图里（图 6-8）。

```
plt.plot(ningde_df.close,label='宁德时代',linewidth=1)
plt.plot(huada_df.close,label='华大基因',color='black',linestyle='-.')
plt.plot(maotai_df.close,label='贵州茅台')
plt.title('2020—2023 华大基因/宁德时代/贵州茅台收盘价走势')
plt.ylabel('收盘价(元)')
plt.legend()
plt.show()
```

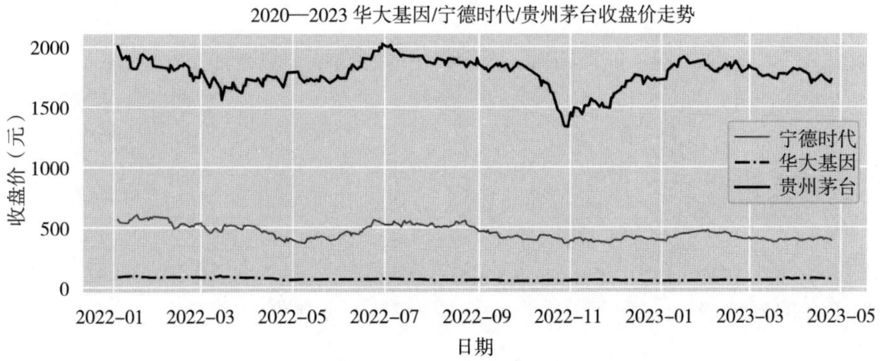

图 6-8　华大基因、宁德时代、贵州茅台收盘价走势

6.6.3 多只股票收益

计算多只股票的收益与计算单只股票一样简单。

结合上节的介绍，通过以下代码，我们可以得到华大基因、宁德时代、贵州茅台这三只股票的每日收益和每日累计收益。

```
➡ ningde_dReturn   =ningde_df['close'].pct_change()        # 宁德时代
ningde_cReturns=(ningde_dReturn+1).cumprod()
maotai_dReturn   =maotai_df['close'].pct_change()        # 贵州茅台
maotai_cReturns=(maotai_dReturn+1).cumprod()
huada_dReturn   =huada_df['close'].pct_change()          # 华大基因
huada_cReturns=(huada_dReturn+1).cumprod()
```

并绘制如图 6-9 所示的 2020—2023 年华大基因、中国平安、贵州茅台的每日累计收益图。可以看到，相对来说，自 2020 年以来，贵州茅台的每日累计收益是这三只股票中最好的。

```
➡ plt.plot(ningde_cReturns,label='宁德时代',linewidth=1)
plt.plot(maotai_cReturns,label='贵州茅台',linewidth=1)
plt.plot(huada_cReturns,label='华大基因',linewidth=1)
plt.title('2020—2023 华大基因/宁德时代/贵州茅台每日累计收益')
plt.legend()
plt.show()
```

➥

图 6-9　华大基因、宁德时代、贵州茅台每日累计收益

实践与练习

分别使用 qs. get_price（ ）和 qs. get_data（ ）函数获取上证 50 中的任意一只股票的收盘价历史数据（时间段任意），并计算日收益、绘制股票收盘价的走势图。

我们再以中国平安、中国人保、中国银行和建设银行为例进行日收益和月收益的计算。

首先获取多只股票的收盘价。

```
➡ code_list=['中国平安','中国人保','中国银行','建设银行']
  stocks_close=qs.get_price(code_list,start='20200101',
                           end='20230110',freq='d')
➡ stocks_close.to_csv('../dataFiles/stocks_close.csv')
  stocks_close=pd.read_csv('../dataFiles/stocks_close.csv',
                          index_col='date',parse_dates=True)
➡ stocks_close.head()
↪              建设银行    中国银行    中国人保    中国平安
  date
  2020-01-02   6.30       3.11       7.30       79.32
  2020-01-03   6.30       3.10       7.32       79.40
  2020-01-06   6.23       3.08       7.24       78.80
  2020-01-07   6.22       3.11       7.30       79.35
  2020-01-08   6.13       3.08       7.11       78.20
```

代码中的 freq='d'表示以日为频率输出数据。另外，我们也可以尝试使用 freq='m'以月为频率输出数据。

①多只股票的日收益

前面我们介绍了计算单只股票的收益，计算多只股票的收益与计算单只股票基本一样。多只股票的日收益计算如下。

```
➡ stocks_dReturns=stocks_close.pct_change()
  stocks_dReturns.head()
↪              建设银行     中国银行     中国人保     中国平安
  date
  2020-01-02   NaN         NaN         NaN         NaN
  2020-01-03   0.000000    -0.003215   0.002740    0.001009
  2020-01-06   -0.011111   -0.006452   -0.010929   -0.007557
  2020-01-07   -0.001605   0.009740    0.008287    0.006980
  2020-01-08   -0.014469   -0.009646   -0.026027   -0.014493
```

可以使用 dropna（）函数删除缺失值。

```
➡ stocks_dReturns=stocks_close.pct_change().dropna()
  stocks_dReturns.head()
↪              中国银行     中国人保     建设银行     中国平安
  date
  2020-01-03   -0.003215   0.002740    0.000000    0.001009
  2020-01-06   -0.006452   -0.010929   -0.011111   -0.007557
  2020-01-07   0.009740    0.00828     7-0.001605  0.006980
  2020-01-08   -0.009646   -0.026027   -0.014469   -0.014493
  2020-01-09   0.000000    0.009845    0.003263    0.000512
```

②多只股票的月收益

多只股票的月收益计算如下。

```
stocks_mReturns=stocks_close.resample('M').ffill().pct_change()
stocks_mReturns.head()
```

```
             建设银行      中国银行      中国人保      中国平安
date
2020-01-31   NaN          NaN          NaN          NaN
2020-02-29   -0.078859    -0.020000    -0.071848    -0.075238
2020-03-31   -0.029144    -0.023810    -0.074250    -0.120558
2020-04-30   0.016886     0.000000     0.008532     0.084816
2020-05-31   -0.011070    -0.010453    -0.023689    -0.036210
```

可以使用 dropna（ ）函数删除缺失值。

```
stocks_dReturns=stocks_dReturns.dropna()
stocks_mReturns=stocks_mReturns.dropna()
```

实践与练习

分别使用 qs.get_price（ ）和 qs.get_data（ ）函数获取沪深 300 中的任意三只股票的收盘价历史数据（时间段任意），并计算月收益、绘制月收益的走势图。

6.7 蒙特卡洛模拟

蒙特卡洛模拟可以用来模拟一个过程中不同结果的概率，由于随机变量的介入，这个过程不容易被预测。它是一种用于了解风险和不确定性影响的技术。蒙特卡洛模拟也被认为是一种用于预测随机变量潜力时各种结果的概率的模型，其有助于解释、预测和预报模型中风险和不确定性的影响。蒙特卡洛模拟需要给一个不确定的变量分配多个值，以获得多个结果，然后对结果进行平均，以获得一个估计值。

蒙特卡洛模拟在受随机变量困扰的领域有大量的应用，特别是在商业和投资领域，其被用来估计大型项目成本超支的概率和资产价格以某种方式变动的可能性。金融分析人员也使用蒙特卡洛模拟来评估实体违约的风险，并分析期权等衍生品。

蒙特卡洛模拟承认任何模拟技术都有一个问题，即由于受随机变量的干扰，不同结果的概率不能被准确地确定。因此，蒙特卡洛模拟的重点是不断重复的随机样本。蒙特卡洛模拟采用具有不确定性的变量，并为其分配一个随机值，然后运行模型并提供一个结果。这个过程会反复进行，同时给有关变量分配许多不同的值。一旦模拟完成，就对结果进行平均，以得出一个估计值。

Python 可以用来创建蒙特卡洛模拟，估计股票或其他资产的可能价格变动。一项资产的价格运动有两个组成部分：一是漂移，即其恒定的方向性运动；二是随机输入，即代表市场波动性。通过分析历史价格数据，我们可以确定一个证券的漂移、标准差、方差和平均价格运动。这些都是蒙特卡洛模拟的组成部分。

6.7.1 模拟步骤

为了预测一个可能的价格轨迹，我们使用资产的历史价格数据，用自然对数生成一系列周期性的每日收益。

$$pdr = \ln\left(\frac{p_{t0}}{p_{t-1}}\right)$$

上式中，pdr 为周期性的每日收益，p_{t0} 为今日的股价，p_{t-1} 为前一日的股价。需要注意的是，此公式与通常的百分比变化公式不同。

（1）漂移

接下来，对结果序列使用 AVERAGE、STDEV 和 VAR 函数，分别计算日平均收益率、标准差和方差。

$$drift = R_{average\ daily} - \frac{var}{2}$$

上式中，$R_{average\ daily}$ 为日平均收益率。漂移（$drift$）可以设置为 0，这种选择反映了某种理论取向，但差别不会很大，至少对于较短的时间框架来说是这样。

（2）随机数

我们还需要获得一个随机数。

$$randomvalue$$

进而得到后一日的股价方程式。

$$p_{t1} = p_{t0} \times e^{(drift + randomvalue)}$$

我们可以通过重复计算 $e^{(drift+randomvalue)}$ 的次数，实现对资产未来价格走势的模拟。通过生成任意数量的模拟，我们可以估计一个证券的价格将遵循一个特定轨迹的概率。

（3）结果解释

这种模拟产生的不同结果的频率将形成一个正态分布曲线。最有可能的收益率在曲线的中间。实际收益率在最可能“预期”的一个标准差之内的概率是 68%，在两个标准差内的概率是 95%，在三个标准差内的概率是 99%。但是，这仍然不能保证最可能“预期”的结果会发生，也不能保证实际变动不会超过预测。应该指出的是，蒙特卡洛模拟忽略了价格运动中的很多其他因素，如宏观趋势、企业领导力、市场炒作和周期性等。换句话说，蒙特卡洛模拟是在一个完全有效的市场假设下进行的。

蒙特卡洛模拟可以用来估计某种收益的概率。因此，其被投资者和金融分析人员广泛用于评估投资的可能性。一些常见的用途包括为股票期权定价、在每一个可能的变量下跟踪相关资产的潜在价格变动以及投资组合评估。一些替代性的投资组合可以使用蒙特卡洛模拟进行测试，以得出比较风险的衡量标准。此外，蒙特卡洛模拟还可以用于评估固定收益投资、计算短期利率的变化对固定利率投资的影响等。

下面，我们以三一重工的股价为例，使用蒙特卡洛模拟方法，尝试实现使用 Python 预测股票未来价格。

6.7.2 预测股票价格

首先，获取三一重工 2010 年 1 月至 2022 年 12 月的历史股票数据。

```
➡ import math
  import matplotlib.pyplot as plt
  import numpy as np
➡ sanyi_close=pd.read_csv('../dataFiles/sanyi_close.csv',
                                  index_col='date',parse_dates=True)
  sanyi_close
```

```
➥              close
   date
   2010-01-04    4.94
   2010-01-05    4.95
   2010-01-06    5.16
   2010-01-07    5.08
   2010-01-08    4.94
   …             …
   2022-12-26    16.21
   2022-12-27    16.18
   2022-12-28    15.84
   2022-12-29    15.66
   2022-12-30    15.80
   3146 rows×1 columns
```

数据具备了，我们查看一下数据集是否存在缺失值。

（1）检测缺失值

isnull（ ）函数可以帮助我们完成缺失值的检验。

```
➡ print(sanyi_close.isnull().sum())
➥ close    0
  dtype:int64
```

输出结果显示，close 列不存在缺失值。

（2）描述统计

describe（ ）函数可以帮助我们更好地了解数据集特征。

```
➡ sanyi_close.describe()
➥        close
  count  3146.000000
  mean   10.803913
  std    7.865593
  min    2.460000
  25%    5.030000
  50%    7.580000
  75%    14.560000
  max    46.880000
```

输出结果显示，数据集共 3146 条数据、均值为 10.8 元、标准差为 7.8 元、最大值为 46.8 元、最小值为 2.46 元。

（3）年化增长率

接下来，我们计算复合年化增长率（Compound Annualised Growth Rate，CAGR），这里，需要对增长率进行年度化处理。Python 语句如下。

```
➡ growth=(sanyi_close['close'][-1]/sanyi_close['close'][1])
  print(round(growth,0))
➥ 3.0
```

```
➡ daysNumber=len(sanyi_close['close'])          # 返回交易日数
  yearsNumber=daysNumber/365                     # 日数转为年数
  print(round(yearsNumber,3))
↪ 8.619
```

以下代码实现增长率年度化。

```
➡ CAGR=growth**(1/yearsNumber)-1
  print(round(CAGR,3))
↪ 0.144
```

(4) 标准差

现在我们有了上面的年化增长率。我们还需要计算一下标准差，即每日价格波动情况。

```
➡ stdDev=sanyi_close['close'].pct_change().std()
  print(round(stdDev,3))
↪ 0.032
```

虽然一年有 365 日，但按照沪深股市交易的规定，除去周六、周日和劳动节、国庆节、元旦、中秋节、春节等法定节假日，通常一年中股市共有 250 个交易日，我们需要用一个年化系数来进行调整。

```
➡ tradingDays=250
  stdDev=stdDev*math.sqrt(tradingDays)
  print(round(stdDev,4))
↪ 0.5136
```

下面还需要产生随机数植入模型。

(5) 生成随机数

使用 NumPy 为 1 年的交易（250 日）生成随机数，并假设其为正态分布。进而计算每日收益率（Daily Return Percentages）。

```
➡ DRP=np.random.normal(CAGR/tradingDays,
          stdDev/math.sqrt(tradingDays),
             tradingDays)+1
```

现在，我们已经创建了一个未来每日收益率的随机系列，我们可以简单地将这些前瞻性结果应用于我们数据集中的最后一个股票价格，进而有效地结转下一年的价格预测。这个过程也被称为“随机漫步（Random Walk，RW）”。我们还可以绘制出股票价格的随机漫步（图 6-10）。

```
➡ RW=[sanyi_close['close'][-1]]
  for j in DRP:
     RW.append(RW[-1]*j)
  plt.plot(RW)
  plt.show()
↪
```

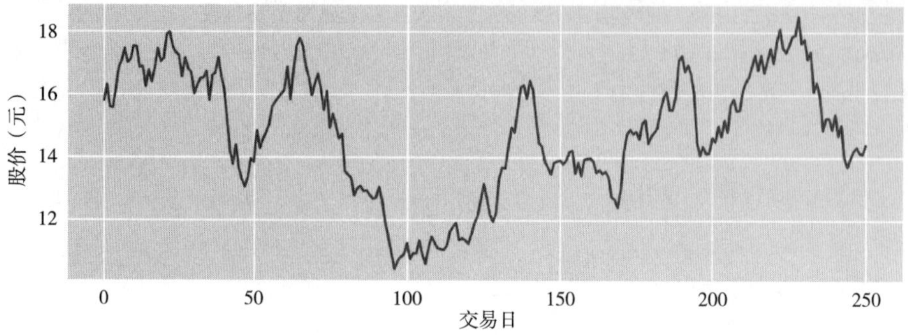

图 6-10 股票价格的随机漫步

现在已经创建了一个单一的随机漫步。我们可以在一个大的样本量上模拟这个过程即模拟 100 次，以得到一个更好的真实预期分布的感觉。

为了更好地观察和比较随机漫步次数增加所带来的变化，我们先进行 3 次（图 6-11），进而增加到 10 次，再扩大至 100 次。

```
rwNumber=3
pricesClose=[]
for i in range(rwNumber):
    DRP=np.random.normal(CAGR/tradingDays,
                         stdDev/math.sqrt(tradingDays),
                         tradingDays)+1
    RW=[sanyi_close['close'][-1]]
    # 推算明年价格
    for j in DRP:
        RW.append(RW[-1]* j)
    pricesClose.append(RW[-1])
    plt.plot(RW)
plt.show()
```

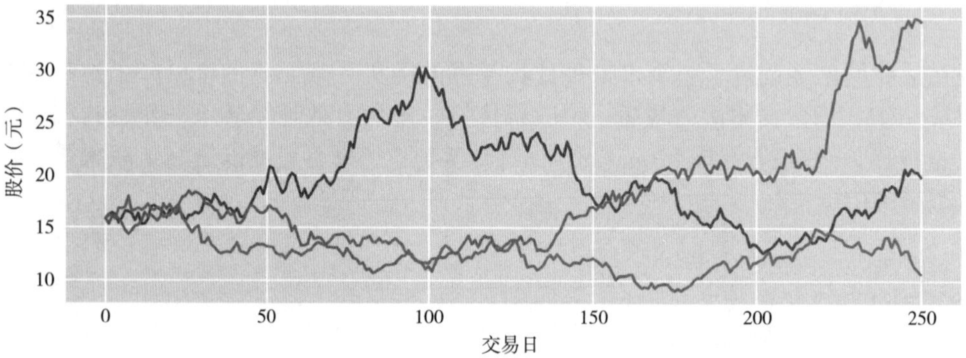

图 6-11 次数为 3 的随机漫步

rwNumber 的值设置为 10 时，输出结果如图 6-12 所示。

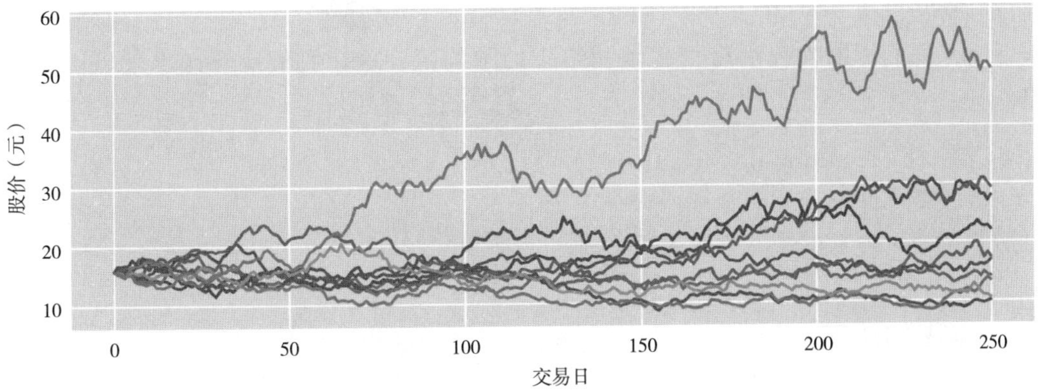

图 6-12　次数为 10 的随机漫步

rwNumber=100 的输出结果如图 6-13 所示。

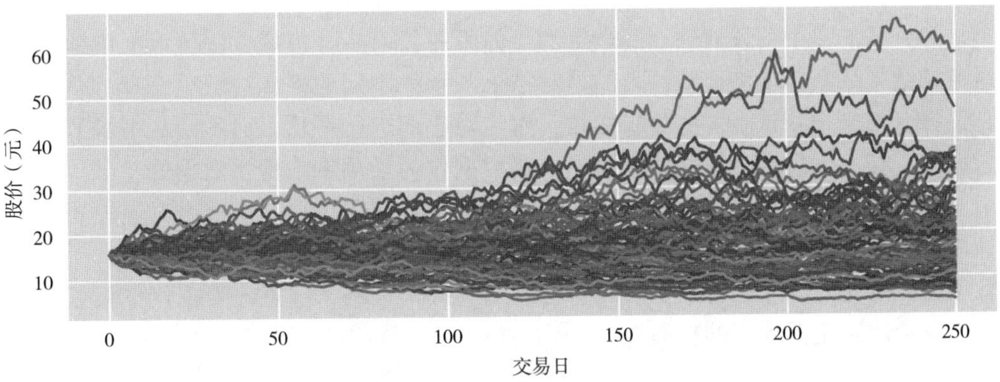

图 6-13　次数为 100 的随机漫步

最后，我们还可以绘制直方图（图 6-14）。

```
plt.hist(pricesClose,bins=40)
plt.show()
```

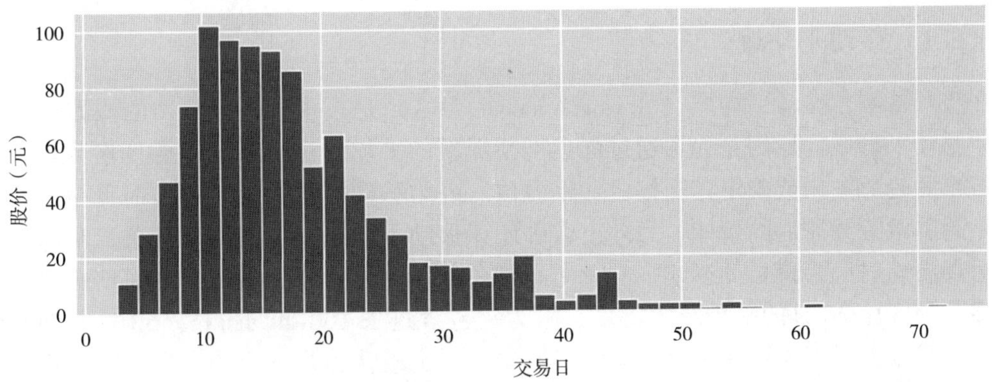

图 6-14　直方图

（6）分析结果

下面，我们可以检查所有价格预测结果的平均值，这让我们能够得出最可能的未来价格。

```
➡ meanPrice=round(np.mean(pricesClose),2)
  print('预期价格:',str(meanPrice))
↳ 预期价格:18.04
```

实践与练习

求出模拟次数为 10、100、1000 和 10000 的预测未来价格，并进行比较。

6.7.3 优势和劣势

蒙特卡洛模拟是用来帮助投资者估计某项投资出现收益或损失的可能性，克服其他估计可能结果的方法的一个明显的缺点而产生的。但没有任何一种模拟方法可以准确地指出一个不可避免的结果。蒙特卡洛模拟的目的是对结果与预测不同的概率进行更合理的估计。不同的是，蒙特卡洛模拟测试了一些随机变量，然后对它们进行平均，而不是从平均开始。像任何金融模拟一样，蒙特卡洛模拟使用历史价格数据作为预测未来价格数据的基础。然后，它通过引入随机变量来打乱这一模式。最后，它对这些数字进行平均，得出对该模式在现实生活中被破坏的风险的估计。

除了历史变化之外，还有很多的因素会影响到股票价格。这意味着，仅仅根据蒙特卡洛模拟做出投资决定是不妥当的！

实践与练习

从沪深 300 中任意选择一只股票，使用蒙特卡洛模拟预测未来股价波动情况。

6.8 技术指标预测

6.8.1 移动平均线

在金融领域，移动平均线（Moving Average，MA）是技术分析中常用的股票指标。计算股票移动平均线的原因是为了通过创建不断更新的平均价格来帮助平滑价格数据。以便识别股票的趋势方向或确定其支撑位和阻力位。因为移动平均线基于过去的价格，所以它是一个趋势跟踪或滞后的指标。另外，通过计算移动平均线，也可以减轻指定时间范围内随机短期波动对股票价格的影响。移动平均线的周期越长，滞后越大。100 日的移动平均线的滞后程度比 20 日的平均线大得多，因为它包含过去 100 日的价格。50 日和 200 日的移动平均线数据受到投资者和交易者的广泛关注，也被认为是重要的交易信号。投资者可以根据其交易目标选择不同周期来计算移动平均线。较短的移动平均线通常用于短期交易，而长期移动平均线更适合长期投资者。虽然不可能预测特定股票的未来走势，但使用技术分析和研究可以帮助分析人员做出更好的预测。上升的移动平均线表明股票处于上升趋势，而下降的移动平均线表明它处于下降趋势。同样，向上移动通过看涨交叉得到证实，当短期移动平均线穿过长期移动平均线上方时，就会发生这种情况。相反，下跌势头通过看跌交叉得到证实，当短期移动平均线穿过长期移动平均线下方时，就会发生这种情况。

在处理金融数据时，每天的数据可能是相当“嘈杂”的。为了解决这个问题，我们可以使用移动平均数来生成一个关于数据总体趋势的信号。Pandas 的内置方法可以创建一个基于给定时间段的移动平均值。

我们仍以三一重工为例，首先导入数据。

```
sanyi_df=pd.read_csv('../dataFiles/sanyi.csv',
                     index_col='date',parse_dates=True)
sanyi_df
```

```
            open   high   low    close  volume  turnover_rate
date
2010-01-04  5.03   5.04   4.88   4.94   61694   0.41
2010-01-05  4.94   5.00   4.81   4.95   75582   0.51
2010-01-06  4.95   5.43   4.89   5.16   128889  0.87
…           …      …      …      …      …       …
2022-12-30  15.70  16.13  15.70  15.80  432576  0.51
```

然后绘制三一重工股价的每日数据（图 6-15）。

```
from matplotlib import pyplot as plt
plt.plot(sanyi_df['close'])
plt.grid()
plt.show()
```

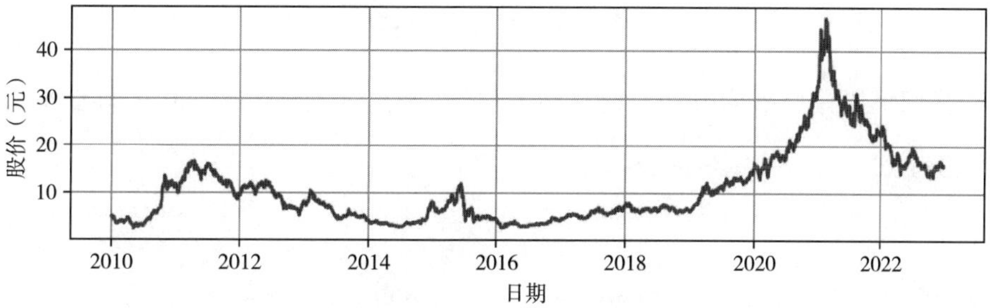

图 6-15　三一重工股价的每日数据

我们还可以使用其他可视化方法。比如，我们希望能够动态观察股价，我们还可以导入 plotly，它是一个比较受欢迎的动态数据可视化工具。

```
import numpy as np
import pandas as pd
import plotly.graph_objects as go
%matplotlib inline
```

观察三一重工股价数据集的列。

```
➡ sanyi_df=pd.read_csv('../dataFiles/sanyi.csv',
                        index_col='date',parse_dates=True)
  sanyi_df.columns
↪ Index(['name','code','open','high','low','close','volume',
        'turnover','turnover_rate'],dtype='object')
```

使用 plotly.graph_objects 输出的视图在浏览器中可以使用鼠标定位得到相应数据。相较于 matplotlib 绘图，其具备了动态效果（图 6-16）。使用 go.Figure（ ）函数可使视图提供更多交互信息。详细方法可参考 Plotly 官网的内容。

```
➡ fig=go.Figure()
  fig.add_trace(go.Scatter(x=sanyi_df.index,y=sanyi_df.close,
                name='close'))
  fig.update_layout(title='三一重工股价',xaxis_title='日期',yaxis_title='股价(元)')
  fig.show()
↪
```

图 6-16　三一重工股价

现在，我们可以按周平均方法获得移动平均数，或者整体 DataFrame 的移动平均数。

```
➡ sanyi_df.rolling(5).mean().head()
↪             open   high   low    close  volume   turnover_rate
  date
  2010-01-04  NaN    NaN    NaN    NaN    NaN      NaN
  2010-01-05  NaN    NaN    NaN    NaN    NaN      NaN
  2010-01-06  NaN    NaN    NaN    NaN    NaN      NaN
  2010-01-07  NaN    NaN    NaN    NaN    NaN      NaN
  2010-01-08  5.032  5.176  4.876  5.014  96885.0  0.652
```

通过与 sanyi_df 数据集的对比，可以看到前 4 行的值为空，而第 5 行的值是前 4 行的平均值。

现在，我们绘制 close 列的 3 日移动平均线（图 6-17）。

```
sanyi_df['close'].plot()
sanyi_df.rolling(5).mean()['close'].plot(linestyle='--')
plt.grid()
```

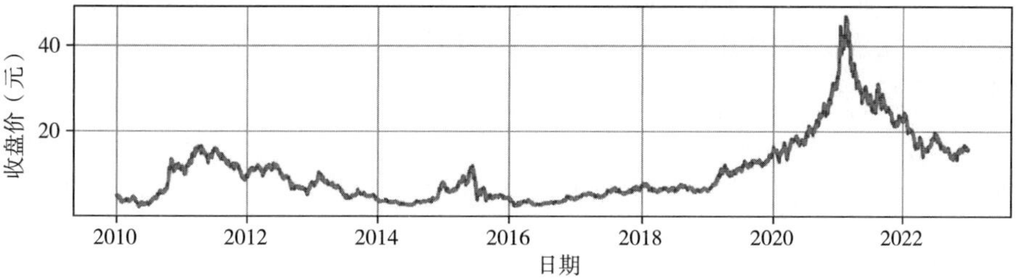

图 6-17　3 日移动平均线

由于数据过于密集，不太容易看到平移的区别，我们切片取 100 个数据放大观察（图 6-18）。

```
df_100=sanyi_df[-100:]
df_100['close'].plot(style='--')
df_100.rolling(5).mean()['close'].plot(figsize=(9,3))
plt.grid()
```

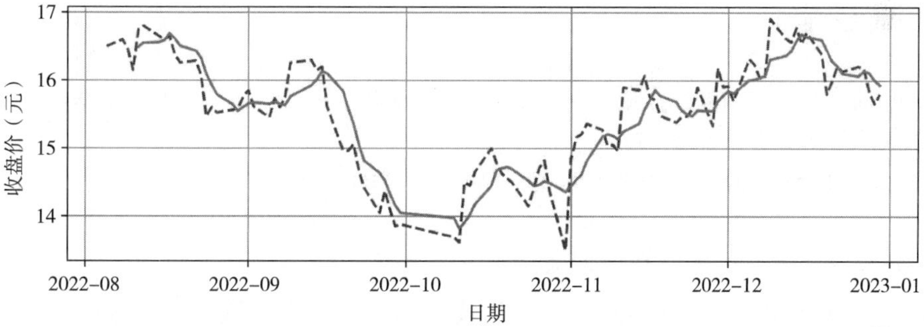

图 6-18　放大 3 日移动平均线

上图中的虚线是价格线，实线是 3 天的移动价格，实线相较于虚线要更加平滑。

移动平均线可以用不同的方式计算。如 5 日简单移动平均线（SMA）是将最近 5 天的收盘价相加，然后将该数字除以 5 并为每日创建一个新的平均线。每个平均值都连接到下一个平均值，从而创建平均移动线。

另一种移动平均线类型是指数移动平均线（EMA）。EMA 的计算略显复杂，因为它对最新价格应用了更多的权重。如果在同一张图表上绘制 50 日 SMA 和 50 日 EMA，我们会注意到 EMA 对价格变化的反应比 SMA 更快，因为最新价格数据获得了额外权重。

6.8.2　投资时机

（1）150 日 SMA

150 日简单移动平均线（SMA）是投资者用来分析价格趋势的流行技术指标。其采用的是某股票在过去 150 日内的平均收盘价。表面上看，似乎 150 日移动平均线越高，市场就越看涨（反之，越低越看跌）。然而，在实践中，情况恰恰相反。极高的 150 日移动平均线读数也可能是一个警告，即市场可能很快就会转向下行。高读数表明交易员过于乐观。同时，非常低的读数表示相反的情况，即空头处于优势地位，触底即将到来。移动平均线越短，投资者就会越早看到市场变化。150 日移动平均线被认为是技术上健康的股票和不健康的股票之间的分界线，高于 150 日移动平均线的股票百分比有助于确定市场的整体健康状况。

说明与解释

150 日移动平均线计算公式：[（第 1 日+第 2 日+第 3 日+…+第 149 日+第 150 日）/150]

（2）200 日 SMA

200 日简单移动平均线（SMA）被认为是一个至关重要的趋势指标，其涵盖大约 40 周的交易，通常用于股票交易以确定一般市场趋势。只要股票价格在每日时间范围内保持在 200 日 SMA 上方，则该股票通常被认为处于整体上升趋势中。我们可以观察 50 日 SMA 穿越到 200 日 SMA 上行的事件确定所谓的“黄金交叉（Gold Cross）”，其预示着股票、指数或其他投资即将出现牛市。相反，如果 50 日 SMA 穿越到 200 日 SMA 下行的事件确定所谓的“死亡交叉（Death Cross）”，其预示着股票、指数或其他投资即将出现熊市。

说明与解释

200 日移动平均线计算公式：[（第 1 日+第 2 日+第 3 日+…+第 199 日+第 200 日）/200]

当有下降趋势时，50 日移动平均线将低于 200 日移动平均线；当有上升趋势时，50 日移动平均线将高于 200 日移动平均线。

高于 50 日移动平均线的股价通常被认为是看涨的，低于 50 日移动平均线的股价通常被认为是看跌的。如果价格向下突破 50 日平均线，则被认为是看跌的；如果价格向上突破 50 日平均线，则被认为是看涨的。

（3）52 周低点

52 周的数据点包括股票在过去 52 周（过去一年间）内交易的最低和最高价格。投资者可以使用这些信息作为他们选择投资特定股票在一年中可能必须承受多少波动和风险的代表。使用此范围数据，结合趋势观察，以了解交易机会。假设去年一只股票的交易价格高达 100 元，低至 50 元，目前交易价格为 70 元。这意味着该股的交易价格比其 52 周高点（1-（70/100）= 0. 30 或 30%）低 30%。

（4）相对强弱指数

相对强弱指数（*RSI*）是交易者常用的技术指标，用于评估股票是超买还是超卖。公式如下。

$$RS = \frac{gain_{avg}}{loss_{avg}}$$

$$RSI = 100 - \frac{100}{1 + RS}$$

要计算 *RSI*，我们首先需要计算平均收益（$gain_{avg}$）和平均损失（$loss_{avg}$）。为此，我们需要查看给定时间段（通常为 14 日）内的股票价格。对于该期间的每一天，我们计算与前一天相比的价格变化。如果股票价格上涨，则将收益添加到总收益变量中。如果股票价格下跌，则将损失添加到总损失变量中。完成所有 14 日的任务后，我们将总收益除以 14，然后将总损失除以 14。下一步是将平均收益除以平均损失计算相对强度 *RS*。最后，将 *RS* 值代入 *RSI* 计算公式以获得最终结果。*RSI* 的结果数字将在 0 到 100 之间。在 14 日的 *RSI* 期间，如果 *RSI* 等于或大于 70，则意味着理论上该股票超买。此外，价格上涨趋势可能会逆转，如果交易者不卖出，可能会导致损失。如果 *RSI* 等于或小于 30，这意味着股票超卖，将导致潜在的价格下降趋势逆转上行，如果交易者买入，则可能会导致产生利润。

6.8.3　SMA 交易信号

简单移动平均线（SMA）是通过计算一段时间内价格平均值来平滑股价图的指标。这将使我们能够更好地可视化趋势方向（向上或向下）。

SMA 的计算公式如下。

$$SMA = \frac{\sum_{i}^{N} close(i)}{N}$$

下面，我们尝试使用 Python 实现这个过程。

SMA 还可以用于计算标的股票在给定时间段内的“收盘价”平均值。例如。SMA50 为计算过去 50 日的收盘价平均值。通常，短期均线（Short SMA）是指 50 日 SMA。长期均线（Long SMA）是指 200 日 SMA。

说明与解释

基本的 SMA 交易策略

买入股票信号：如果短期（快速）均线>长期（慢速）均线。

卖出股票信号：如果短期（快速）均线<长期（慢速）均线。

```
# 计算短期均线
sanyi_df['SMA50']=sanyi_df['close'].rolling(50).mean()
# 计算长期均线
sanyi_df['SMA200']=sanyi_df['close'].rolling(200).mean()
sanyi_df=sanyi_df.dropna()    # 删除缺失值
```

```
sanyi_df.head()
```

```
              open   high   low    close  SMA50   SMA200
date
2010-11-10    12.69  12.69  11.98  12.35  8.1422  4.93720
2010-11-11    12.16  12.88  12.05  12.47  8.2874  4.97485
2010-11-12    12.39  12.39  11.32  11.48  8.4068  5.00750
2010-11-15    11.48  12.03  11.33  12.01  8.5362  5.04175
2010-11-16    12.05  12.08  11.15  11.27  8.6562  5.07270
```

接着，我们将 SMA50 与 SMA200 的每日收盘价趋势图绘制出来（图 6-19）。

```
fig_SMA=go.Figure()
fig_SMA.add_trace(go.Scatter(x=sanyi_df.index,
                             y=sanyi_df.close,name='close'))
fig_SMA.add_trace(go.Scatter(x=sanyi_df.index,
                             y=sanyi_df.SMA50,name='SMA50'))
fig_SMA.add_trace(go.Scatter(x=sanyi_df.index,
                             y=sanyi_df.SMA200,name='SMA200'))
fig_SMA.update_layout(title='三一重工历史股价与 SMA',
                      xaxis_title='日期',
                      yaxis_title='收盘价(元)')
fig_SMA.show()
```

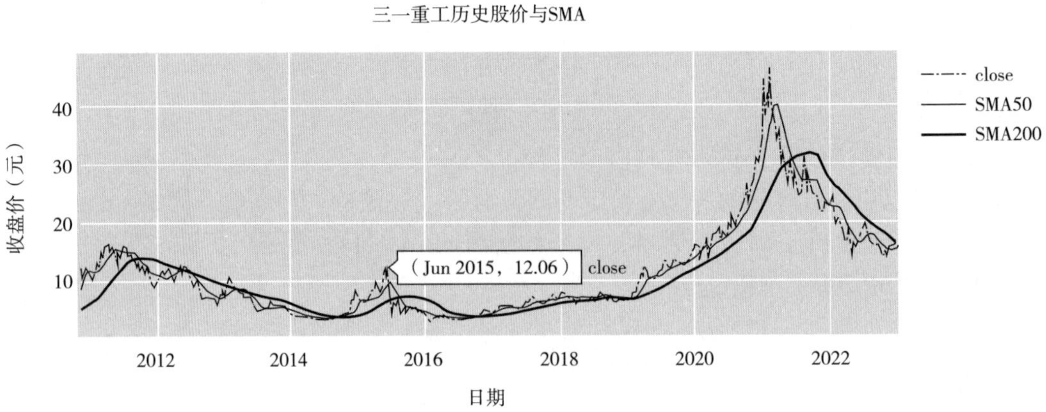

图 6-19　三一重工历史股价与 SMA

（1）生成信号

根据上面介绍的 SMA 交易策略，如果短期均线大于长期均线，则发出“买入”信号记为“1”，否则发出“卖出”信号记为“0”。我们可以使用 Plotly 的放大功能观察“买入”与“卖出”的细节（图 6-20）。

```
sanyi_df['sigSMA']=np.where(sanyi_df['SMA50']>sanyi_df['SMA200'],1.0,0.0)
sanyi_df['posiSMA']=sanyi_df['sigSMA'].diff()
sanyi_df.head()
```

```
            close   SMA_50   SMA_200   Signal_SMA   Position_SMA
date
2010-11-10  12.35   8.1422   4.93720   1.0          NaN
2010-11-11  12.47   8.2874   4.97485   1.0          0.0
2010-11-12  11.48   8.4068   5.00750   1.0          0.0
2010-11-15  12.01   8.5362   5.04175   1.0          0.0
2010-11-16  11.27   8.6562   5.07270   1.0          0.0
```

```
fig_SMA.add_trace(go.Scatter(mode='markers',name='买入',
                             x=sanyi_df[sanyi_df['posiSMA']==1].index,
```

```
                        y=sanyi_df[sanyi_df['posiSMA']==1].SMA50,
                        marker=dict(color='green',size=15,
                        symbol='triangle-up')))
fig_SMA.add_trace(go.Scatter(mode='markers',name='卖出',
                        x=sanyi_df[sanyi_df['posiSMA']==-1].index,
                        y=sanyi_df[sanyi_df['posiSMA']==-1].SMA200,
                        marker=dict(color='red',size=15,
                        symbol='triangle-down')))
```

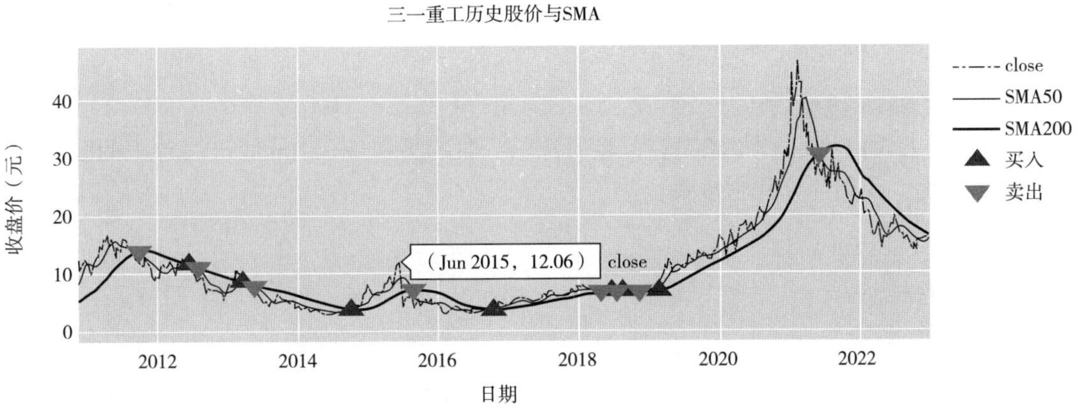

图 6-20　附带生成信号的三一重工历史股价与 SMA

从图 6-21 可以看到，短期均线（SMA50）向上穿过长期均线（SMA200）时（即所谓的黄金交叉，Golden Cross），显示“买入”，用▲信号提示。

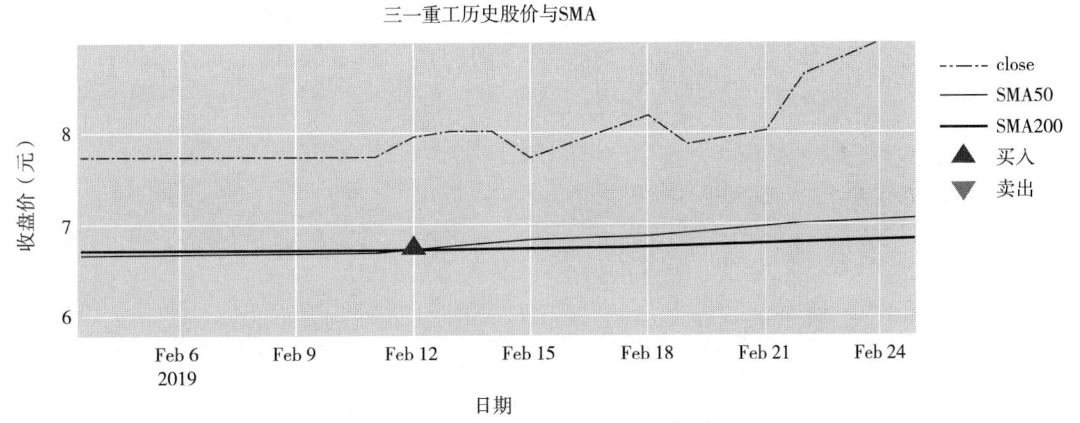

图 6-21　买入信号

相反，短期均线（SMA50）向下穿过长期均线（SMA200）时（即所谓的死亡交叉，Death Cross），显示“卖出”，用▼信号提示（图 6-22）。

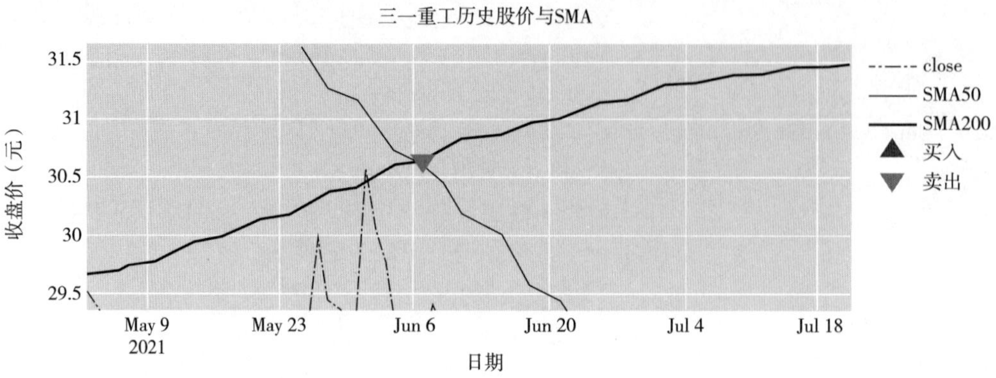

图 6-22　卖出信号

（2）测试 SMA 策略

假如，使用 SMA 的总体策略是在产生看涨信号时购买和持有 100 股三一重工的股票，并在 60 日后出售，我们计算其收益率。

```
➡ sanyi_df['posiSMA'].value_counts()
⮩ 0.0    2931
 -1.0    8
  1.0    7
  Name:posiSMA,dtype:int64
➡ sanyi_df.columns.get_loc('posiSMA')
⮩ 12
➡ sanyi_df.columns.get_loc('close')
⮩ 5
➡ buyAmt=0
  sellAmt=0
  buyDates=np.array([])
  for i in range(sanyi_df.shape[0]):
      if sanyi_df.iloc[i,8]==1:
          buyAmt=buyAmt+sanyi_df.iloc[i,3]*100
          buyDates=np.append(buyDates,i)
  print('投资总金额:',buyAmt)
  for i in range(sanyi_df.shape[0]):
      for j in buyDates:
          if i==j:
              if(int(j)+60<sanyi_df.shape[0]):
                  sellAmt=sellAmt+sanyi_df.iloc[int(j+60),3]*100
              else:
                  sellAmt=sellAmt+sanyi_df.iloc[int(j+1),3]*100
  totalSMA=sellAmt-buyAmt
  print('累计总收益:',totalSMA)
  print('收益率:',(sellAmt/buyAmt)*100,'%')
⮩ 投资总金额:16403.0
  累计总收益:-216.0
```

```
收益率:98.68316771322318%
```

输出结果表明，此策略并没有产生正的收益，这意味着我们需要继续调整。

6.8.4　指数移动平均线

下面，我们在已有数据的基础上尝试添加指数移动平均线（EMA）。

我们以中国银行的数据为例，利用 Pandas 提供的 ta.ema（）函数添加指数移动平均线。

```
➡ pip install pandas_ta                    # pandas_ta 库安装
➡ import pandas_ta
  boc_close=pd.read_csv('../dataFiles/boc_close.csv')
  boc_close.ta.ema(close='中国银行',length=10,append=True)
  boc_close
↳        date        中国银行    EMA_10
  0      2020-01-02  3.11        NaN
  1      2020-01-03  3.10        NaN
  2      2020-01-06  3.08        NaN
  3      2020-01-07  3.11        NaN
  4      2020-01-08  3.08        NaN
  …      …           …           …
  729    2023-01-04  3.20        3.157696
  730    2023-01-05  3.20        3.165387
  731    2023-01-06  3.21        3.173499
  732    2023-01-09  3.19        3.176499
  733    2023-01-10  3.18        3.177136
  734 rows×3 columns
➡ bocCloseEma=boc_close.rename(columns={'中国银行':'close'})
  bocCloseEma.head(10)
↳     date        close    EMA_10
  0   2020-01-02  3.11     NaN
  1   2020-01-03  3.10     NaN
  2   2020-01-06  3.08     NaN
  3   2020-01-07  3.11     NaN
  4   2020-01-08  3.08     NaN
  5   2020-01-09  3.08     NaN
  6   2020-01-10  3.08     NaN
  7   2020-01-13  3.09     NaN
  8   2020-01-14  3.08     NaN
  9   2020-01-15  3.06     3.087
```

从上面的输出结果可以看到，数据中现在有一个新列，名为 EMA_10 代表 10 日内计算出来的指数移动平均线。另外，在数据结果中前 9 个条目是 NaN，这是因为没有可以计算 EMA 的收益值。

提示与注意

rename（ ）函数

如果我们觉得 boc_close_ema_pd 中的“中国银行”的列名有必要更改为“close”，可以使用 rename（ ）函数并通过以下语句完成。

bocCloseEma=boc_close_ema_pd. rename(columns={'中国银行'：'close'})

我们需要处理好 NaN 问题。我们可以采取多种方法来替换数据中的 NaN 值。这些方法包括“添零”“系列的平均值”“从下一个可用的数据中回填”等。所有这些方法都是为了用一些“非真实”数值来替换 NaN 值。当然，我们也可以删除含有 NaN 值的行。处理好 NaN 问题后，我们就可以开发回归模型，观察 EMA 在预测股票价格方面的效果。

首先，让我们进行可视化操作，以了解 EMA 值与调整后的收盘价的关系（图 6-23）。

```
plt.plot(bocCloseEma.close,label='收盘价',color='# CD9B1D')
plt.plot(bocCloseEma.EMA_10,label='10 日指数移动平均线')
plt.ylabel('收盘价(元)')
plt.legend()
plt.grid()
plt.show()
```

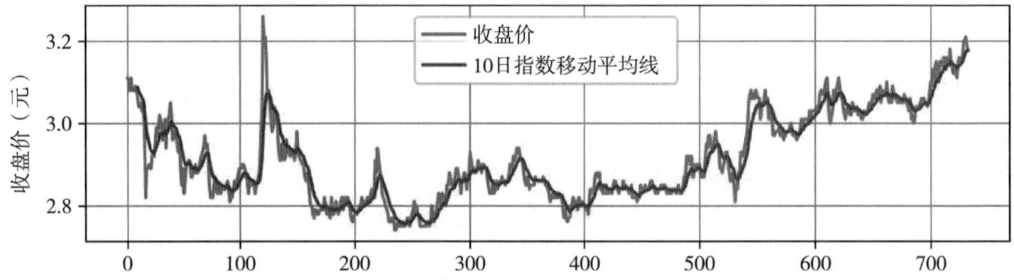

图 6-23　EMA 值与调整后的收盘价的关系

从图 6-23 可以看到，EMA 的轨迹没有因为删除一小部分（9/734）使得数据失真，这也说明剩下的数据充足并可供数据进行训练。

6.8.5　EMA 交易信号

（1）生成信号

指数移动平均线（EMA）是一个技术图表指标，用于跟踪一项投资（如股票或商品）的价格随时间的变化。EMA 是一种加权移动平均线（WMA），对最近的价格数据给予更多的权重或重要性。

指数移动平均线旨在改进简单移动平均线（SMA）的理念，给予最近的价格数据更多的权重，新数据被认为比旧数据更有意义。由于新数据具有更大的权重，EMA 对价格变化的反应比 SMA 更快。

```
# 计算短期 EMA(50 days)
sanyi_df['EMA50']=sanyi_df['close'].ewm(span=50,adjust=False).mean()
# 计算长期 EMA(200 days)
sanyi_df['EMA200']=sanyi_df['close'].ewm(span=200,adjust=False).mean()
sanyi_df.head()
```

```
            open   high   low    close   EMA50      EMA200
date
2010-01-04  5.03   5.04   4.88   4.94    4.940000   4.940000
2010-01-05  4.94   5.00   4.81   4.95    4.940392   4.940100
2010-01-06  4.95   5.43   4.89   5.16    4.949004   4.942288
2010-01-07  5.16   5.33   4.99   5.08    4.954141   4.943658
2010-01-08  5.08   5.08   4.81   4.94    4.953587   4.943621
```

如果短期 EMA 大于长期 EMA，则发出“买入”信号，否则发出“卖出”信号。

```
sanyi_df['sigEMA']=np.where(sanyi_df['EMA50']>sanyi_df['EMA200'],1.0,0.0)
sanyi_df['posiEMA']=sanyi_df['sigEMA'].diff()
sanyi_df.head()
```

```
            close   EMA50      EMA200      sigEMA   posiEMA
date
2010-01-04  4.94    4.940000   4.940000    0.0      NaN
2010-01-05  4.95    4.940392   4.940100    1.0      1.0
2010-01-06  5.16    4.949004   4.942288    1.0      0.0
2010-01-07  5.08    4.954141   4.943658    1.0      0.0
2010-01-08  4.94    4.953587   4.943621    1.0      0.0
```

接下来，绘制每日收盘价、EMA50、EMA200 的趋势图并生成交易信号（图 6-24）。

```
figEMA=go.Figure()
figEMA.add_trace(go.Scatter(x=sanyi_df.index,
                            y=sanyi_df.close,
                            name='收盘价'))
figEMA.add_trace(go.Scatter(x=sanyi_df.index,
                            y=sanyi_df.EMA50,
                            name='EMA50'))
figEMA.add_trace(go.Scatter(x=sanyi_df.index,
                            y=sanyi_df.EMA200,
                            name='EMA200'))
figEMA.update_layout(title='三一重工历史股价与 EMA',
                     xaxis_title='日期',
                     yaxis_title='收盘价(元)')
figEMA.add_trace(go.Scatter(mode='markers',
               name='买入',
               x=sanyi_df[sanyi_df['posiEMA']==1].index,
               y=sanyi_df[sanyi_df['posiEMA']==1].EMA200,
               marker=dict(color='green',
```

```
                size=15,symbol='triangle-up')))
figEMA.add_trace(go.Scatter(mode='markers',name='卖出',
          x=sanyi_df[sanyi_df['posiEMA']==-1].index,
          y=sanyi_df[sanyi_df['posiEMA']==-1].EMA200,
          marker=dict(color='red',size=15,
                      symbol='triangle-down')))
figEMA.show()
```

➡

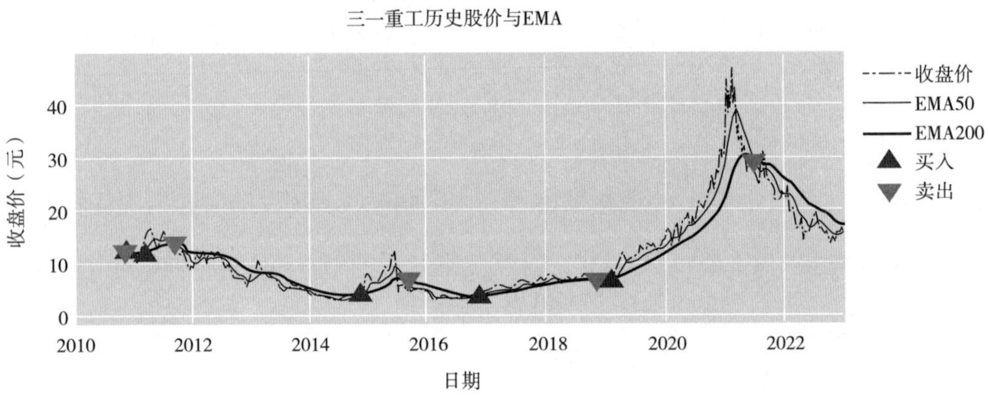

图 6-24　附带交易信号的三一重工历史股价与 EMA

（2）测试 EMA 策略

我们使用 EMA 的一般策略，当产生看涨信号时，买入并持有 100 股三一重工的股票，60 日后卖出。

➡
```
buyAmt=0
sellAmt=0
buyDates=np.array([])
for i in range(sanyi_df.shape[0]):
    if sanyi_df.iloc[i,11]==1:
        buyAmt=buyAmt+sanyi_df.iloc[i,3]*100
        buyDates=np.append(buyDates,i)
print('投资总金额:',buyAmt)
for i in range(sanyi_df.shape[0]):
    for j in buyDates:
        if i==j:
            if(int(j)+60<sanyi_df.shape[0]):
                sellAmt=sellAmt+sanyi_df.iloc[int(j+60),3]*100
            else:
                sellAmt=sellAmt+sanyi_df.iloc[int(j+10),3]*100
total_EMA=sellAmt-buyAmt
print('累计总收益:',total_EMA)
print('收益率为:',(sellAmt/buyAmt)*100,'%')
```

➡ 投资总金额:1925833.0

```
累计总收益:91830.0
收益率为:104.76832622558653%
```

如果我们从 2010 年 11 月 10 日开始使用 EMA 遵循同样的策略，我们的收益率将是 104%（截止到 2022 年 12 月 30 日）。我们还可以看到，与 SMA 相比，EMA 产生正的收益。这是因为 EMA 对最近的价格给予了更大的权重，而在 SMA 中，我们计算的是一段时间内所有收盘价的平均值。我们再将三一重工历史股价与 SMA50、EMA50 进行图示比较（图 6-25）。

```
figComp=go.Figure()
figComp.add_trace(go.Scatter(x=sanyi_df.index,
                             y=sanyi_df.close,name='收盘价'))
figComp.add_trace(go.Scatter(x=sanyi_df.index,
                             y=sanyi_df.SMA50,name='SMA50'))
figComp.add_trace(go.Scatter(x=sanyi_df.index,
                             y=sanyi_df.EMA50,name='EMA50'))
figComp.update_layout(title='三一重工历史股价与 SMA50、EMA50',
                      xaxis_title='日期',yaxis_title='收盘价(元)')
```

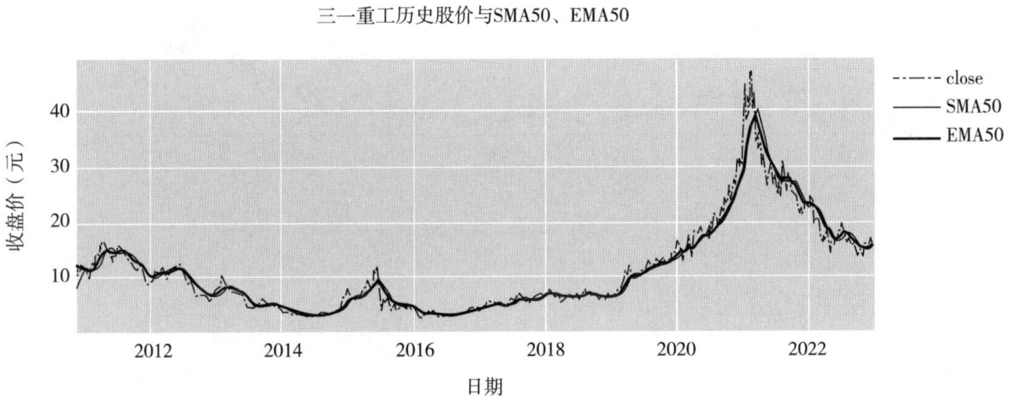

图 6-25　SMA50、EMA50 比较

(3) 布林带

布林带（Bollinger Bands）是围绕移动平均线（MA）上下波动的“带”，标准差会随着波动率的增加或减少而变化。波动率增加时“带”变宽，减少时变窄。

在 20 世纪 80 年代，长期从事市场技术研究的约翰·布林格（John Bollinger）开发了使用移动平均线及其上下两个交易线的技术。与普通移动平均线的百分比计算不同，布林带只是简单地增加和减少标准差计算。当股票价格不断触及布林带上轨时，价格被认为是超买，触发卖出信号。反之，当股票价格不断触及下轨时，价格被认为是超卖，触发买入信号。

布林带用来分析某项资产在特定时期的价格波动性，其有 3 条带，分别是上带、中间带和下带。中间带（Middle Band）是过去 n 个时期内价格的平均值，上带（Upper Band）和下带（Lower Band）等于中间带，但要加上和减去 x 倍的标准差。

$$MiddleBand = SUM(prices_n)/n$$
$$UpperBand = MiddleBand + (X \times StdDev)$$
$$LowerBand = MiddleBand - (X \times StdDev)$$

用 Pandas 编写布林带的代码，首先需要创建 3 个列，然后将它们绘制出来。

收盘价的 20 日移动平均线、20 日移动平均线加上 20 日的 2 倍标准差的上带、20 日移动平均线减去 20 日的 2 倍标准差的下带一起构成布林带（图 6-26）。

```
# 收盘价 20 日均值(close 20 MA)
sanyi_df['收盘价 20 日均值']=sanyi_df['close'].rolling(20).mean()
# 上带(Upper=20MA+2* std(20))
sanyi_df['上带']=sanyi_df['收盘价 20 日均值']+2*(sanyi_df['close']. rolling
(20).std())
# 下带(Lower=20MA-2* std(20))
sanyi_df['下带']=sanyi_df['收盘价 20 日均值']-2*(sanyi_df['close']. rolling
(20).std())
sanyi_df[['close','收盘价 20 日均值','上带','下带']].plot()
```

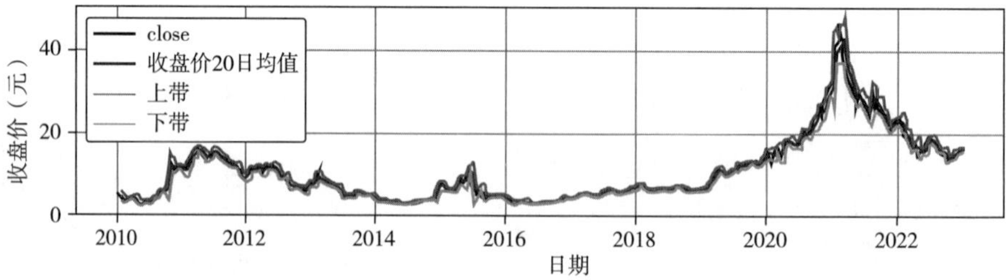

图 6-26 布林带

我们还可以使用 Plotly 可视化布林带（图 6-27）。

```
figBB=go.Figure()
figBB.add_trace(go.Scatter(x=sanyi_df.index,
                           y=sanyi_df['收盘价 20 日均值'],
                           name='SMA20'))
figBB.add_trace(go.Scatter(x=sanyi_df.index,
                           y=sanyi_df.close,
                           name='close'))
figBB.add_trace(go.Scatter(x=sanyi_df.index,
                           y=sanyi_df['上带'],
                           name='High Band'))
figBB.add_trace(go.Scatter(x=sanyi_df.index,
                           y=sanyi_df['下带'],
                           name='Low Band'))
figBB.update_layout(title='三一重工历史股价和布林带')
figBB.show()
```

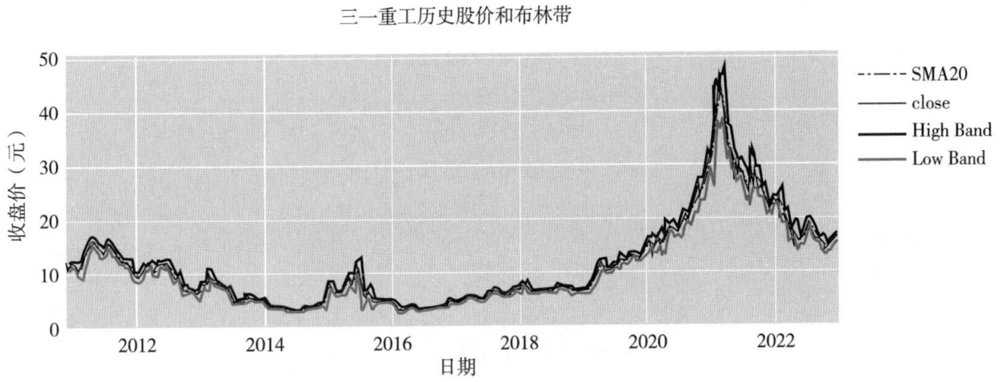

图 6-27　三一重工历史股价和布林带

将图 6-27 的局部放大，可以更清楚地观察布林带（图 6-28）。

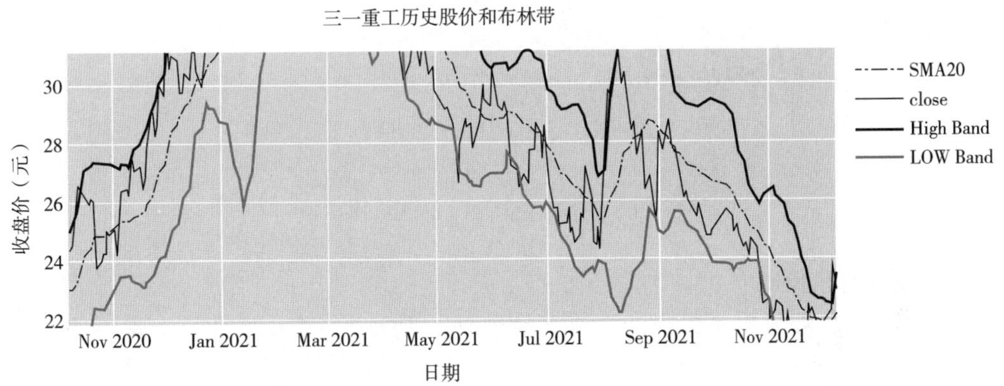

图 6-28　局部放大布林带

6.8.6　布林带交易信号

当价格达到上波段时，设置为卖出（-1），而当价格达到下波段时，设置为买入（1）。

```
sanyi_df['Position_BB']=None
for row in range(len(sanyi_df)):
    if(sanyi_df['close'].iloc[row]>sanyi_df['上带'].iloc[row])and(sanyi_df
['close'].iloc[row-1]<sanyi_df['上带'].iloc[row-1]):
    sanyi_df['Position_BB'].iloc[row]=-1
    if(sanyi_df['close'].iloc[row]<sanyi_df['下带'].iloc[row])and(sanyi_df
['close'].iloc[row-1]>sanyi_df['下带'].iloc[row-1]):
    sanyi_df['Position_BB'].iloc[row]=1
```

我们可以将布林带进行可视化处理（图 6-29）。

```
figBB.add_trace(go.Scatter(mode='markers',name='Buy',
                           x=sanyi_df[sanyi_df['Position_BB']==1].index,
                           y=sanyi_df[sanyi_df['Position_BB']==1].close,
                           marker=dict(color='green',size=5,
```

```
                                  symbol='triangle-up')))
figBB.add_trace(go.Scatter(mode='markers',name='Sell',
                                  x=sanyi_df[sanyi_df['Position_BB']==-1].index,
                                  y=sanyi_df[sanyi_df['Position_BB']==-1].close,
                                  marker=dict(color='red',size=5,
                                  symbol='triangle-down')))
figBB.show()
```

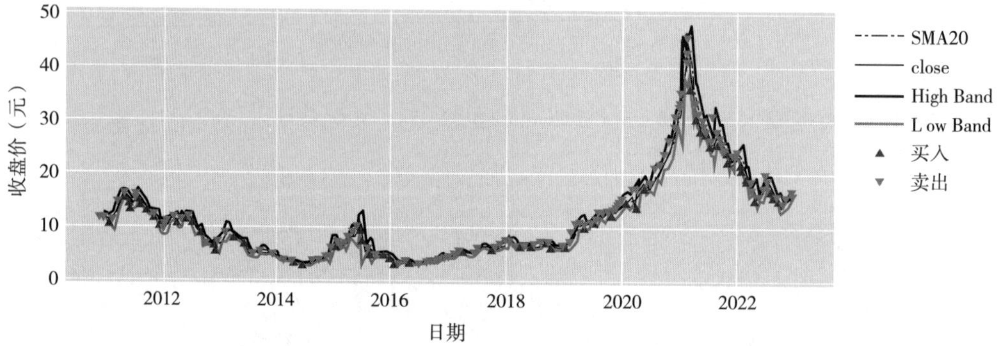

图 6-29　附带交易信号的 SMA20 布林带

（1）测试布林带策略

使用布林带的一般策略是，当产生看涨信号时，买入并持有 100 股三一重工的股票，60 日后再卖出。

```
sanyi_df.columns.get_loc('Position_BB')
```

```
20
```

```
sanyi_df['Position_BB'].value_counts()
```

```
1.0 96
-1.077
Name:Position_BB,dtype:int64
```

```
buyAmt=0
sellAmt=0
buyDates=np.array([])
for i in range(sanyi_df.shape[0]):
    if sanyi_df.iloc[i,20]==1:
        buyAmt=buyAmt+sanyi_df.iloc[i,3]*100
        buyDates=np.append(buyDates,i)
print('投资总金额:',buyAmt)                          # 输出买入日期
for i in range(sanyi_df.shape[0]):
    for j in buyDates:
        if i==j:
            if(int(j)+60<sanyi_df.shape[0]):
                sellAmt=sellAmt+sanyi_df.iloc[int(j+60),3]*100
            else:
```

```
            sellAmt=sellAmt+sanyi_df.iloc[int(j+5),3]*100
    total_BB=sellAmt-buyAmt
    print('累计总收益:',total_BB)
    print('收益率:',(sellAmt/buyAmt)*100,'%')
```

```
投资总金额:92241.0
累计总收益:-3120.0
收益率:96.61755618434319 %
```

如果我们从 2010 年 11 月 10 日至今使用布林带遵循同样的策略，我们的收益率将是 96.6%。可以看到，与 EMA 产生正的收益相比，布林带仍然是一种负回报。

(2) 移动平均收敛散度

移动平均收敛散度（MACD）是一种趋势跟踪动量指标，显示了证券市场价格的移动平均线之间的关系。它的计算方法是首先将 26 日 EMA 减去 12 日 EMA。这一计算的结果就是 MACD 线。然后在 MACD 线的顶部绘制一个称为“信号线”的 9 日 EMA，它可以作为买入和卖出信号的触发器。当 MACD 在其信号线上方交叉时，交易者可以买入该证券，而当 MACD 在信号线下方交叉时，可以卖出，或做空该证券。MACD 指标可以有多种解释方式，但常见的方法是交叉、背离和快速上升/下降。

我们使用以下语句计算 MACD。

```
macd=sanyi_df[['close']]
macd.head()
```

```
             close
date
2010-11-10   12.35
2010-11-11   12.47
2010-11-12   11.48
2010-11-15   12.01
2010-11-16   11.27
```

```
macd['MACD']=macd['close'].ewm(span=12,adjust=False).mean()-macd['close'].
ewm(span=26,adjust=False).mean()
macd['Signal']=macd['MACD'].ewm(span=9,adjust=False).mean()
sanyi_df[['Signal_9','MACD']]=macd[['Signal','MACD']]
```

```
sanyi_df['Signal_MACD']=np.where(sanyi_df.loc[:,'MACD']>sanyi_df.loc
[:,'Signal_9'],1.0,0.0)
sanyi_df['Position_MACD']=sanyi_df['Signal_MACD'].diff()
```

绘制每日收盘价、信号线、MACD 的趋势图并生成交易信号（图 6-30）。

```
fig_MACD=go.Figure()
fig_MACD.add_trace(go.Scatter(x=sanyi_df.index,
                              y=sanyi_df.close,
                              name='close'))
fig_MACD.add_trace(go.Scatter(x=sanyi_df.index,
                              y=sanyi_df.Signal_9,
                              name='MACD-EMA-9'))
fig_MACD.add_trace(go.Scatter(x=sanyi_df.index,
```

```
                                        y=sanyi_df.MACD,
                                        name='MACD'))
fig_MACD.update_layout(title='三一重工 MACD 的价格历史',
                       xaxis_title='日期',yaxis_title='收盘价(元)')
fig_MACD.add_trace(go.Scatter(mode='markers',name='买入',
                              x=sanyi_df[sanyi_df['Position_MACD']==1].index,
                              y=sanyi_df[sanyi_df['Position_MACD']==1].close,
                              marker=dict(color='green',size=5,
                                          symbol='triangle-up')))
fig_MACD.add_trace(go.Scatter(mode='markers',name='卖出',
                              x=sanyi_df[sanyi_df['Position_MACD']==-1].index,
                              y=sanyi_df[sanyi_df['Position_MACD']==-1].close,
                              marker=dict(color='red',size=5,
                                          symbol='triangle-down')))
fig_MACD.show()
```

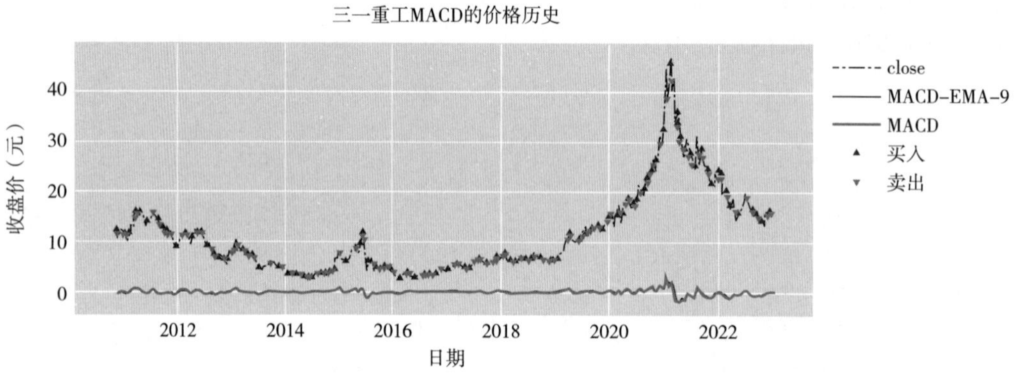

图 6-30　附带交易信号的 MACD 布林带

（3）测试 MACD 策略

使用 MACD 的策略是在产生看涨信号时买入并持有 100 股三一重工的股票，60 日后再卖出。

```
➡ sanyi_df.columns.get_loc('Position_MACD')
↪ 24
➡ sanyi_df['Position_MACD'].value_counts()
↪ 0.0 2724
  1.0111
  -1.0111
  Name:  Position_MACD,dtype:int64
➡ buyAmt=0
  sellAmt=0
  buyDates=np.array([])
  for i in range(sanyi_df.shape[0]):
      if sanyi_df.iloc[i,20]==1:
```

```
        buyAmt=buyAmt+sanyi_df.iloc[i,3]*100
        buyDates=np.append(buyDates,i)
print('投资总金额:',buyAmt)
for i in range(sanyi_df.shape[0]):
    for j in buyDates:
        if i==j:
            if(int(j)+60<sanyi_df.shape[0]):
                sellAmt=sellAmt+sanyi_df.iloc[int(j+60),3]*100
            else:
                sellAmt=sellAmt+sanyi_df.iloc[int(j+8),3]*100
total_MACD=sellAmt-buyAmt
print('累计总收益:',total_MACD)
print('收益率:',(sellAmt/buyAmt)*100,'%')
```

```
投资总金额:92241.0
累计总收益:-3120.0
收益率:96.61755618434319 %
```

如果我们从 2010 年 11 月 10 日至今使用 MACD 采取同样的策略，我们的收益率将是 96.6%，截止到 2022 年 12 月 30 日，MACD 仍然是一种负回报。

实践与练习

从沪深 300 中任意选择一只股票，分析其布林带交易信号。

第 7 章 衍生品数据分析

7.1 金融衍生品

金融衍生品是二级投资的一种形式，涉及标的证券的衍生品，以提供具有特定条款的合约，包括固定价值或固定时间段。衍生品通常分为四大类，即期货、远期、掉期（互换）和期权。衍生品的基础金融资产如公开交易的股票、国债或大宗商品等。衍生品的结构使其对风险管理或对冲需求非常有吸引力，这可能包括使用衍生品来保护其投资组合的金融机构，以及商业企业。由于衍生品的固定性质，更复杂的策略也可以提供有针对性的投资策略。衍生品合约允许使用杠杆，然而杠杆并不意味着投资者可以随意交易。

7.2 期货

19 世纪中叶，期货作为一种金融工具就已经出现，最早的期货形式是允许种植谷物的农民出售他们的小麦以进行远期交付。直到现在，期货已经发展到包括不同的证券和金融工具，以及其他衍生金融商品。

期货交易为投资者提供了一种进入全球金融和商品市场的、快速的且具有成本效益的方式。投资者可以推测或对冲他们正在交易的特定证券或工具的价格方向。这是通过购买期货合约来完成的。期货合约是指在未来指定时间以预定价格买卖资产的法律协议。

一些期货是现金结算的，这意味着投资者只是根据标的资产的价值进行交易。然而，许多与原材料挂钩的期货都是实物结算的。这要求投资者在到期时实际交割标的资产，如大豆、黄金或原油。实体经济中的大多数主要商品都存在期货合约，但也与国债、货币甚至数字资产（比特币）等金融产品挂钩。

7.2.1 期货交易

期货合约是一种金融工具，交易双方同意在未来某个日期以固定价格交易资产。尽管期货合约提供了交割资产的机会，但大多数合约可能不会导致实物交割，而是被投资者用来推测证券价格或对冲投资组合中的风险。例如，投资者可以通过交易期货来投资各种证券和大宗商品。主要期货市场包括股指、货币、利率、能源、农产品和牲畜等。国际上，大多数的期货合约都是通过芝加哥期货交易所和芝加哥商品交易所（CME）等中心交易所交易的。我国期货交易市场有郑州商品交易所（ZCE）、大连商品交易所（DCE）、上海期货交易所（SHFE）、中国金融期货交易所（CFFEX）、上海能源交易所（SHNE）和广州期货交易所（GCE）。与其他金融市场上的交易策略与方法一样，我们有必要了解一下期货交易的优缺点，这对投资者甚至经验丰富的专业人士同样重要。

（1）期货交易的优点

①杠杆作用

杠杆是一种使用借入资金的投资策略，特别是使用各种金融工具或借入资本来增加投资的潜在回报。期货可以使用保证金进行杠杆交易，允许投资者以少量的初始支出控制更大的头寸。但是，如果资产的价格朝着意想不到的方向移动，期货交易就可能是一把双刃剑。投资者应该意识到，在交易期货合约时，他们的损失可能会超过初始保证金，这种损失是投资者不可承受的。

②多样化

投资者可以交易从股指到大豆的所有期货，这有助于提供跨多个资产类别的多元化投资组合。期货还允许投资者几乎全天候利用机会。例如，如果几只超大盘科技股在收盘后报告收益好于预期，投资者就可能希望购买指数的多头期货合约。

③对冲

投资者可以使用期货来保护未实现的利润或最大限度地减少潜在损失。广泛的期货产品选择使投资者能够对更广泛的市场或特定行业和个别商品进行具有成本效益的对冲。

（2）期货交易的缺点

①复杂

虽然任何人都可以交易期货，但期货涉及的一些交易机制可能会使交易过程变得复杂。这意味着监控市场并掌握当前数据与信息需要花费大量的时间和精力。

②过度杠杆

期货杠杆是一把双刃剑。一方面，以较少的现金支出放大回报可能是有利的。但是，如果市场对投资者不利，他们将承担全部损失并被要求追加保证金。换句话说，杠杆也会放大损失。

③管理到期日期

大多数期货合约都有一个投资者需要监控的到期日。随着合约接近到期日，其价格可能会迅速贬值甚至变得毫无价值。为了解决这个问题，随着到期日的临近，投资者经常将其期货合约展期至较长期限的合约。

④实物交割

如果投资者未能平仓或未将其交易为抵消合约，他们将面临实物交割标的资产的风险。此时投资者必须支付商定的价格。

7.2.2　国内外期货数据

与交易股票或其他金融资产一样，投资者制定期货交易计划非常重要。例如，如果投资者使用技术分析，他们可能会决定在黄金交叉信号上，即当 50 日简单移动平均线穿过 200 日简单移动平均线时开立多头期货交易。

（1）国内数据

①获取数据

国内期货数据也称“内盘”数据，我们可以通过 efinance 库获取。每一种交易标的物对应一个交易代码，或称行情 ID，我们先下载 efinance 库提供的行情 ID。

```
➡ import efinance as ef
➡ futuresBaseInfo=ef.futures.get_futures_base_info()
```

```
futuresBaseInfo
```

	期货代码	期货名称	行情 ID	市场类型
0	lu2303	低硫燃油 2303	142.lu2303	上海能源期货交易所
1	lu2307	低硫燃油 2307	142.lu2307	上海能源期货交易所
2	lus	低硫燃油次主力	142.lus	上海能源期货交易所
3	lu2305	低硫燃油 2305	142.lu2305	上海能源期货交易所
4	lum	低硫燃油主力	142.lum	上海能源期货交易所
…	…	…	…	…
868	ni2312	沪镍 2312	113.ni2312	上期所
869	lu2402	低硫燃油 2402	142.lu2402	上海能源期货交易所
870	ni2311	沪镍 2311	113.ni2311	上期所
871	eg2302	乙二醇 2302	114.eg2302	大商所
872	pg2302	LPG2302	114.pg2302	大商所

873 rows×4 columns

可以保存数据到本地。

```
futuresBaseInfo.to_csv('../dataFiles/futuresBaseInfo.csv',index=False)
```

如果希望观察豆一主力的数据，我们可以从 futuresBaseInfo.csv 选择行情 ID（图 7-1）下载数据。

期货代码	期货名称	行情ID	市场类型
am	豆一主力	114.am	大商所

图 7-1　行情 ID

```
futsAm=ef.futures.get_quote_history('114.am')
```

futsAm 中包括 2002 年 3 月 18 日至 2023 年 2 月 7 日的 13 列（期货名称、期货代码、日期、开盘、收盘、最高、最低、成交量、成交额、振幅、涨跌幅、涨跌额、换手率）、5087 行数据（空间所限，省略一部分列数据）。

```
# 保存数据到本地
futsAm.to_csv('../dataFiles/futsAm.csv',index=False)
# 本地读取数据
futsAm=pd.read_csv('../dataFiles/futsAm.csv',index_col='日期',parse_dates=True)
```

②趋势可视化

我们使用 Plotly 将豆一主力历史数据可视化呈现出来（图 7-2）。

```
import plotly.graph_objects as go
fig=go.Figure()
fig.add_trace(go.Scatter(x=futsAm.index,y=futsAm.收盘,name='收盘'))
fig.update_layout(title='豆一主力历史数据',xaxis_title='日期',
                  yaxis_title='收盘价(元)')
fig.show()
```

图 7-2　豆一主力历史数据

我们还可以计算豆一主力的短期均线与长期均线。

```
# 短期均线 SMA50
futsAm['SMA50']=futsAm['收盘价'].rolling(50).mean()
# 长期均线 SMA200
futsAm['SMA200']=futsAm['收盘价'].rolling(200).mean()
# 删除缺失值
futsAm=futsAm.dropna()
```

也可以绘制豆一主力收盘价和 SMA50 与 SMA200 的趋势图（图 7-3）。

```
# 绘制收盘价、SMA50 与 SMA_200
figSMA=go.Figure()
figSMA.add_trace(go.Scatter(x=futsAm.index,
                            y=futsAm.收盘,name='收盘价'))
figSMA.add_trace(go.Scatter(x=futsAm.index,
                            y=futsAm.SMA50,name='SMA50'))
figSMA.add_trace(go.Scatter(x=futsAm.index,
                            y=futsAm.SMA200,name='SMA200'))
figSMA.update_layout(title='豆一主力历史数据与 SMA',
                     xaxis_title='日期',yaxis_title='收盘价(元)')
figSMA.show()
```

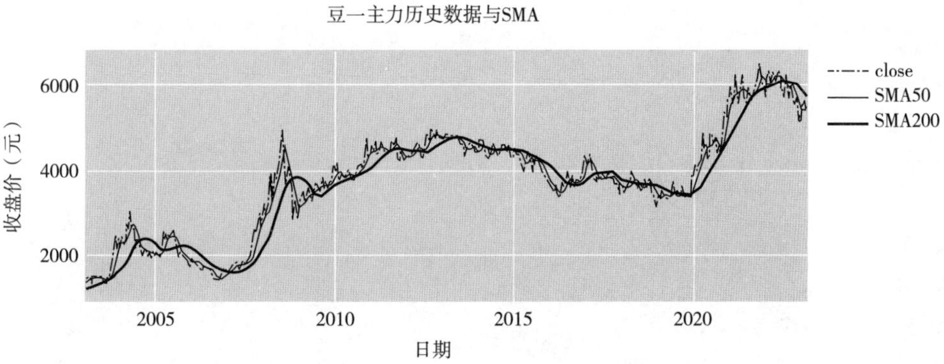

图 7-3　豆一主力收盘价和 SMA50 与 SMA200 的趋势图

③使用 SMA 生成交易信号

如果 SMA50 大于 SMA200，则发出“买入”信号记为“1.0”，否则发出“卖出”信号记为“0.0”。

```
futsAm['SignalSMA']=np.where(futsAm['SMA50']>futsAm['SMA200'],1.0,0.0)
futsAm['posiSMA']=futsAm['SignalSMA'].diff()
```

④交易信号可视化

通过以下代码绘制豆一主力历史数据与 SMA 的趋势图并生成交易信号（图 7-4）。

```
figSMA.add_trace(go.Scatter(mode='markers',name='买入',
                            x=futsAm[futsAm['posiSMA']==1].index,
                            y=futsAm[futsAm['posiSMA']==1].SMA50,
                            marker=dict(color='green',size=15,
                            symbol='triangle-up')))
figSMA.add_trace(go.Scatter(mode='markers',name='卖出',
                            x=futsAm[futsAm['posiSMA']==-1].index,
                            y=futsAm[futsAm['posiSMA']==-1].SMA200,
                            marker=dict(color='red',size=15,
                            symbol='triangle-down')))
```

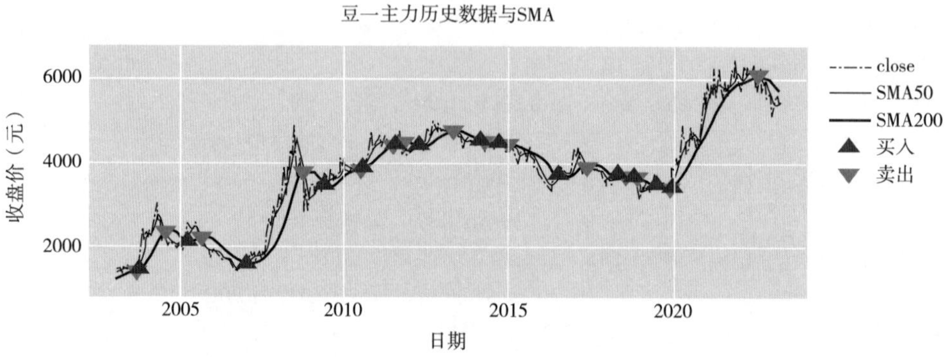

图 7-4　附带交易信号的豆一主力历史数据与 SMA

⑤收益率计算

通过以下代码实现收益率等计算

```
futsAm.columns.get_loc('posiSMA')
```

```
15
```

```
futsAm.columns.get_loc('收盘价')
```

```
3
```

```
buyAmt=0
sellAmt=0
buyDates=np.array([])
for i in range(futsAm.shape[0]):
    if futsAm.iloc[i,15]==1:
```

```
        buyAmt=buyAmt+futsAm.iloc[i,3]
        buyDates=np.append(buyDates,i)
print('投资总金额:',buyAmt)
for i in range(futsAm.shape[0]):
    for j in buyDates:
        if i==j:
            if(int(j)+120<futsAm.shape[0]):
                sellAmt=sellAmt+futsAm.iloc[int(j+120),3]
            else:
                sellAmt=sellAmt+futsAm.iloc[int(j+1),3]
totalSMA=sellAmt-buyAmt
print('累计总收益:',totalSMA)
print('收益率:',(sellAmt/buyAmt)*100,'%')
```

```
投资总金额:50461
累计总收益:2398
收益率:104.75218485563109 %
```

输出结果表明，如果我们从 2004 年 9 月 2 日年至 2023 年 2 月 7 日使用 SMA 策略投资豆一主力期货，收益率将是 104%。

除了 efinance 库，akshare 库也有丰富的期货数据选择。我们可以通过以下语句从主要期货交易所获得每日交易数据。例如，我们希望下载上海国际能源交易中心等的数据（表 7-1）。

```
import akshare as ak
futsINE=ak.get_futures_daily(start_date='20200701',
                             end_date='20200716',market='INE')
```

表 7-1　　交易所代码

交易所名称	交易所代码	合约后缀	首页地址
中国金融期货交易所	CFFEX	. CFX	http：//www. cffex. com. cn/
上海期货交易所	SHFE	. SHF	http：//www. shfe. com. cn/
上海国际能源交易中心	INE	. INE	http：//www. ine. cn/
郑州商品交易所	CZCE	. ZCE	http：//www. czce. com. cn/
大连商品交易所	DCE	. DCE	http：//www. dce. com. cn/
广州期货交易所	GFEX	. GFEX	http：//www. gfex. com. cn/

实践与练习

①使用 efinance 库任选三只期货，完成数据获取、趋势可视化、生成交易信号等操作。
②分别使用 SMA、EMA 和布林带策略分析三只期货的收益率。

（2）国际数据

①获取数据

相较于国内数据，国际期货数据也称“外盘”数据，可以通过 akshare 库获取。每一种交易标的物对应一个交易输出（Futures Symbol，简写为 futsS），我们先输出 akshare 库提供的交易代码。

```
➡ import akshare as ak
➡ FutsS=ak.futures_hq_subscribe_exchange_symbol()
  print(FutsS)
↪      symbol         code
  0    NYBOT-棉花      CT
  1    LME镍3个月      NID
  2    LME铅3个月      PBD
  3    LME锡3个月      SND
  4    LME锌3个月      ZSD
  5    LME铝3个月      AHD
  6    LME铜3个月      CAD
  7    CBOT-黄豆       S
  8    CBOT-小麦       W
  9    CBOT-玉米       C
  10   CBOT-黄豆油     BO
  11   CBOT-黄豆粉     SM
  12   日本橡胶        TRB
  13   COMEX铜         HG
  14   NYMEX天然气     NG
  15   NYMEX原油       CL
  16   COMEX白银       SI
  17   COMEX黄金       GC
  18   CME-瘦肉猪      LHC
  19   布伦特原油      OIL
  20   伦敦金          XAU
  21   伦敦银          XAG
  22   伦敦铂金        XPT
  23   伦敦钯金        XPD
  24   马棕油          FCPO
  25   欧洲碳排放      EUA
```

如果我们希望选取 NYBOT 棉花数据，则可将其对应 code 代码写作 symbol='CT'。

```
➡ NYBOTfutsS=ak.futures_foreign_hist(symbol='CT')
```

通过以下代码就可以得到 2019 年至 2023 年 950 行的历史数据。我们可以先将数据保存到本地。

```
➡ NYBOTfutsS.to_csv('../dataFiles/NYBOTfutsS.csv',index=False)
```

然后从本地读出数据进行观察与分析。

```
➡ NYBOTfutsS=pd.read_csv('../dataFiles/NYBOTfutsS.csv',
                          index_col='date',parse_dates=True)
  NYBOTfutsS
```

```
➥             open     high     low     close    volume    positions
date
2019-04-22    78.08    78.84    78.03   78.27    10244     0
2019-04-23    78.40    78.52    77.17   78.47    18608     0
2019-04-24    77.66    77.93    77.05   77.91    14947     0
2019-04-25    77.12    78.48    77.12   77.12    14353     0
2019-04-26    78.44    78.44    77.27   78.32    12505     0
…             …        …        …       …        …         …
2023-04-20    83.65    83.70    79.65   80.19    33396     0
2023-04-21    80.19    81.05    79.70   80.19    16249     0
2023-04-24    80.38    81.81    80.11   80.73    14532     0
2023-04-25    80.81    81.16    77.68   78.52    24191     0
2023-04-26    78.60    79.70    78.42   79.65    20380     0
950 rows×7 columns
```

实践与练习

使用 futures_hq_subscribe_exchange_symbol（）函数任选三只期货，并使用 futures_foreign_hist（）函数，任意挑选三只期货完成数据获取。

②趋势可视化

首先，使用以下代码绘制 NYBOT 棉花价格趋势图（图 7-5）。

```
➡ import plotly.graph_objects as go
➡ fig=go.Figure()
  fig.add_trace(go.Scatter(x=NYBOTfutsS.index,y=NYBOTfutsS.close,name='close'))
  fig.update_layout(title='NYBOT 棉花历史数据',
                    xaxis_title='日期',yaxis_title='收盘价(元)')
  fig.show()
➥
```

图 7-5　NYBOT 棉花价格趋势

接下来，我们来计算 NYBOT 棉花的短期均线与长期均线，并删除执行短期均线与长期均线后出现的缺失值。

```
# 短期均线 SMA50days
NYBOTfutsS['SMA50']=NYBOTfutsS['close'].rolling(50).mean()
# 长期均线 SMA200days
NYBOTfutsS['SMA200']=NYBOTfutsS['close'].rolling(200).mean()
# 删除执行长短均线后出现的缺失值
NYBOTfutsS=NYBOTfutsS.dropna()
```

以上代码是在 NYBOTfutsS 中增加了'SMA50'列和'SMA200'列的数据。然后绘制收盘价、SMA50 与 SMA200 的趋势图（图 7-6）。

```
figSMA=go.Figure()
figSMA.add_trace(go.Scatter(x=NYBOTfutsS.index,
                            y=NYBOTfutsS.close,
                            name='收盘价'))
figSMA.add_trace(go.Scatter(x=NYBOTfutsS.index,
                            y=NYBOTfutsS.SMA50,
                            name='SMA50'))
figSMA.add_trace(go.Scatter(x=NYBOTfutsS.index,
                            y=NYBOTfutsS.SMA200,
                            name='SMA200'))
figSMA.update_layout(title='NYBOT 棉花历史数据与 SMA',
                     xaxis_title='日期',yaxis_title='收盘价(元)')
figSMA.show()
```

图 7-6　NYBOT 棉花历史数据与 SMA

③使用 SMA 生成交易信号

如果 SMA50 大于 SMA200，则发出“买入”信号记为“1.0”，否则发出“卖出”信号记为“0.0”。

```
NYBOTfutsS['sigSMA']=np.where(NYBOTfutsS['SMA50']>NYBOTfutsS['SMA200'],1.0,
0.0)
NYBOTfutsS['posiSMA']=NYBOTfutsS['sigSMA'].diff()
```

④交易信号可视化

通过以下代码绘制 NYBOT 棉花历史数据与 SMA 的趋势图并生成交易信号（图 7-7）。

```
➡ figSMA.add_trace(go.Scatter(mode='markers',name='买入',
                                x=NYBOTfutsS[NYBOTfutsS['posiSMA']==1].index,
                                y=NYBOTfutsS[NYBOTfutsS['posiSMA']==1].SMA50,
                                marker=dict(color='green',size=15,
                                symbol='triangle-up')))
  figSMA.add_trace(go.Scatter(mode='markers',name='卖出',
                                x=NYBOTfutsS[NYBOTfutsS['posiSMA']==-1].index,
                                y=NYBOTfutsS[NYBOTfutsS['posiSMA']==-1].SMA200,
                                marker=dict(color='red',size=15,
                                symbol='triangle-down')))
```

↪

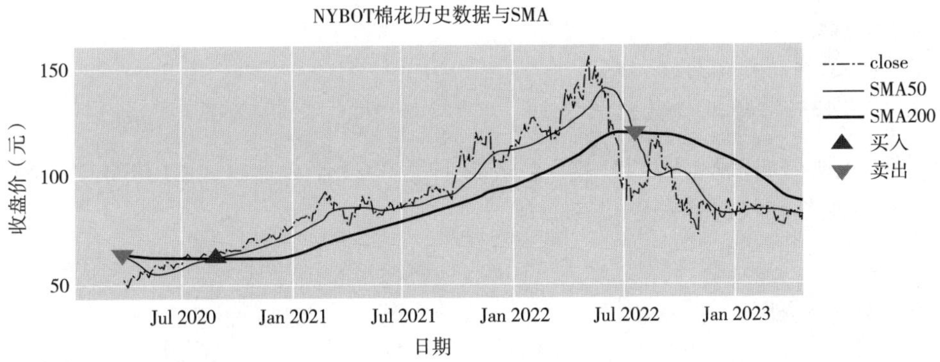

图 7-7 附带交易信号的 NYBOT 棉花历史数据与 SMA

通过输出结果可以看到，图中只有三个交易信号。

```
➡ NYBOTfutsS['posiSMA'].value_counts()
↪ 0.0 747
  -1.02
  1.01
  Name:  posiSMA,dtype:int64
```

⑤收益率计算

假设，我们使用 SMA 策略，即在产生看涨信号时购买和持有 NYBOT 棉花期货，并在 2 个月后出售，可以通过以下代码计算收益率。

```
➡ NYBOTfutsS.columns.get_loc('posiSMA')
↪ 10
➡ NYBOTfutsS.columns.get_loc('close')
↪ 3
➡ buyAmt=0
  sellAmt=0
  buyDates=np.array([])
```

```
for i in range(NYBOTfutsS.shape[0]):
    if NYBOTfutsS.iloc[i,10]==1:
        buyAmt=buyAmt+NYBOTfutsS.iloc[i,3]
        buyDates=np.append(buyDates,i)
print('投资总金额:',buyAmt)
for i in range(NYBOTfutsS.shape[0]):
    for j in buyDates:
        if i==j:
            if(int(j)+120<NYBOTfutsS.shape[0]):
                sellAmt=sellAmt+NYBOTfutsS.iloc[int(j+120),3]
            else:
                sellAmt=sellAmt+NYBOTfutsS.iloc[int(j+1),3]
totalSMA=sellAmt-buyAmt
print('累计总收益:',totalSMA)
print('收益率:',(sellAmt/buyAmt)*100,'%')
```

```
➥ 投资总金额:65.38
累计总收益:24.510000000000005
收益率:137.48852860201896 %
```

输出结果表明，如果我们从 2019 年 4 月 22 日至 2023 年 2 月 6 日使用 SMA 策略投资 100 股 NYBOT 棉花期货，收益率将是 137%。

实践与练习

①使用 akshare 库的 futures_hq_subscribe_exchange_symbol（ ）函数任选三只期货，并使用 futures_foreign_hist（ ）函数任意挑选三只期货，完成数据获取、趋势可视化、生成交易信号等操作。

②分别使用 SMA、EMA 和布林带策略分析三只期货的收益率。

7.3 期权

期权也是一种重要的衍生品工具，其是指在预定日期以固定价格购买或出售固定资产的权利。如果这项权利对期权持有者不利，也可以放弃这项权利。购买资产的期权，称为看涨期权（Call Value）；卖出资产的期权，称为看跌期权（Put Value）。

例如，一个看涨期权被设计为一年后以 100 元的价格购买 AAA 股票的权利。假设 AAA 股票目前的股价正好是 100 元，计算一下如果股价在一年后上升到 120 元或下降至 80 元，可以从这个看涨期权中获得多少收益。如果股价达到 120 元，该期权的持有者有权以事先承诺的 100 元的价格购买 120 元的股票，这样一来，期权持有者将获得 20 元的收益。如果股价是 80 元，行使期权就意味着支付 100 元来购买 80 元的股票。站在投资者利益的角度来看，这样的交易是完全不合理的，所以期权持有者一般不行使他的权利。因此，这种情况下的收益是 0 元。

以下是看涨期权和看跌期权的数学表达式。一个预先确定的日期用 T 表示，一个预先确定的价格用 K 表示，T 表示时间节点，而在 T 时间节点的股价为 S_T。

$$callvalue = max(S_T - K,\ 0)$$
$$putvalue = max(K - S_T,\ 0)$$

7.3.1 看涨期权

看涨期权是一种金融合约，赋予期权买方在特定时间内以特定价格购买股票、债券、商品及其他资产或工具的权利，但不是义务。该股票、债券或商品被称为标的资产。当标的资产的价格上升时，看涨期权的买方就会获利。例如，一份看涨期权合约可能赋予持有人在三个月后的到期日之前以 100 元购买 100 股 AAA 股票的权利。有许多到期日和执行价格可供投资者选择。随着 AAA 股票的价值上升，期权合约的价格也会上升，反之亦然。看涨期权买方可以持有合约直到到期日，届时他们可以交付 100 股股票，或者他们可以在到期日之前的任何时候以当时合约的市场价格出售期权合约。

购买看涨期权要支付一定的费用，称为权利金（Premium）。它是为看涨期权所提供的权利而支付的价格。如果在到期日标的资产低于执行价格，看涨期权的买方就会损失所支付的权利金。这就是最大的损失。

为了说明这个问题，下面的 Python 代码将实现看涨期权收益的可视化。在经济中，当然只有两种状态，因此也有两种相关的值。

我们首先生成一个 ndarray，并显示前几个数字。

```
➡ S1=np.arange(20)
  S1[:7]
↪ array([0,1,2,3,4,5,6])
```

接着固定看涨期权的执行价格。

```
➡ K=10
```

然后计算看涨期权的收益。

```
➡ C1=np.maximum(S1-K,0)
  C1
↪ array([0,0,0,0,0,0,0,0,0,0,0,1,2,3,4,5,6,7,8,9])
```

最后我们可以将看涨期权的收益与股票价值的对比过程进行可视化（图 7-8）。

```
➡ from pylab import mpl,plt
  # 绘图样式
  plt.style.use('seaborn')
➡ # lw=3.0 设置线宽为 3 像素
  plt.plot(S1,C1,lw=3.0,
          label='$C_1=\max(S_1-K,0)$')
➡ # 将图例放置在最佳位置
  plt.legend(loc=0)
  plt.xlabel('$S_1$')
  plt.ylabel('$C_1$')
↪
```

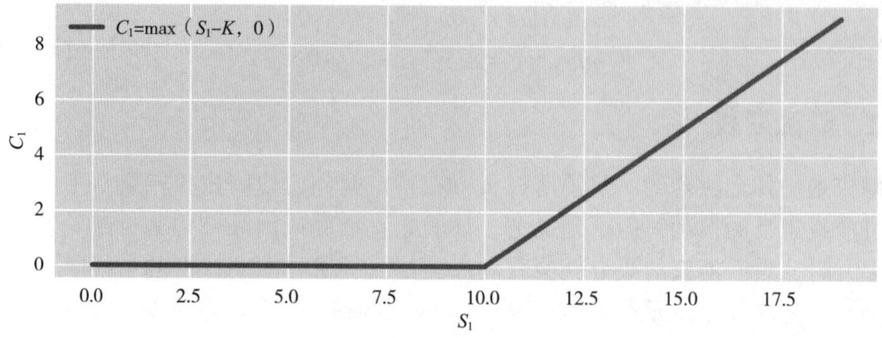

图 7-8　看涨期权

7.3.2　看跌期权

看跌期权是一种赋予期权买方在规定时间内以预定价格卖出或卖空特定数量的相关证券的权利，但不是义务的合约。看跌期权的买方可以出售标的证券的这个预定价格被称为执行价格。看跌期权的交易对象是各种基础资产，包括股票、货币、债券、商品、期货和指数。看跌期权可以与看涨期权进行对比，看涨期权赋予持有人在期权合约到期日或之前以特定价格购买标的证券的权利。

看跌期权随着标的股票或证券价格的下降而变得更有价值。反之，看跌期权随着标的股票价格的上升而失去价值。因此，它们通常被用于对冲目的或投机于价格下跌的行动。投资者经常在被称为保护性看跌期权的风险管理策略中使用看跌期权，它被用作一种投资保险或对冲，以确保相关资产的损失不超过一定数额。

我们仍然使用 Python 进行可视化处理（图 7-9）。

```
➡ K=10
  C1=np.maximum(K-S1,0)
➡ plt.plot(S1,C1,lw=3.0,
          label='$C_1=\max(K-S_1,0)$')
  plt.legend(loc=0)
  plt.xlabel('$S_1$')
  plt.ylabel('$C_1$')
⮑
```

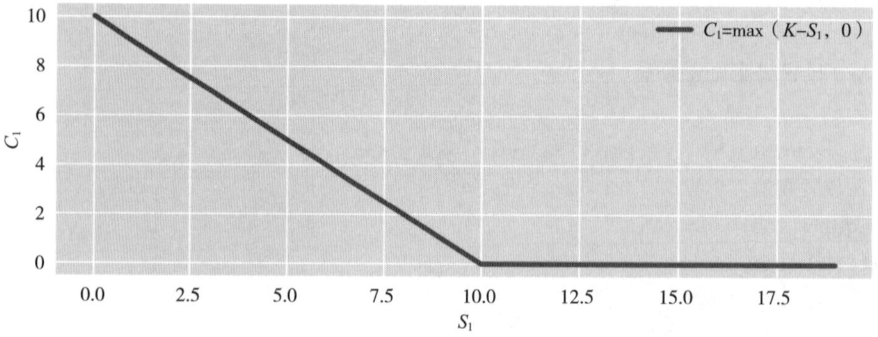

图 7-9　看跌期权

7.3.3 欧式期权

欧式期权是期权合约的一个版本，它将在其到期日执行。换句话说，如果股票的价格发生了变化，投资者将不能提前行使期权并接收或出售股票。期权合约的另一个版本是美式期权，它可以在到期日之前（包括到期日）的任何时候行使。这两个版本的名称不应该与地理位置相混淆，因为名称只表示执行的权利。欧式期权定义了期权合约持有人可以行使其合约权利的时间范围。期权持有者的权利包括以指定的合约价格，即行权价格购买标的资产或出售标的资产。对于欧式期权，持有人只能在到期日当天行使其权利。与其他版本的期权合约一样，欧式期权也有一个前期成本，即权利金。值得注意的是，投资者通常不能同时选择购买美式或欧式期权。

7.3.4 美式期权

美式期权允许投资者在特定日期前以特定价格买入或卖出某种特定资产，如股票或交易所交易基金（ETF）。购买某种资产的期权被称为看涨期权，而出售某种资产的期权被称为看跌期权。期权合约一般以 100 股为单位出售，尽管也有一些例外情况，如交易数量较少的期权，特别是涉及高价股票时。期权赋予其持有人购买或出售股票的价格被称为行权价格。期权停止存在的日期被称为到期日。通常情况下，美式期权在每个月的第三个星期六到期，可以在前一个星期五的市场收盘时进行交易。

7.4 蒙特卡洛期权定价

前文我们介绍了蒙特卡洛模拟预测股价趋势。蒙特卡洛模拟也是某些类型金融期权定价的最流行方法之一。为了模拟欧式看涨期权的价格，首先我们需要决定股票价格在整个期权有效期内的变化过程（$T-t$）。很多金融文献认为股票价格的波动遵循的是蒙特卡洛模拟。假设股票价格 S，支付年度股息 q 并有一个预期收益 μ 等于无风险利率 $r-q$，波动率 σ 被认为是常数。股票价格可以用一个随机微分方程来模拟。本质上这是一个微分方程，其中至少有一个项是随机过程。让我们考虑一下波动率为 0 的情况，即股票价格可以被描述为储蓄账户中的存款，支付的是 μ 任何给定的时间增量的变化由以下公式给出。

$$\mathrm{d}S = \mu S\mathrm{d}t$$

已知现在的股票价格 S_0，我们就可以肯定地知道价格 S_T 在给定的时间 T 通过以下公式计算。

$$\int_0^T \frac{\mathrm{d}S}{S} = \int_0^T \mu \mathrm{d}t$$

$$S_T = S_0 e^{\mu T}$$

我们还可以把上面的结果写为下式。

$$\ln(S_T) = \ln(S_0) + \int_0^T \mu \mathrm{d}t$$

然而，由于股票价格确实表现出随机性，我们需要在上面的方程中加入一个随机项。我们不能像上面的方程那样简单地进行积分来得到一个结果，为了捕捉股票市场固有的随机性，我们需要再加上一个项。

$$dS = S\mu dt + S\sigma dWt$$

Wt 是一个维纳过程（Wiener Process）。上面的方程现在是伊藤过程（Ito Process）的形式。我们这里省略推导过程，直接给出公式。

$$\ln(S_T) = \ln(S_0) + \int_0^t \left(\mu - \frac{\sigma^2}{2}\right) dt + \int_0^t \sigma dW(t)$$

下面，我们尝试通过 Python 模拟蒙特卡洛过程（图 7-10）。首先，定义模拟函数。上式中，$t \in [0, \cdots, T]$，参数为 S（当前股票价格）、K（行权价格）、T（到期时间，如 1 年 = 1、1 个月 = 1/12）、r（无风险利率）、q（股息收益率）、sigma（波动率）、steps（输出步骤）和 N（资产路径的矩阵）。

➡
```
import numpy as np
import matplotlib.pyplot as plt
def Simu(S,T,r,q,sigma,steps,N):
    dt=T/steps
    ST = np.log(S) + np.cumsum(((r - q - sigma ** 2/2) * dt + sigma * np.sqrt(dt) *
   np.random.normal(size=(steps,N))),axis=0)
    return np.exp(ST)
S,K,T,r,q,sigma,steps,N=100,110,1/2,0.05,0.02,0.25,100,3
paths=Simu(S,T,r,q,sigma,steps,N)
plt.plot(paths)
plt.ylabel('股票价格')
plt.title('蒙特卡洛模拟')
```
⮐

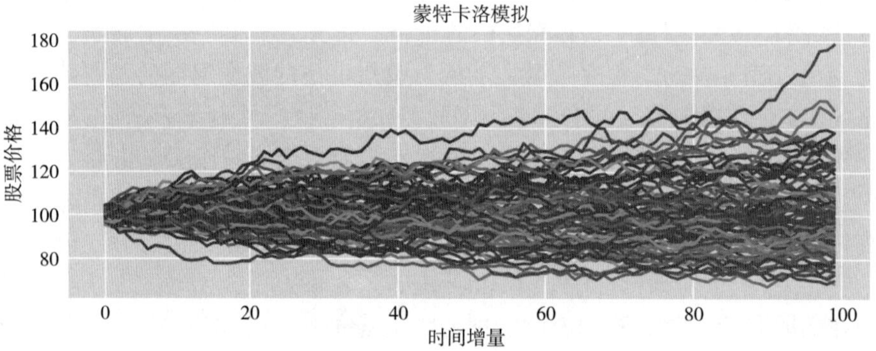

图 7-10　蒙特卡洛模拟

➡
```
from scipy.stats.distributions import norm
def blackScholesCall(S,K,T,r,q,sigma):
    d1=(np.log(S/K)+(r-q+sigma**2/2)*T)/sigma*np.sqrt(T)
    d2=d1-sigma*np.sqrt(T)
    call=S*np.exp(-q*T)*norm.cdf(d1)-K*np.exp(-r*T)* \norm.cdf(d2)
    return call
payoffs=np.maximum(paths[-1]-K,0)
# 折算成现值
```

```
option_price=np.mean(payoffs)*np.exp(-r*T)
bs_price=blackScholesCall(S,K,T,r,q,sigma)
print(f'布莱克-斯科尔斯价格:{bs_price}')
print(f'模拟的价格:{option_price}')
```

```
布莱克-斯科尔斯价格:3.7451887662410783
模拟的价格:6.329392345117234
```

实践与练习

假设 S、K、T、r、q、sigma、steps 和 N 的值分别为 100、110、1/2、0.05、0.02、0.25、100、3，试输出蒙特卡洛模拟结果。

第 8 章 外汇数据分析

8.1 数据获取

外汇或外汇保证金交易（Forex）是金融工具的一种。外汇交易可以从周一到周五全天 24 小时进行交易，其规模非常大，整个世界就是一个市场。与股票和期货相比，外汇交易具有相对稳定、交易时间长、交易量大等特点。驾驭外汇市场需要技巧和研究，但最基本的是了解基本的历史外汇数据。通过分析过去市场活动的趋势，交易者可以获得对外汇市场未来走势的宝贵洞察力，并利用数据进行预测。在本章中，我们将学习如何分析历史外汇数据以改善我们的交易策略。

在分析历史外汇数据之前，了解外汇市场的基本组成部分是很重要的。汇率可以帮助我们衡量一种货币与另一种货币的关系，并可以提供价格波动的指示。另外，根据配对情况，货币可能是正相关的，这意味着它们彼此同步移动，而如果它们是负相关的，则意味着它们彼此相反的移动，或者彼此不相关。通过了解这些关系，交易者可以在市场交易中做出更明智的交易决策。分析外汇历史数据对预测未来趋势有很大帮助。通过分析历史数据，交易者可以寻找和识别相关关系，并评估某些行为的结果。比较不同的数据集也可以帮助交易者发现新的交易机会，改善交易结果。然而，需要指出的，过去的数据表现并不能保证未来的成功，对以前有效的交易策略放在今天可能并不适用。

技术分析是利用汇率的历史数据来做出交易决策的过程。进行技术分析的时候，不仅要注意当前的数据，还要看一下长期的趋势。我们可以寻找可靠的趋势指标，如图表和移动平均线等，这些都可以帮助我们更好地了解价格走势，进而准确地预测未来走势。

获取外汇数据的方式有很多，我们在第 3 章介绍的一些第三方库都可以满足我们的需求。如 akshare 库的函数就可以指定币种和时间，从相应的数据接口获得包括人民币牌价数据、人民币汇率中间价、人民币外汇即期报价、人民币外汇远掉报价、外币对即期报价、指定币种的所有货币对、外币对历史数据、外汇行情报价，甚至货币对投机情绪报告在内的数据。

这里，我们以 100 美元兑换人民币价格为例，展示获取人民币牌价数据的过程。

```
import akshare as ak
dexCHY_USD100=ak.currency_boc_sina(symbol='美元',date='20230101')
dexCHY_USD100
```

	日期	中行汇买价	中行钞买价	中行钞卖价/汇卖价	央行中间价
0	2022-12-30	688.80	683.20	691.72	696.46
1	2022-12-29	695.49	689.83	698.44	697.93
2	2022-12-28	696.79	691.12	699.74	696.81
3	2022-12-27	694.74	689.09	697.69	695.46
4	2022-12-26	695.09	689.44	698.04	698.25
…	…	…	…	…	…
3063	2012-01-06	629.21	624.17	631.74	631.66
3064	2012-01-05	628.79	623.75	631.31	631.15

```
3065 2012-01-04  628.02   622.98   630.53        630.01
3066 2012-01-03  627.42   622.39   629.93        630.09
3067 2012-01-02  627.42   622.39   629.93        630.09
3068 rows×5 columns
```

除美元以外，symbol 还可以指定英镑、欧元、日元等世界主要货币。

实践与练习

利用 akshare 库输出截至 2023 年 2 月 1 日的 100 欧元兑换人民币的数据。

8.2 时间序列数据

除了前文介绍的 akshare 库，我们还可以使用 pandas-datareader 模块的 DataReader（ ）函数对 1981 年 2 月 2 日到 2023 年 2 月 2 日间中美汇率的历史数据进行采集。pandas-datareader 的使用说明请参考 Pandas 官方网站。

8.2.1 数据导入

我们使用如下语句对 pandas-datareader 进行库的安装与导入。

```
➡ pip install pandas-datareader                # 安装库
➡ import pandas_datareader.data as pdr         # 导入库
```

DataReader（ ）函数中需要指定的参数有标的物、数据源、起始时间和截止时间。

```
➡ import datetime as dt
  start=dt.datetime(1981,2,2)                   # 起始时间
  end  =dt.datetime(2023,2,2)                   # 截止时间
  CHY_USD_df=pdr.DataReader('DEXCHUS','fred',start,end)
```

Python 中内置的 datetime 模块提供了 datetime、date、time、timedelta 类型，其中 datetime 类型包含日期和时间信息。

我们也可以直接在 DataReader（ ）函数内指定时间。

```
➡ CHY_USD_df=pdr.DataReader('DEXCHUS','fred',start='1981-02-02',end='2023-02-02')
```

DEXCHUS 为中美汇率代码，其他国家代码可以参见美联储经济数据库。

下载数据后，可以保存到本地，再读出数据进行分析。当然，有些时候这一步是多余的，我们可以根据情况忽略它。

在 Python 中处理时间序列数据时，可以选择将日期用作索引，我们可以用 index_col='DATE'进行设置。

```
➡ CHY_USD_df.to_csv('../dataFiles/CHY_USD_df.csv')
➡ CHY_USD_df=pd.read_csv('../dataFiles/CHY_USD_df.csv',
                         index_col='DATE',parse_dates=True)
  CHY_USD_df
```

```
➥              DEXCHUS
DATE
1981-02-02  1.6108
1981-02-03  1.6108
1981-02-04  1.6028
1981-02-05  1.6028
1981-02-06  1.6028
...         ...
2023-01-27  6.7899
2023-01-30  6.7501
2023-01-31  6.7540
2023-02-01  6.7406
2023-02-02  6.7266
10959 rows×1 columns
```

8.2.2 处理缺失值

进行数据分析前，需要做必要的数据清洗工作。我们先来观察数据集中是否存在缺失值。分析数据前一定确保数据是被清洗过的，这是接下来顺利、有效运行程序的前提与基础。

```
➡ CHY_USD_df.isnull( ).sum( )
➥ DEXCHUS  477
  dtype:  int64
```

可以看到 CHY_USD_df 数据集中存在 477 个缺失值，虽然缺失值只占总数的 4.3%，可以选择删除它们，但考虑到数据的连续性，我们做填补处理。

```
➡ # 前值填补
  CHY_USD_df.fillna(method='ffill',inplace=True)
```

再次确认是否存在缺失值。

```
➡ CHY_USD_df.isnull( ).sum( )
➥ DEXCHUS  0
  dtype:  int64
```

可以看到，输出结果显示数据集中已经不存在缺失值了。

8.2.3 改写时间戳

处理过缺失值的 CHY_USD_df 数据集中包括 10482（10959－477＝10482）条每日数据。由于数据较多，这在后面进行分析时可能较难处理，所以我们可以通过 resample（'MS'）函数将日期戳改用时间序列的月平均值获得月期戳，即按月对数据进行分组。

```
➡ CH_US_ms_df=CHY_USD_df.resample('MS').mean( )
  # 数据保存本地
  CH_US_ms_df.to_csv('../dataFiles/CH_US_ms_df.csv')
  CH_US_ms_df=pd.read_csv('../dataFiles/CH_US_ms_df.csv',
                          index_col='DATE',parse_dates=True)
```

```
CH_US_ms_df
```

```
             DEXCHUS
DATE
1981-02-01  1.613515
1981-03-01  1.631364
1981-04-01  1.665968
1981-05-01  1.727771
1981-06-01  1.760523
…           …
2022-10-01  7.186381
2022-11-01  7.180255
2022-12-01  6.972436
2023-01-01  6.791195
2023-02-01  6.733600
505 rows×1 columns
```

从输出结果可以看到，数据集由 10482 条的日数据变为了 505 条的月数据。

8.2.4　数据可视化

在处理时间序列数据时，可以通过可视化（图 8-1）来展示很多内容。例如，数据是否显示出明显的周期性、呈现上升还是下降趋势，是否存在与其他数据不一致的离群值。

```
import plotly.graph_objects as go
fig=go.Figure()
fig.add_trace(go.Scatter(x=CH_US_ms_df.index,
                         y=CH_US_ms_df.DEXCHUS,name='DEXCHUS'))
fig.update_layout(title='中美汇率走势',xaxis_title='日期',
                  yaxis_title='汇率价格(元)')
```

```
fig.show()
```

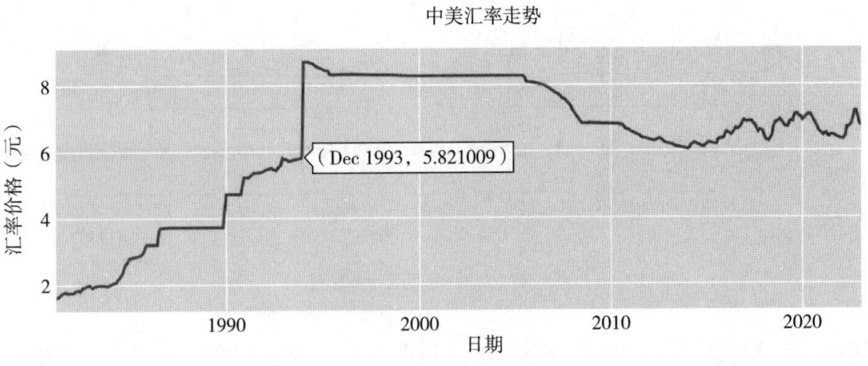

图 8-1　中美汇率走势

当我们进行数据可视化时，会出现一些可区分的模式。时间序列具有明显的季节性模式，以及总体增长趋势。我们还可以使用时间序列分解的方法可视化数据。时间序列分解的方法允许我们将时间序列分解为三个不同的组成部分，即趋势、季节性和噪声。

实践与练习

①从图 8-1 可以看到，1993 年，中美汇率出现巨大变化，两国汇率进入了一个新阶段，是怎样的冲击因素导致这样的变化？

②中美汇率出现变化会给两国各个领域带来怎样的影响？

8.2.5 时间序列分解

利用时间序列（Time Series）可以预测中美汇率走势。我们可以从时间序列数据中切片数据来构建用于训练的数据集。Statsmodels 提供了时间序列分解功能，使用时间序列分解可以让我们更轻松、快速地识别数据中不断变化的平均值或变异。图 8-2 清楚地显示了中美汇率数据的上升趋势，以及它可能存在"季节性"，这些可以用来理解时间序列的结构。另外，时间序列分解背后的直觉很重要，因为许多预测方法都建立在结构化分解的概念之上，进而产生预测。

```
import statsmodels.api as sm
plt.rcParams['figure.figsize']=(9.5)          # 设置图片大小
decomp=sm.tsa.seasonal_decompose(CH_US_ms_df)
fig=decomp.plot()
plt.xlabel('日期')                              # 添加横轴坐标标签
plt.show()
```

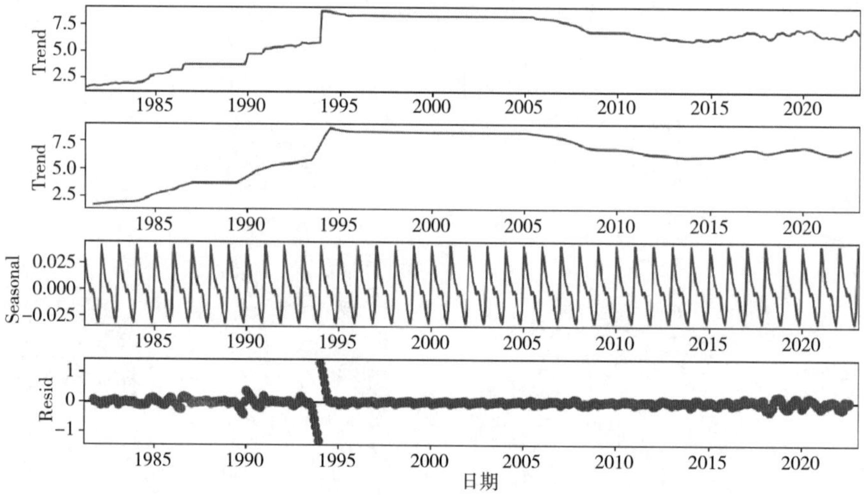

图 8-2 中美汇率趋势图

结合中美汇率趋势图，时间序列分解再次让我们看到，1994 年成为中美汇率新阶段的分水岭。

说明与解释

1989 年至 1994 年是我国外汇市场基本框架的形成阶段，主要表现在三个方面。一是形成了汇率双轨制。随着外汇互换的扩大，我国实际上已经形成了官方汇率与市场汇率并存的局面。1991 年 4 月 9 日以后，官方汇率从大的一次性调整改为小幅和慢节奏的调整。1992 年下半年，人民币汇率在外汇掉期市场大幅贬值。1993 年 7 月 12 日，中国人民银行首次介入外汇掉期市场，稳定汇率，总体上将人民币兑换美元汇率维持在 1 美元可以买入 8.6~8.8 元人民币的水平。二是允许居民个人进行外汇交易。1991 年 11 月，取消了居民个人参与换汇的限制，以满足居民的外汇需求。三是外汇掉期市场功能增强。到 1993 年底，80%的外汇收支受外汇掉期市场汇率的制约。此阶段，外汇互换市场虽然发展明显，功能也随之扩大，但仍然是初级形式的外汇市场，还不是以金融机构为主体全面实施市场机制的外汇市场。1993 年 11 月通过的《中共中央关于建立社会主义市场经济体制若干问题的决定》明确要求改革外汇管理体制，建立市场化浮动汇率制度和统一规范的外汇市场，并逐步使人民币成为可兑换货币。

8.2.6　数据切片

切片功能可以帮助我们快速找到需要的数据段。例如，我们可以对 CH_US_ms_df 数据集进行切片，抽选出 1994 年之后的中美汇率新阶段的所有数据。

```
➡ CH_US_ms_s1994_df=CH_US_ms_df['1994':]
  CH_US_ms_s1994_df
```

```
➥                 DEXCHUS
  DATE
  1994-01-01   8.721895
  1994-02-01   8.724815
  1994-03-01   8.724135
  1994-04-01   8.725529
  1994-05-01   8.685632
  …            …
  2022-10-01   7.186381
  2022-11-01   7.180255
  2022-12-01   6.972436
  2023-01-01   6.791195
  2023-02-01   6.733600
  349 rows×1 columns
```

或是获取两个时间点间的数据切片。

```
➡ CH_US_ms_s1994e2000_df=CH_US_ms_df['1994':'2000']
  CH_US_ms_s1994e2000_df
```

```
➥                 DEXCHUS
  DATE
  1994-01-01   8.721895
  1994-02-01   8.724815
  1994-03-01   8.724135
  1994-04-01   8.725529
  1994-05-01   8.685632
  …            …
```

```
2000-08-01  8.279570
2000-09-01  8.278552
2000-10-01  8.278486
2000-11-01  8.277409
2000-12-01  8.277171
84 rows×1 columns
```

8.3 时间序列预测

根据历史数据，时间序列可用于预测经济、天气的趋势。本节介绍 ARMA、ARIMA、SARIMAX 等时间序列预测的常用方法，并讨论自相关、平稳性和季节性等实现可靠时间序列预测所需的相关概念。

8.3.1 ARMA 预测

自回归滑动平均（Autoregressive Moving Average Model，ARMA）模型是目前最常用的拟合平稳序列的模型。它又可以细分为 AR 模型、MA 模型和 ARMA 三大类，都可以看作是多元线性回归模型。

(1) 趋势可视化

我们以 2015 年到 2023 年的中美汇率数据为例，观察 ARMA 过程（图 8-3）。

```
➡ fig,ax=plt.subplots()
CH_US_ms_s2015e2023_df=CH_US_ms_df['2015':'2023']
plt.xlabel('日期')              添加横轴坐标标签
plt.ylabel('汇率价格(元)')      添加纵轴坐标标签
plt.grid()
```

首先，观察汇率数据如何随时间变化而变化。

```
➡ fig,ax=plt.subplots()
CH_US_ms_s2015e2023_df.plot(ax=ax)
plt.grid()
```

⮑

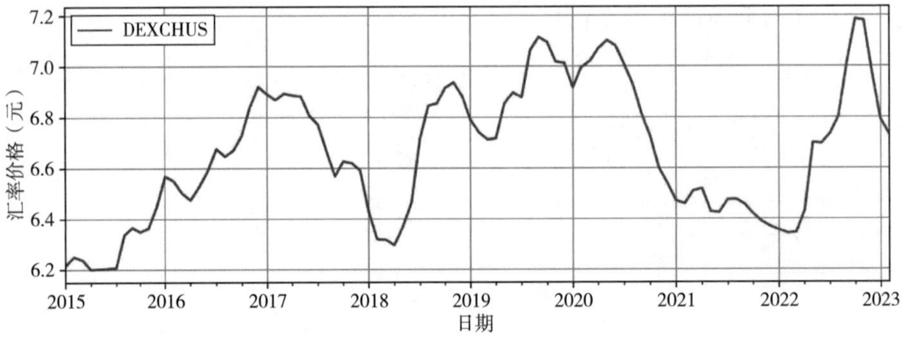

图 8-3 中美汇率的 ARMA 过程

（2）训练集和测试集

接下来，我们将 CH_US_ms_s2015e2023_df 数据集拆分为训练集和测试集，以便我们测试模型拟合的质量。

```
df_train=CH_US_ms_s2015e2023_df.loc[:'2021']
df_test=CH_US_ms_s2015e2023_df.loc['2022':]
fig,ax=plt.subplots()
```

我们还可以绘制训练集和测试集情况（图 8-4）。

```
df_train=CH_US_ms_s2015e2023_df.loc[:'2021']
df_test=CH_US_ms_s2015e2023_df.loc['2022':]
fig,ax=plt.subplots()
# 在 x 轴、y 轴上绘制训练集和测试集情况
df_train.plot(ax=ax)
df_test.plot(ax=ax,linestyle='-.')
plt.xlabel('日期')              # 添加横轴坐标标签
plt.ylabel('汇率价格(元)')  # 添加纵轴坐标标签
plt.grid()
```

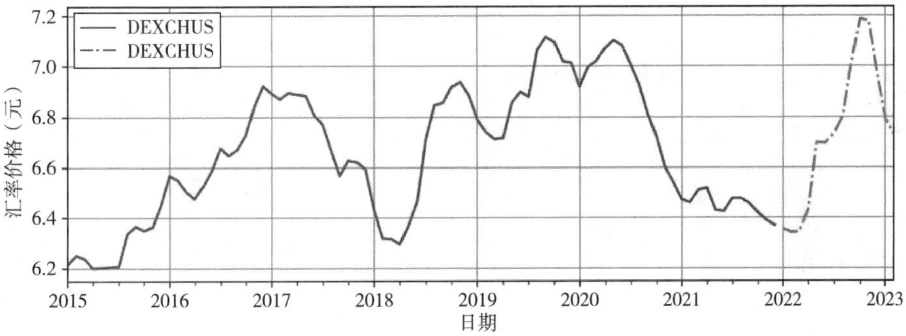

图 8-4　拆分训练集和测试集

（3）平稳性检验

下面，我们要确定时间序列是平稳还是非平稳非常重要。如果它是平稳的，则可以使用 ARMA 模型来预测时间序列的下一个值。如果它是非平稳的，那么就不能使用 ARMA 模型。一般情况下，我们都可以将非平稳时间序列转换为平稳时间序列。

为了判断数据的平稳性，我们可以使用扩张迪基-福勒检验（Augmented Dicky-Fuller，ADF），其原假设为时间序列是非平稳的。

ADF 检验判断序列是否存在单位根，如果序列平稳就不存在单位根，否则就会存在单位根。

- H0（原假设）：存在单位根，序列不平稳。
- H1（备择假设）：不存在单位根，序列平稳。

如果得到的显著性检验统计量（p 值）小于三个置信度（10%，5%，1%），则对应有（90%，95%，99%）的把握来拒绝原假设，即为平稳序列。

如果数据不是平稳的，这将意味着每月的数据有一个趋势并且正在发生变化。如果它呈

上升趋势，这意味着汇率的上升。如果它呈下降趋势，则意味着汇率的下降。

```
from statsmodels.tsa.stattools import adfuller
adfullerTestResult=adfuller(CH_US_ms_s2015e2023_df['DEXCHUS'])
# 输出测试统计数字、p 值、临界值
print(adfullerTestResult[0],adfullerTestResult[1],adfullerTestResult[4])
```

```
-2.9563391325581643 0.03917787099752324 {'1%':-3.5003788874873405,
                                          '5%':-2.8921519665075235,
                                          '10%':-2.5830997960069446}
```

输出的 p 值为 0.039，其小于 0.05，因此可以拒绝原假设，数据集是平稳序列。

如果我们得到是一个非平稳的序列，也可以通过 diff（ ）和 diff( ).diff( ) 函数进行一阶、二阶差分处理，目的就是使数据集平稳。

```
# 一阶差分
C_U_diff_1=CH_US_ms_s2015e2023_df.diff().dropna()
result=adfuller(CH_US_ms_s2015e2023_df['DEXCHUS'])
print('ADF Statistic、p-value:',result[0],result[1])
```

```
# 二阶差分
C_U_diff_2=CH_US_ms_s2015e2023_df.diff().diff().dropna()
result=adfuller(CH_US_ms_s2015e2023_df['DEXCHUS'])
print('ADF Statistic、p-value:',result[0],result[1])
```

8.3.2 AR、MA 与 ARMA 预测

AR 模型有三种基本样式。

AR（1）模型

$$y_t = a_1 y_{t-1} + \varepsilon_t$$

AR（2）模型

$$y_t = a_1 y_{t-1} + a_2 y_{2-1} + \varepsilon_t$$

AR（p）模型

$$y_t = a_1 y_{t-1} + a_2 y_{2-1} + \cdots + a_p y_{p-1} + \varepsilon_t$$

同样，MA 模型也有三种基本样式。

MA（1）模型

$$y_t = m_1 \varepsilon_{t-1} + \varepsilon_t$$

MA（2）模型

$$y_t = m_1 \varepsilon_{t-1} + m_2 \varepsilon_{2-1} + \varepsilon_t$$

MA（q）模型

$$y_t = m_1 \varepsilon_{t-1} + m_2 \varepsilon_{2-1} + \cdots + m_p \varepsilon_{p-1} + \varepsilon_t$$

ARMR 模型是 AR 与 MA 之和。即 ARMA=AR+MA。

ARMA（1，1）模型

$$y_t = a_1 y_{t-1} + m_1 \varepsilon_{t-1} + \varepsilon_t$$

ARMA（p，q）模型

p 是 AR 部分的顺序，q 是 MA 部分的顺序。

在拟合和处理 AR、MA 和 ARMA 模型时，理解模型顺序是非常重要的。我们需要在拟合

时选择模型顺序。正确的选择会给我们一个更好的拟合模型，做出更好的预测。

我们可以用以下形式设置 AR、MA 和 ARMA 模型的参数。

Arcoefficients（2）=［1，0.3，-0.2］，Macoefficients（1）=［1，0.4］。其中，0.3 为 ARcoefficients 的一阶滞后系数（lag coefficient），-0.2 为二阶滞后系数。0.4 为 Macoefficients 的一阶滞后系数。

如果 ARMA 模型为 $y_t = 0.1y_{t-1} + 0.4\varepsilon_{t-1} + 0.2\varepsilon_{t-2} + \varepsilon_t$，则 Arcoefficients=［1，0.1］，Macoefficients=［1，0.4，0.2］。

arma_generate_sample（）函数可以帮助我们使用不同的 AR 和 MA 系数生成时间序列。可视化可以帮助我们更直观地观察时间序列数据（图 8-5）。

```
Arcoefficients=[1]
Macoefficients=[1,0.4,0.2]
from statsmodels.tsa.arima_process import arma_generate_sample
# 生成数据
y=arma_generate_sample(Arcoefficients,Macoefficients,
                       nsample=10,scale=0.8)
plt.xlabel('分布')       #添加横轴坐标标签
plt.ylabel('概率')       #添加纵轴坐标标签
plt.plot(y)
plt.grid()
```

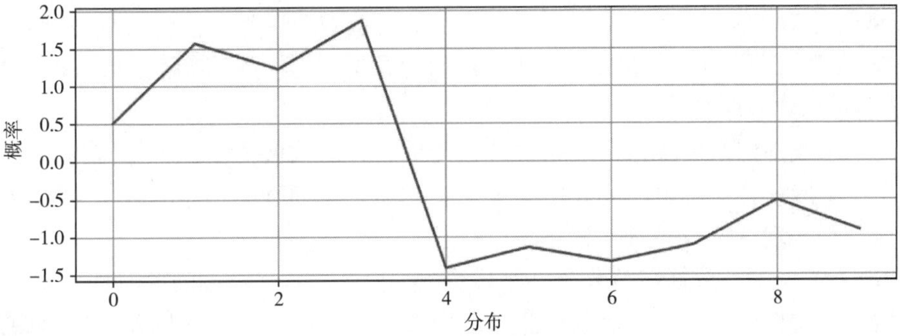

图 8-5 时间序列

8.3.3 ARIMA 预测

自回归综合移动平均（Autoreg Ressive Intagrated Moving Average，ARIMA）使用时间序列数据来更好地了解数据集或预测未来趋势。如果统计模型根据历史数据预测未来值，则该统计模型是自回归的。ARIMA 是一种基于历史时间序列来预测或预报未来结果的方法。它是基于序列相关的统计概念，即过去的数据点影响未来的数据点。

ARIMA 结合了自回归特征和前面介绍过的移动平均数的特征。例如，一个 AR（1）自回归过程是一个当前值基于紧接着的前一个值的过程，而一个 AR（2）过程是一个当前值基于前两个值的过程。移动平均数是一种用于分析数据点的计算方法，它通过对全部数据集的不同子集建立一系列的平均数来平滑离群值的影响。作为这种技术组合的结果，ARIMA 模型在进行预测时可以考虑到趋势、周期、季节性和其他非静态类型的数据。

ARIMA 预测是通过插入感兴趣的变量的时间序列数据来实现的。统计软件将确定适当的滞后期数或差分量来应用于数据，并检查静止性。然后，它将输出结果，其解释通常类似于多元线性回归模型的结果。例如，ARIMA 模型可能试图根据股票过去的表现预测股票的未来价格，或者根据历史数据预测企业的收益。ARIMA 模型是一种回归分析形式，用于衡量一个因变量相对于其他变化的变量的强度。该模型的目标是通过检查序列中值之间的差异而不是通过实际值来预测未来的证券或金融市场走势。

说明与解释

ARIMA 模型可以通过概述其每个部分来理解，如下所示：

自回归（AR）：指显示一个不断变化的变量的模型，该变量在其自身的滞后或先前值上回归。

差分（I）：I 表示原始观测值的差分，使时间序列变得平稳，数据值被数据值与先前值之间的差异所取代。

移动平均线（MA）：包含应用于滞后观测值的移动平均模型的观测值和残差之间的依赖关系。

8.3.4 ARIMA 参数

ARIMA 模型中的每一个组成部分都可作为一个参数，有一个标准的记号。对于 ARIMA 模型，一个标准的记号是 ARIMA 与 p、d 和 q，其中整数值代替了参数，以表明所使用的 ARIMA 模型的类型。这些参数可以定义为：p 表示模型中滞后观测值的数量（或称为回归的顺序）；d 表示原始观测值被差分的次数（或称为差分程度）；q 表示移动平均窗口的大小（或称为移动平均的顺序）。

例如，一个线性回归模型包括项的数量和类型。如果数值为零，可以作为参数使用，就意味着模型中不应该使用特定的成分。这样一来，ARIMA 模型的构建就可以实现 ARMA 模型的功能，或分别实现 AR、I 或 MA 模型。

在 ARIMA 模型中，数据被差分，以使其平稳。一个显示平稳性的模型是一个显示数据在一段时间内有恒定性的模型。大多数经济和市场数据显示出趋势，所以差分的目的是消除任何趋势或季节性结构。所谓的“季节性”，或者当数据显示有规律的和可预测的模式在一个日历年内重复时，可能对回归模型产生负面影响。如果趋势出现，平稳性不明显，整个过程中的许多计算就无法进行，也无法产生预期的结果。

要开始为一项投资建立一个 ARIMA 模型，我们要尽可能多地准备数据。一旦确定了数据的趋势，我们就通过观察自相关来确定最低的差分程度（d）。如果滞后 1 期的自相关为零或负值，那么该系列就已经被差分了；如果滞后 1 期的自相关大于零，我们可能需要对该系列进行更多的差分。

接下来，通过比较自相关和部分自相关，确定回归的顺序（p）和移动平均的顺序（q）。一旦得到了需要的信息，我们就可以选择我们要使用的模型。

（1）参数选择

在寻求将时间序列数据与季节性 ARIMA 模型拟合时，我们的第一个目标是找到优化感兴趣指标的值。实现这一目标有许多准则和最佳实践，但 ARIMA 模型的正确参数化可能是一个棘手的手动过程。在本节中，我们将通过编写 Python 代码来以编程方式为时间序列模型选择最佳参数值来解决此问题。

我们将使用“网格搜索（Grid Search）”来迭代探索不同的参数组合。对于每个参数组合，我们用模块中的函数拟合一个新的季节性 ARIMA 模型，并评估其整体质量。一旦探索出了参数范围，最佳参数集将是对我们感兴趣的标准产生最佳性能的参数。

```
➡ CH_US_ms_1998_df=CH_US_ms_df['1998':]
```

我们选择 1998 年后的数据作为数据集分析。

```
➡ import itertools
```

itertool 是 Python 的一个模块，它提供了各种对迭代器工作的函数，以产生复杂的迭代器。这个模块作为一个快速的、节省内存的工具，既可以单独使用，也可以组合使用，形成迭代器代数。

我们首先定义 p、d 和 q 参数，取 0 到 2 之间的任何数值。

```
➡ p=d=q=range(0,2)
```

然后生成所有不同的 p、q 和 q 三要素的组合。

```
➡ pdq=list(itertools.product(p,d,q))
```

接着生成所有不同的季节性 p、q 和 q 三要素的组合。

```
➡ seasonal_pdq=[(x[0],x[1],x[2],12)for x in list(itertools.product(p,d,q))]
```

最后，输出季节性 ARIMA 模型的参数组合。

```
➡ print('SARIMAX 参数组合')
  print('{} x {}'.format(pdq[1],pdqSeason[1]))
  print('{} x {}'.format(pdq[1],pdqSeason[2]))
  print('{} x {}'.format(pdq[2],pdqSeason[3]))
  print('{} x {}'.format(pdq[2],pdqSeason[4]))
➥ SARIMAX 参数组合
  (0,0,1)x(0,0,1,12)
  (0,0,1)x(0,1,0,12)
  (0,1,0)x(0,1,1,12)
  (0,1,0)x(1,0,0,12)
```

现在我们可以使用上面定义的参数来自动训练和评估不同组合的 ARIMA 模型的过程。在统计学和机器学习中，这个过程被称为模型选择的网格搜索，或超参数优化（Hyperparameter Optimization）。

在评估和比较用不同参数拟合的统计模型时，可以根据模型对数据的拟合程度或其准确预测未来数据点的能力，对每个模型进行相互排名。我们将使用 AIC（Akaike Information Criterion，赤池信息准则）值，它可以方便地与使用 .NET 拟合的 ARIMA 模型一起返回。衡量一个模型对数据的拟合程度，需要同时考虑到模型的整体复杂性。一个使用大量特征的模型对数据的拟合效果会更好，与使用较少特征达到相同拟合效果的模型相比，AIC 得分会更高。因此，我们感兴趣的是找到产生最低值的模型。

下面的代码块通过参数的组合进行迭代，并使用函数 from 来拟合相应的季节性 ARIMA 模型。这里，参数指定了季节性 ARIMA 模型的季节性成分。拟合每个模型后，代码会输出其各自的得分。

因为一些参数组合可能会导致数值的错误指定，我们使用 warnings. filterwarnings（'ignore'）函数明确禁用警告信息，以避免警告信息的过载。

```
➡ import warnings
  warnings.filterwarnings('ignore')
➡ for param in pdq:
      for param_seasonal in seasonal_pdq:
          try:
              mod=sm.tsa.statespace.SARIMAX(CH_US_ms_1998_df,
                                            order=param,
                                            seasonal_order=param_seasonal,
                                            enforce_stationarity=False,
                                            enforce_invertibility=False)
              results=mod.fit()
              print('SARIMAX{}x{}12-AIC:{}'.format(param,
                                                    param_seasonal,
                                                    results.aic))
          except:
              continue
↳ SARIMAX(1,1,1)x(1,1,1,12)12-AIC:-877.3984585172452
```

上面的代码输出结果表明，产生的最低值为-877。因此，我们应该认为这是我们所考虑的所有模型中的最佳选择。

（2）模型拟合

使用网格搜索，我们已经确定了产生与时间序列数据最匹配的模型的参数集。接下来可以继续对这个特定的模型进行更深入的分析。我们可以把最佳参数值插入一个新模型中。

```
➡ mod=sm.tsa.statespace.SARIMAX(CH_US_ms_1998_df,
                                order=(1,1,1),
                                seasonal_order=(1,1,1,12),
                                enforce_stationarity=False,
                                enforce_invertibility=False)
  results=mod.fit()
  print(results.summary().tables[1])
↳
CONVERGENCE:REL_REDUCTION_OF_F_<=_FACTR*EPSMCH
---------------------------------------------------------------------------
            coef      std err     z          P>|z|     [0.025     0.975]
---------------------------------------------------------------------------
ar.L1       0.3853    0.080       4.844      0.000     0.229      0.541
ma.L1       0.1909    0.091       2.095      0.036     0.012      0.370
ar.S.L12   -0.0489    0.057      -0.856      0.392    -0.161      0.063
```

```
ma.S.L12   -0.8868   0.042      -20.929   0.000    -0.970    -0.804
sigma2     0.0022    9.5e-05    22.678    0.000    0.002     0.002
-----------------------------------------------------------------------
```

输出结果返回了大量的信息，但我们应读将注意力集中在系数 coef 上。这一列显示了每个特征的权重（即重要性）以及每个特征对时间序列的影响。从输出结果中可以看到，除了 ar. S. L12 以外，每个权重的 p 值都低于或接近于 0.05，所以可以初步认为，在我们的模型中保留所有的权重是合理的。

当拟合季节性的 ARIMA 模型时，运行模型诊断函数 plot_diagnostics（ ）是很重要的，以确保没有违反模型的任何假设。该函数允许我们快速生成模型诊断并调查任何不寻常的行为。

plot_diagnostics（ ）函数生成图 8-6，左上起顺时针顺序分别为：随时间变化的标准化残差；直方图加上标准化残差的估计密度，以及绘制了正态（0，1）密度以供参考；正态 Q-Q 图；相关图。

➡
```
results.plot_diagnostics()
plt.show()
```
⮑

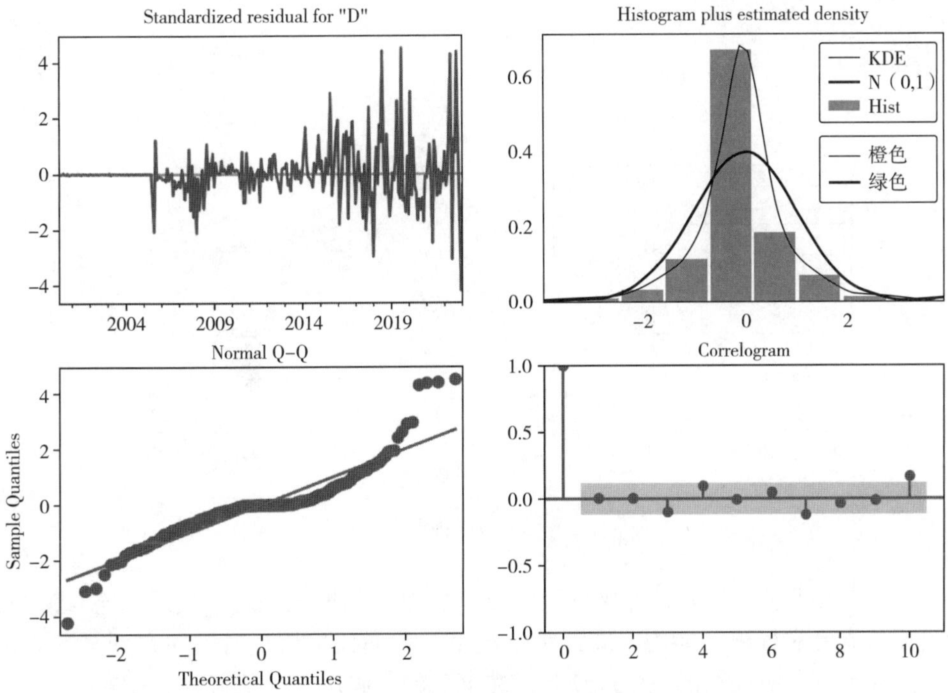

图 8-6 四种参考视图

如果模型的残差是不相关的，并且是零均值的正态分布，就说明模型产生了令人满意的拟合。如果季节性的 ARIMA 模型不满足这些特性，就说明它需要进一步改进。如图 8-6 所示，我们的模型诊断表明，模型残差是正态分布。在右上图中，我们看到橙色线与绿色线是正态分布的，其残差也是正态分布的；左下角的 Q-Q 图显示，残差的有序分布（蓝点）遵循从标准正态分布中抽取的样本的线性趋势，这表明残差是正态分布的；随着时间的推移，残差（左上图）不显示任何明显的季节性。右下角的自相关图证实了这一点，它表明时间序列的残差与自身的滞后版本有较低的相关性。这些观察结果得出结论，模型产生了令人满意的拟合，这可以帮助我们理解时间序列数据并预测未来的价值。

(3) 验证预测

我们已经为时间序列获得了一个模型，现在可以用其来产生预测。首先利用 get_prediction（ ）函数将预测值与时间序列的实际值进行比较。

```
➡ pred=results.get_prediction(start=pd.to_datetime('2008-01-01'),
                                dynamic=False)
  pred_ci=pred.conf_int()
```

上面的代码指定预测从 2008 年 1 月 1 日开始。函数中的参数设置确保模型产生单步超前预测。我们可以绘制时间序列的实际值和预测值的趋势图（图 8-7）。

```
➡ ax=CH_US_ms_1998_df['2000':].plot()
  pred.predicted_mean.plot(ax=ax,label='提前一步预测',alpha=0.7)
  ax.fill_between(pred_ci.index,pred_ci.iloc[:,0],
                  pred_ci.iloc[:,1],color='k',alpha=0.2)
  ax.set_xlabel('日期')
  ax.set_ylabel('股价(元)')
  plt.legend()
  plt.show()
```

➡

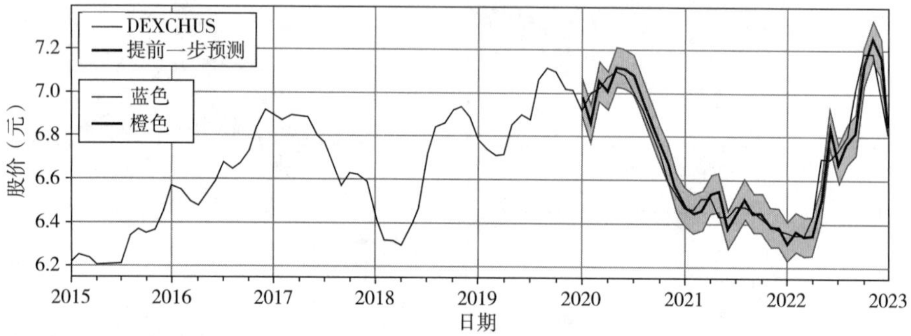

图 8-7　预测

总的来说，预测值与实际值非常一致，显示出整体的增长趋势。使用动态预测可以更好地表示模型具有真实预测的能力。在这种情况下，我们仅使用从时间序列到某个点的信息，之后，使用先前预测时间点的值生成预测。在下面的代码块中，我们指定从 2020 年 1 月 1 日开始计算动态预测和置信区间。

```
➡ pred_dynamic = results.get_prediction(start = pd.to_datetime('2020-01-01'),
  dynamic=True,full_results=True)
  pred_dynamic_ci=pred_dynamic.conf_int()
```

下面，绘制时间序列的实际值和预测值的趋势图，我们可以看到所有预测值（橙色线）都与基本事实（蓝色线）接近，并且完全在我们预测的置信区间内（图 8-8）。

```
ax=CH_US_ms_1998_df['2015':].plot()
pred_dynamic.predicted_mean.plot(label='动态预测',ax=ax)
ax.fill_between(pred_dynamic_ci.index,
                pred_dynamic_ci.iloc[:,0],pred_dynamic_ci.iloc[:,1],
                color='k',alpha=0.25)
ax.fill_betweenx(ax.get_ylim(),pd.to_datetime('2020-01-01'),
                 CH_US_ms_1998_df.index[-1],alpha=0.1,zorder=-1)
ax.set_xlabel('日期')
ax.set_ylabel('股价(元)')
plt.grid()
plt.legend()
plt.show()
```

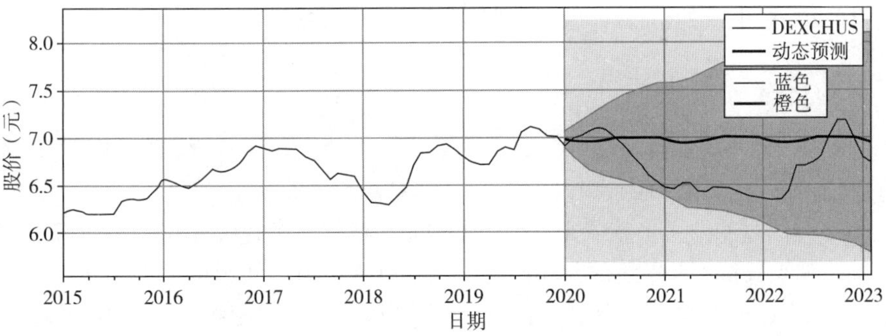

图 8-8　动态预测

（4）预测可视化

接下来，我们将介绍如何利用季节性 ARIMA 时间序列模型来预测未来值。时间序列对象的属性可以计算出未来指定步数的预测值。首先使用 get_forecast（ ）函数帮助我们获得未来 80 步的预测值，然后获得预测的置信区间。

```
pred_uc=results.get_forecast(steps=80)
pred_ci=pred_uc.conf_int()
```

我们可以使用下面的代码块绘制时间序列和对其未来值的预测的趋势图（图 8-9）。

```
ax=CH_US_ms_1998_df.plot()
pred_uc.predicted_mean.plot(ax=ax,label='预测')
ax.fill_between(pred_ci.index,pred_ci.iloc[:,0],
                pred_ci.iloc[:,1],color='k',alpha=.25)
ax.set_xlabel('日期')
ax.set_ylabel('股价(元)')
plt.grid()
plt.legend()
plt.show()
```

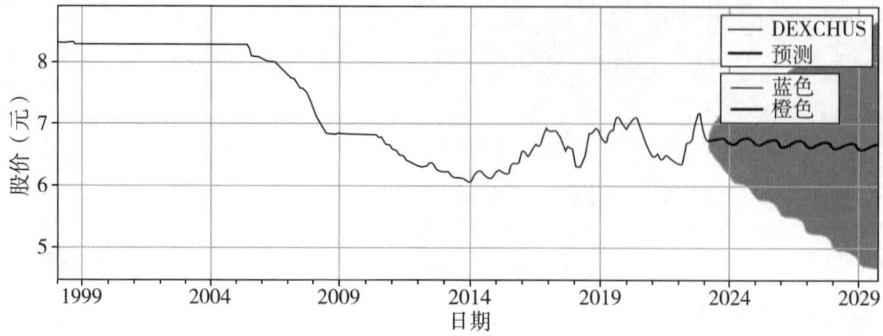

图 8-9　预测

我们所产生的预测和相关的置信区间现在都可以用来进一步了解时间序列，并预知预期的情况。预测结果显示，时间序列预计将继续以稳定的速度波动。灰色背景的含义是，随着对未来的进一步预测，我们对数值会变得不太自信，这反映在模型所产生的置信区间上，或者可以说随着我们对未来的进一步深入，置信区间越来越大。

8.3.5　SARIMAX 模块

ARIMA 模型的强项是善于根据过去的情况进行预测，ARIMA 模型假设过去的价值对当前或未来的价值有一些剩余影响，并使用过去的数据来预测未来的事件。

正如上一节介绍过的，大多数情况下，当数据非平稳时，我们从 ARIMA 模型获得的预测会变得不那么准确。如果数据不是平稳的，我们可以做两件事，要么使数据平稳，要么使用 SARIMAX（季节性自回归综合移动平均线）模型。下面，我们举例来说明 SARIMAX 模型的过程。

首先，对 CH_US_ms_df 数据集进行切片，选取 2005 年到 2015 年间的中美汇率数据。

```
CH_US_ms_s2005e2015=CH_US_ms_df['2005':'2015']
```

接着，绘图（图 8-10），并使用 ADF 检验，判断数据的平稳性。

```
adfullerTestResult=adfuller(CH_US_ms_s2005e2015['DEXCHUS'])
fig,ax=plt.subplots()
CH_US_ms_s2005e2015.plot(ax=ax)
print('ADF Statistic:',adfullerTestResult[0])
print('p-value:',adfullerTestResult[1])
```

```
ADF Statistic:-2.315985764489683
p-value:0.1668640653684781
```

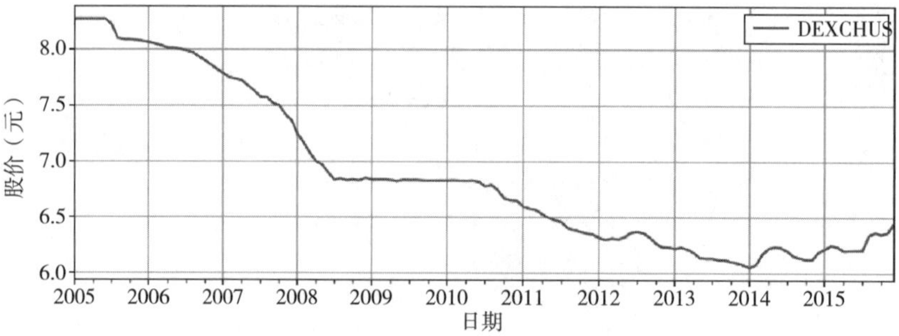

图 8-10　趋势图

SARIMAX 是 ARIMA 模型的更新版本。ARIMA 包括自回归积分移动平均线，而 SARIMAX 包括季节性效应和 eXogenic 因子以及模型中的自回归和移动平均分量。

在 SARIMAX 模型参数中，我们需要提供两种命令：一种类似于 ARIMA 模型（p，d，q），另一种是指定季节性的影响。我们将后一种命令称为季节性命令，其中我们需要提供四个数字（季节性 AR 规范、季节性积分顺序、季节性 MA、季节性周期性）。

让我们看看如何在数据集上实现此模型。首先，导入模型需要的库。

```
➡ import statsmodels.api as sm
```

然后将模型拟合到时间序列中。

```
➡ model=sm.tsa.statespace.SARIMAX(CH_US_ms_s2005e2015['DEXCHUS'],
                                 order=(1,1,1),seasonal_order=(1,1,1,12))
  results=model.fit()
```

再来测试拟合模型（图 8-11）。

```
➡ CH_US_ms_s2005e2015['预测']=results.predict(start=90,end=103,dynamic=True)
  CH_US_ms_s2005e2015[['DEXCHUS','预测']].plot(figsize=(9,4))
↳
```

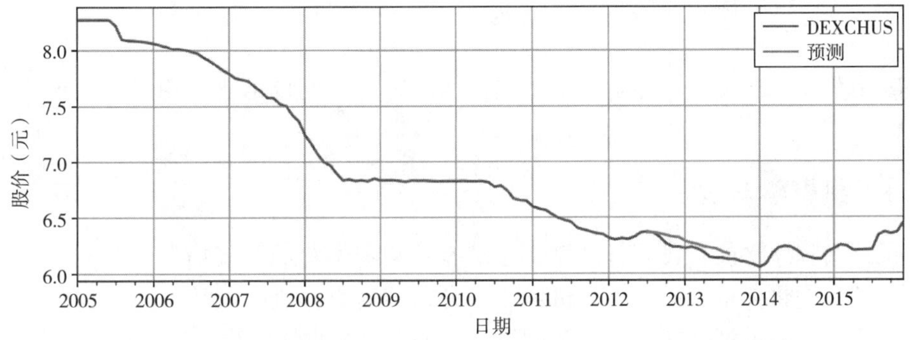

图 8-11　预测

从图 8-11 中可以看出，预测线几乎位于该模型的给定值上。我们甚至不需要差异方法。使用这个模型，我们也可以尝试预测未来值。

```
➡ from pandas.tseries.offsets import DateOffset
➡ pred_date=[data.index[-1]+DateOffset(months=x) for x in range(0,24)]
```

第 9 章 人工智能与预测

9.1 人工智能与金融

人工智能（Artificial Intelligence，AI）正在蓬勃发展，似乎没有一个行业或部门不受其影响。首位提出“人工智能”概念的学者约翰·麦卡锡（John McCarthy）将人工智能定义为“制造智能机器的科学与工程（The science and engineering of making intelligent machines）”。人工智能由两个子集技术组成，即“机器学习”和“深度学习”。机器学习通过向机器提供数据来使机器更智能。深度学习用于使用神经网络解决复杂问题。

目前，很多金融机构都高度认可人工智能的优势。金融机构采用人工智能的决定将因技术进步、用户接受度提高和监管框架的转变而加速。例如银行可以使用人工智能帮助自身简化繁琐的流程，从而极大地改善客户体验。

9.2 人工智能与 Python

Python 是数据科学家、机器学习专家或任何与人工智能技术研发相关的人员使用的首选编程语言。

9.2.1 机器学习过程

在尝试编写程序之前，我们首先需要了解有关机器学习的更多信息。机器学习通常有三步过程：一是首先将大量数据导入到机器；二是机器对数据进行训练，并找到隐藏的规律和见解；三是机器学习模型是在算法的帮助下创建的，以解决任何给定的问题。

对于机器学习，Python 有五个主要库，分别为 Tensorflow、OpenCV、Pytorch、Keras 和 Statsmodels。机器学习采用两种不同的技术。一是监督学习，即模型在监督和标记数据下学习的概念。我们用一些唯一值标记数据，然后根据需要训练模型。二是无监督学习，模型使用未标记的数据自行学习的概念。我们只需要做一些数据清理，然后将其他预测交给机器。

关于机器学习，我们需要知道三个重要的解决问题类型。一是回归问题。例如，回归问题帮助我们预测股票价格。二是分类问题。分类问题的最佳示例是客户信用检测。三是聚类问题。其旨在解决基于相似特征创建聚类的问题。聚类问题的最佳示例是在网络中查找受感染的节点。

9.2.2 必要知识

在使用 Python 开始机器学习之前，有一些先决条件。首先是考验我们的数学技能。人工智能严重依赖数学，尤其是统计领域。例如用于数据分析的线性代数。我们主要需要关注四个关键概念，分别为向量、缩放器、张量和矩阵。另外，在数学分析中，我们需要研究梯度和导数。其次，我们还需要学习 Python 的语法基础知识，但我们不必成为严格意义上的 Python 专家。

现在我们对机器学习的基础知识已经很清楚了，我们现在对人工智能也有了清晰的认识，让我们试着用 Python 编程语言来解决一个问题陈述。

- 问题：A 股票价格明天是否上涨？
- 问题类型。分两类（因为只能有两个答案，是或不是）。
- 解决方案。解决方案是建立一个预测模型，可以预测 A 股票价格明天是否上涨。

9.2.3　准备阶段

准备阶段包括以下 5 个步骤。

第 1 步，为机器学习过程导入所需的库。因为会使用到线性代数和数据处理，因此，我们需要导入 NumPy 和 Pandas 库。

```
➡ import numpy as np              # 用于线性代数
  import pandas as pd             # 用于数据处理
```

第 2 步，加载数据集。我们以 pingan_df. csv 为例。

```
➡ pingan_df=pd.read_csv('../dataFiles/pingan_df.csv')
  print('数据集大小为:',pingan_df.shape)
⮩ 数据集大小为:(734,10)
```

第一行代码将数据集加载到一个被称为“pingan_df”的变量中。我们在 pingan_df. shape 属性的帮助下列出数据集的节点。第二行代码的目的是输出数据集的前 10 个条目。

第 3 步，处理数据。在我们进一步处理数据之前，删除不需要或不重要的数据及变量是数据清洗的一个环节。例如，可能有一些列存在缺失值或没有适当的数据，我们可以考虑删除它们。

```
➡ print(pingan_df.count().sort_values())
  pingan_df=pingan_df.dropna(how='any')          # 删除缺失值
⮩ date              734
  name              734
  code              734
  open              734
  high              734
  low               734
  close             734
  volume            734
  turnover          734
  turnover_rate     734
  dtype:int64
```

我们也可以选择删除数据集中不必要的变量。这样，我们将使计算更快、更节省时间和精力。在 pingan_df. csv 数据集中，会发现两个不必要的变量，分别是 name 和 code 变量。我们可以通过使用 drop（ ）函数进行删除。

```
➡ pingan_df=pingan_df.drop(columns=['name','code'])
```

我们可能还想去掉离群值。为了删除它们，可以使用 NumPy 库中的 abs（ ）函数。

```
➡ from scipy import stats
```

```
➡ ab=np.abs(stats.zscore(pingan_df._get_numeric_data()))
  pingan_df=pingan_df[(ab&lt;3).all(axis=1)]
```

第 4 步，探索性数据分析。在这一步，我们要找到在解决问题时能产生重大结果的变量。这一切都取决于我们所使用的数据集。

第 5 步，建立机器学习模型。最后一步是建立一个机器学习模型。我们可以通过使用“9.3.2 算法与逻辑”中提到的任何一种算法来建立分类模型。

9.3 机器学习

9.3.1 在金融中的应用

目前，机器学习被认为是金融服务和金融应用中的关键工具，其应用领域包括金融资产管理、风险水平评估、信用评分计算，甚至贷款批准。机器学习作为数据科学的子学科或子集，提供了在无须更多编程的条件下从经验中学习和改进的能力。作为人工智能的应用，机器学习专注于开发可以访问数据池的系统，系统会自动调整其参数以改善体验。计算机系统在后台运行操作，并根据训练方式自动生成结果。当海量数据被输入系统时，机器学习在输出见解和进行预测方面往往更准确。例如，金融服务行业往往会遇到与日常交易、账单、支付、供应商和客户相关的大量数据，这些数据非常适合用机器学习算法进行数据分析。如今，许多领先的金融科技和金融服务企业正在将机器学习纳入其所能提供的运营服务当中，以便更好地简化企业业务流程、降低各种风险和优化投资组合。

9.3.2 算法与逻辑

机器学习的概念是人工智能领域的最新发展。但机器学习和人工智能作为一个整体，仍然在发展中，而且由于自动化的需求，其使用量正在迅速增长。人工智能使为常见问题创建创新型解决方案成为可能，例如欺诈检测、个人助理、垃圾邮件过滤器、搜索引擎和推荐系统。对现实世界问题的智能解决方案的需求需要进一步开发人工智能，以便使没有人工智能的烦琐编程任务自动化。Python 编程语言被认为是帮助自动化此类任务的最佳算法，它与其他编程语言相比，提供了更大的简单性和一致性。此外，一些 Python 社区的存在使开发人员可以轻松地讨论项目并就如何增强其代码提供想法。

图 9-1 所展示的，机器学习已经从计算机科学中脱颖而出，成为核心学科。人工智能有一个主要的分支，称为数据科学，其四个子分支分别为机器学习与深度学习、大数据、数据分析和数据挖掘。如果我们观察该图，还会发现数据是人工智能的主要依赖要素。没有数据或信息，我们什么也做不了。但是，即便有了数据，其也要以规范的格式存在，以便进行分析和处理。

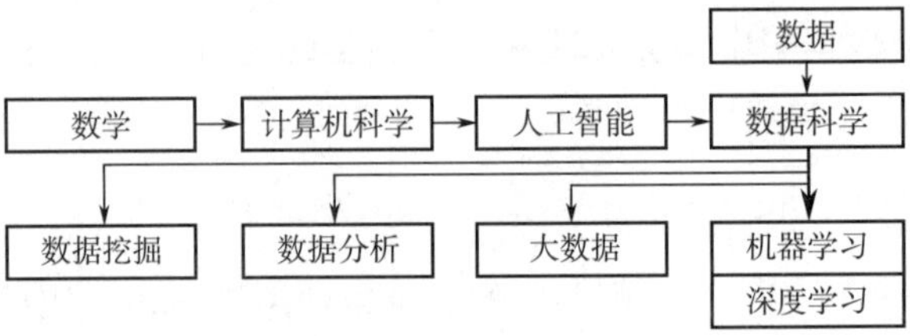

图 9-1 机器学习的领域位置

（1）机器学习算法

没有算法，机器学习只是空谈。机器学习算法主要有两种类型。一是“分类算法”，用于离散数据或值差异较大的数据；二是“回归算法”，用于连续数据或值略有变化的数据。如果继续细分，那么机器学习还可以分为 7 种最基本和最重要的算法。

- 线性回归：在图形上的数据点流中找到最佳拟合线。
- 逻辑回归：使用曲线查找特定条件下的概率。
- 决策树：根据树中节点的不同条件做出决策。
- 随机森林：各种决策树的集合，用于预测大量数据的决策。
- 支持向量机：将数据点分成类进行分析。
- k-means 聚类算法：创建不同数据点的聚类，并检测其中的奇数点。
- K 最近邻：查找特定测试用例上数据点的最近邻。

（2）训练和测试数据的分割

要对机器学习（回归分析、决策树分析、随机森林法等）进行建模，需要准备数据集作为“训练数据”（也称为训练用数据、学习用数据）和“测试数据”（也称为验证用数据、评价用数据、验证用数据），再以一定比例将数据集划分为训练数据和测试数据。

如图 9-2 所示，我们可以将数据集（20 条记录）以 8∶2 的比例分为训练数据（16 条）和测试数据（4 条）。

原数据集

	date	close
1	2010-01-04	4.94
2	2010-01-05	4.95
3	2010-01-06	5.16
4	2010-01-07	5.08
5	2010-01-08	4.94
6	2010-01-11	4.7
7	2010-01-12	4.68
8	2010-01-13	4.42
9	2010-01-14	4.61
10	2010-01-15	4.78
11	2010-01-18	4.94
12	2010-01-19	4.81
13	2010-01-20	4.43
14	2010-01-21	4.28
15	2010-01-26	3.77
16	2010-01-27	3.65
17	2010-01-28	3.82
18	2010-01-29	3.76
19	2010-02-01	3.52
20	2010-02-02	3.59

训练数据

1	2010-01-04	4.94
2	2010-01-05	4.95
3	2010-01-06	5.16
4	2010-01-07	5.08
5	2010-01-08	4.94
6	2010-01-11	4.7
7	2010-01-12	4.68
8	2010-01-13	4.42
9	2010-01-14	4.61
10	2010-01-15	4.78
11	2010-01-18	4.94
12	2010-01-19	4.81
13	2010-01-20	4.43
14	2010-01-21	4.28
15	2010-01-26	3.77
16	2010-01-27	3.65

测试数据

17	2010-01-28	3.82
18	2010-01-29	3.76
19	2010-02-01	3.52
20	2010-02-02	3.59

图 9-2　原数据集、训练数据和测试数据

训练数据和测试数据并没有规定应该按什么比例来划分，但通常情况下我们设置的分割比例是 8∶2、3∶1、7∶3。

①训练数据模型

在分割的数据中，只使用训练数据来学习说明变量（x）和目标变量（y）的关联性，即在给出说明变量（x）时，制作返回目标变量（y）的机器学习模型（图 9-3）。

接下来，只使用制作的机器学习模型和测试数据的说明变量（x）来计算预测结果（图 9-4）。

		自变量（x）			因变量（y）
	ID	age	income	education	creditAmount
1	100002	25	202500	Higher education	4065.975
2	100003	51	270000	Secondary	12935.025
3	100004	40	67500	Higher education	1350
4	100006	43	135000	Secondary	3126.825
5	100007	65	121500	Secondary	5130
6	100008	62	99000	Secondary	4904.955
7	100009	20	171000	Higher education	15607.26
8	100010	47	360000	Higher education	15300
9	100011	72	112500	Higher education	10196.1
10	100012	50	135000	Higher education	4050
11	100014	72	112500	Secondary	6525
12	100015	35	38419.155	Secondary	1483.65
13	100016	32	67500	Secondary	808.65
14	100017	55	225000	Secondary	9184.68
15	100018	56	189000	Secondary	7736.805
16	100019	70	157500	Secondary	2997.72

机器学习模型：
学习x与y的关联性，进而使用x的数据预测y的值

图 9-3　训练数据

	自变量（x）					因变量（y）
	ID	age	income	education	creditAmount	预测结果
17	100020	20	108000	Secondary	5096.025	
18	100021	67	81000	Secondary	2700	
19	100022	77	112500	Higher education	1575	
20	100023	80	90000	Secondary	5444.91	

机器学习模型

图 9-4　预测

通过比较前段要求的预测结果，确认可以准确预测多少，来测量机器学习模型的预测性能。当从整个数据集中分割训练数据和测试数据时，如果使用数据特性有偏差的训练数据和测试数据来建立机器学习模型，会形成精度差的模型。为了防止这种情况，我们可以从随机排序的数据中提取数据集。这种采样也称为随机采样。

Scikit-learn（Sklearn）中准备了 sklearn. model_selection. train_test_split 作为分割训练数据和测试数据的方法。这个方法从给定的数据框架中根据指定的条件分割训练数据和测试数据。

说明与解释

train_test_split 的参数

arrays：指定具有相同长度的分割对象的多个列表，如 NumPy 的 array、matrix、Pandas 的 DataFrame。

test_size：指定小数或整数。用小数指定时，测试数据的比例在 0. 0~1. 0 之间指定。指定整数时，将测试数据中必须包含的记录件数指定为整数。如果没有指定或设置 None，会设置为 train_size 的大小。如果没有设置 train_size，则使用 0. 25 作为默认值。

train_size：指定小数或整数。用小数指定时，训练数据的比例在 0. 0~1. 0 之间指定。指定整数时，指定训练数据中必须包含的记录件数为整数。如果没有指定或设置 None，从整个数据集中减去 test_size 的大小。

random_state：设置随机数生成的整数。如果没有指定，则使用 NumPy 的 np. random 来设置随机数。

shuffle：在分割数据之前是否进行随机排序。用 True 或 False 指定。如果设置为 False，则必须将 stratify 设置为 None（默认值：True）。

stratify：进行分层采样时，设置表示类的矩阵（默认值：None）。

假如我们使用的 DataFrame 有 4 列、12 行。列名分别为姓名、年龄、所属部门和违约情况。

```
➡ import pandas as pd
  from sklearn.model_selection import train_test_split
  info=pd.DataFrame({'name':['zhao','qian','sun','li',
                             'zhou','wu','zheng','wang',
                             'feng','chen','chu','dai'],
                     'age':[41,32,61,33,60,38,37,30,40,35,38,60],
                     'department':['jinrong','shangwu',
                                   'kuaiji','shangwu',
                                   'shangwu','kuaiji',
                                   'caiwu','caiwu',
                                   'jinrong','shangwu',
                                   'caiwu','kuaiji'],
                     'defaults':[1,0,1,1,1,0,1,1,0,1,0,1]})
  print(info)
↳     name    age   department   defaults
  0   zhao    41    jinrong      1
  1   qian    32    shangwu      0
  2   sun     61    kuaiji       1
  3   li      33    shangwu      1
  4   zhou    60    shangwu      1
  5   wu      38    kuaiji       0
  6   zheng   37    caiwu        1
  7   wang    30    caiwu        1
  8   feng    40    jinrong      0
  9   chen    35    shangwu      1
  10  chu     38    caiwu        0
  11  dai     60    kuaiji       1
```

②测试数据随机分割

将测试数据（info_test）随机分割成 30%（test_size=0.3），分别作为训练数据、测试数据。

```
➡ info_train,info_test=train_test_split(info,test_size=0.3)
➡ info_train
↳     name    age   department   defaults
  11  dai     60    kuaiji       1
  3   li      33    shangwu      1
  7   wang    30    caiwu        1
  2   sun     61    kuaiji       1
  5   wu      38    kuaiji       0
```

```
8    feng    40    jinrong      0
10   chu     38    caiwu        0
6    zheng   37    caiwu        1
```

```
➡ info_test
↪      name    age    department    defaults
1    qian    32    shangwu      0
4    zhou    60    shangwu      1
9    chen    35    shangwu      1
0    zhao    41    jinrong      1
```

我们还可以为测试数据分配为 5 行（test_size=5）数据。

```
➡ info_train,info_test=train_test_split(info,test_size=5)
➡ info_train
↪      name    age    department    defaults
1    qian    32    shangwu      0
11   dai     60    kuaiji       1
6    zheng   37    caiwu        1
7    wang    30    caiwu        1
4    zhou    60    shangwu      1
5    wu      38    kuaiji       0
3    li      33    shangwu      1
➡ info_test
↪      name    age    department    defaults
9    chen    35    shangwu      1
0    zhao    41    jinrong      1
2    sun     61    kuaiji       1
8    feng    40    jinrong      0
10   chu     38    caiwu        0
```

③训练数据随机分割

我们也可以将训练数据分割成 50%（training_size=0. 5），分别作为训练数据、测试数据。

```
➡ info_train,info_test=train_test_split(info,test_size=None,train_size=0.5)
➡ info_train
↪      name    age    department    defaults
9    chen    35    shangwu      1
7    wang    30    caiwu        1
8    feng    40    jinrong      0
3    li      33    shangwu      1
2    sun     61    kuaiji       1
5    wu      38    kuaiji       0
➡ info_test
↪      name    age    department    defaults
10   chu     38    caiwu        0
1    qian    32    shangwu      0
6    zheng   37    caiwu        1
```

```
0    zhao     41    jinrong       1
11   dai      60    kuaiji        1
4    zhou     60    shangwu       1
```

④非随机分割

不进行数据排序（洗牌），只进行分割，使用下列语句实现。

```
➡ info_train,info_test=train_test_split(info,shuffle=False)
  info_train
↳      name     age   department    defaults
  0    zhao     41    jinrong       1
  1    qian     32    shangwu       0
  2    sun      61    kuaiji        1
  3    li       33    shangwu       1
  4    zhou     60    shangwu       1
  5    wu       38    kuaiji        0
  6    zheng    37    caiwu         1
  7    wang     30    caiwu         1
  8    feng     40    jinrong       0
➡ info_test
↳      name     age   department    defaults
  9    chen     35    shangwu       1
  10   chu      38    caiwu         0
  11   dai      60    kuaiji        1
```

9.3.3　简单线性回归

机器学习的不断发展与概率和统计学有十分密切的联系。统计学的基本问题与机器学习基本相同，都是给定一些数据，然后使其可操作。统计学使用强大的理论来构建分析性估计系统，而机器学习则依靠的是算法预测。给定一个数据集，我们可以得出怎样的前瞻性推论。如果我们所拥有的只是关于过去的数据，我们怎么能预测未来，这些都是机器学习探讨的焦点。

Python 提供了许多机器学习库，有些是专门针对高端的神经网络等技术的，有些则是面向初学者的。这里，我们重点讨论强大且流行的 Sklearn 模块，其特点是提供了丰富的机器学习算法、清晰的文档以及随时可用的数据集。与 Pandas 一样，Sklearn 依靠 NumPy 来实现数值阵列。自从 2007 年发布以来，Sklearn 已经成为使用最广泛、通用、开源的机器学习模块。另外，Sklearn 与我们使用的所有 Python 模块一样，都可以在所有主要平台上使用。

下面让我们从最简单的部分开始，介绍机器学习下的简单线性回归步骤，然后使用实例借助 Sklearn 探讨一下线性回归的应用场景。

（1）导入数据集

首先，导入必要的库，并从本地导入企业数据，其中包括 4 个变量，分别为研发投入、行政支出、营销支出和企业盈利。

```
➡ import numpy as np
  import pandas as pd
```

```
import matplotlib.pyplot as plt
```

➡

```
dataset=pd.read_csv('../dataFiles/startups01.csv')
dataset.head()
```

➡

	研发投入	行政支出	营销支出	企业盈利
0	165349.20	136897.80	471784.10	192261.83
1	162597.70	151377.59	443898.53	191792.06
2	153441.51	101145.55	407934.54	191050.39
3	144372.41	118671.85	383199.62	182901.99
4	142107.34	91391.77	366168.42	166187.94

（2）数据预处理

导入数据集后，接着进行数据预处理，定义自变量与因变量。这里我们定义研发投入为自变量，企业盈利（Profit）为因变量。

➡

```
X=dataset.iloc[:,0:1].values                    # 自变量阵列
y=dataset.iloc[:,-1].values                     # 因果变量向量
```

X 是自变量数组，y 是因变量向量。需注意数组和向量之间的区别。因变量必须是向量，自变量必须是数组本身。

（3）分割数据集

我们需要将数据集分割成测试集和训练集。一般来说，我们按 8：2 或 7：3 进行分割。然后在测试集上测试模型，并检查模型在测试集数据上做出的预测是否与数据集中给出的数据相符。如果吻合，则意味着模型是准确的，并且做出了正确的预测。

➡

```
from sklearn.model_selection import train_test_split
```

➡

```
X_train,X_test,y_train,y_test=train_test_split(X,y,test_size=1/3,
random_state=0)
```

（4）模型拟合

从 Sklearn 的线性模型库中，导入线性回归类。为线性回归类创建一个名为 regressor 的对象。我们调用 fit（）函数将回归器拟合到训练集中。我们还需要将 X_train（特征矩阵的训练数据）拟合到目标值 y_train。这样，模型就学会了如何根据自变量来预测因变量。

➡

```
from sklearn.linear_model import LinearRegression
```

➡

```
regressor=LinearRegression()
regressor.fit(X_train,y_train)                  # 实际产生数据的线性方程
```

（5）预测

接下来，创建一个包含所有测试集工资预测的向量。然后将预测的企业盈利放入名为 y_pred 的向量中，其中包含对测试集所有观测值的预测。使用 predict（）函数对测试集进行预测。输入是测试集。由于 predict（）函数的参数必须是一个数组或矩阵，因此输入是 X_test。

➡

```
y_pred=regressor.predict(X_test)
y_pred
```

➡

```
array([104951.99132775,135168.59853169,136251.84402288,
        71647.28960668,181225.68979566,110237.71821498,
        64958.76015748,100662.0731542,111884.65075337,
```

```
        171333.26315773,95737.37863888,87463.32662999,
        113049.23217285,87822.96252712,127380.80777111,
        161026.22315596,151988.50891056])
```

➡ y_test

```
y_test
```

↪

```
array([103282.38,144259.4,146121.95,77798.83,
        191050.39,105008.31,81229.06,97483.56,
        110352.25,166187.94,96778.92,96479.51,
        105733.54,96712.8,124266.9,155752.6,132602.65])
```

(6) 结果可视化

我们还可以通过绘制散点图和回归线来可视化观察代码的结果。

为了实现数据的可视化，我们可使用 Matplotlib 绘制真实的观察点，即绘制真实的给定值。x 轴是研发投入、y 轴是预测的企业盈利。然后使用 plt. scatter 绘制数据的散点图。参数包括 x 轴坐标（X_train）、y 轴坐标（y_train）。

我们也可使用 plt. plot 绘制数据的回归线。参数包括 x 轴坐标（X_train）、y 轴坐标（对 X-train 的预测）。注意：y 轴坐标不是 y_pred，因为 y_pred 是测试集的观测值。首先绘制训练集的回归线（图 9-5）。

```
# 绘制训练线(train)
plt.scatter(X_train,y_train,color='red')
# 绘制回归线
plt.plot(X_train,regressor.predict(X_train),color='blue')
plt.title('研发投入 vs 企业盈利(Training set)')
# 添加 x 轴名称
plt.xlabel('企业盈利(元)')
# 添加 y 轴名称
plt.ylabel('研发投入(元)')
plt.grid()
plt.show()
```

↪

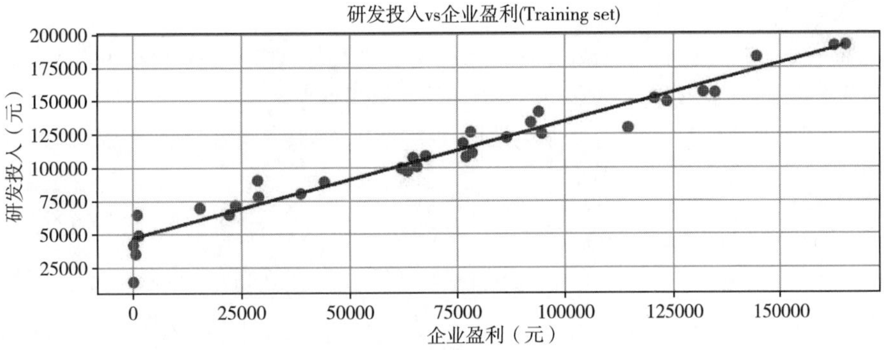

图 9-5 训练集的回归线

接下来绘制测试集的回归线（图 9-6）。

```
plt.scatter(X_test,y_test,color='red')
```

```
plt.plot(X_train,regressor.predict(X_train),color='blue')
plt.title('研发投入 vs 企业盈利(Testing set)')
plt.xlabel('企业盈利(元)')
plt.ylabel('研发投入(元)')
plt.show()
```

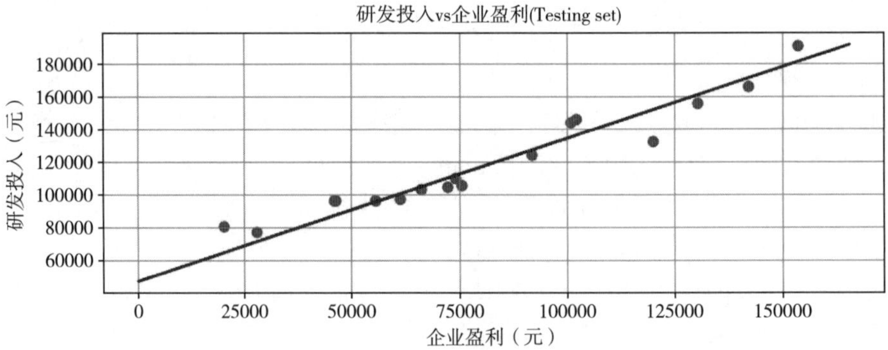

图 9-6　测试集的回归线

下面，我们借助 Sklearn 探讨一下线性回归在期货市场场景中的应用。

9.3.4　Sklearn 简单线性回归应用

(1) 数据准备

先导入必要的库和数据。

```
import numpy as np
from matplotlib.pylab import subplots
from sklearn.linear_model import LinearRegression
```

我们采用 efinance 库下载棉花主力（115.CFM）与棉纱主力（115.CYM）期货 2023 年 1 月 3 日至 2023 年 2 月 9 日的收盘价数据。棉花主力（115.CFM）数据通过以下代码获取。

```
import efinance as ef
fs_115cFm=ef.futures.get_quote_history('115.CFM')[['日期','收盘']].set_index('日期')
fs_115cFm_df=fs_115cFm['2023-01-03':'2023-02-09']
fs_115cFm_df.info()
```

```
<class'pandas.core.frame.DataFrame'>
Index:23 entries,2023-01-03 to 2023-02-09
Data columns(total 1 columns):
#     Column    Non-Null Count    Dtype
---   ------    --------------    -----
0     收盘      23 non-null       int64
dtypes:int64(1)
memory usage:368.0+bytes
```

我们也可以选择将数据保存至本地。

```
➡ fs_115cFm_df.to_csv('fs_115cFm_df.csv')
```

再从本地读出数据。

```
➡ fs_115cFm_df=pd.read_csv('../dataFiles/fs_115cFm_df.csv',
                          index_col='日期',parse_dates=True)
  fs_115cFm_df.head()
↪             收盘
  日期
  2023-01-03  14360
  2023-01-04  14305
  2023-01-05  14275
  2023-01-06  14360
  2023-01-09  14390
```

接下来下载棉纱主力（115. CYM）数据。

```
➡ import efinance as ef
  fs_115cYm=ef.futures.get_quote_history('115.CFM')[['日期','收盘']].set_index('日期')
  fs_115cYm_df=fs_115cYm['2023-01-03':'2023-02-09']
  fs_115cYm_df.info()
↪ <class'pandas.core.frame.DataFrame'>
  Index:23 entries,2023-01-03 to 2023-02-09
  Data columns(total 1 columns):
  #    Column    Non-Null Count    Dtype
  ---  ------    --------------    -----
  0    收盘      23 non-null       int64
  dtypes:int64(1)
  memory usage:368.0+bytes
```

保存数据后从本地读出。

```
➡ fs_115cYm_df=pd.read_csv('../dataFiles/fs_115cYm_df.csv',
                          index_col='日期',parse_dates=True)
  fs_115cYm_df.head()
↪             收盘
  日期
  2023-01-03  21750
  2023-01-04  21710
  2023-01-05  21970
  2023-01-06  22105
  2023-01-09  22190
```

（2）拟合

我们从 Sklearn 导入 LinearRegression 并创建一个线性回归。Sklearn 使用 fit（）函数来计算模型参数。这个过程需要输入一个矩阵 X（自变量），其中行是样本，列是特征。回归的目标是 Y 值（因变量），它必须是相应的形状。

```
➡ from sklearn.linear_model import LinearRegression
  linearReg=LinearRegression()                              # 创建模型
➡ X,Y=fs_115cFm_df,fs_115cYm_df
  linearReg.fit(X,Y)                                        # 拟合
↪ LinearRegression()
```

简单线性回归只有一个自变量，回归模型如下。

$$\hat{Y}^i = aX + b$$

方程演变成求 δ 数组，即：

$$\delta = \begin{pmatrix} a \\ b \end{pmatrix}$$

截距和相关系数是线性回归模型最关心的事情。Sklearn 中 LinearRegression 的 fit（ ）函数就是通过训练集求出 δ。LinearRegression 有两个属性，即 intercept_和 coef_，分别对应 δ 数组中的 a（截距，intercept）和 b（系数或斜率，coef）。$\delta>0$ 则 X 与 Y 为正相关；$\delta<0$ 则 X 与 Y 为负相关；δ 值绝对值越大，特征值对标记影响越大。

我们可以通过 sklearn. LinearRegression（ ）. coef_属性结果观察正负相关程度。惯例是用尾部的下划线表示估计参数。

```
➡ linearReg.coef_
↪ array([[0.75502992]])
```

sklearn. LinearRegression（ ）. score 返回判定系数（R^2）。R^2 值是衡量 fit 拟合质量的一个指标，在 0 和 1 之间变化，越接近 1，拟合质量越高。

```
➡ linearReg.score(X,Y)
↪ 0.7229454475390336
```

以上，我们对棉花主力（115. CFM）与棉纱主力（115. CYM）期货收盘价进行了拟合，我们可以用预测法来评估这个拟合。predict（ ）函数是通过 fit（ ）算出参数构成的模型，对解释变量进行预测获得的值。

```
➡ X_array=np.array(X)                        # datafame 转换成 array
  X_array=X_array.reshape((-1,1))            # 重塑为列
  Y_array=linearReg.predict(X_array)
```

(3) 可视化

Sklearn 模块可以轻松地进行基本的线性回归。下面语句执行后，生成的圆点显示的是训练数据，拟合线为向上倾斜直线（图 9-7）。

```
➡ fig,ax=subplots()
  ax.plot(X_array,Y_array,'-',lw=2)
  ax.plot(fs_115cFm_df,fs_115cYm_df,'o',ms=6,color='red')
  ax.tick_params()
  ax.set_xlabel('fs_115cFm_df 收盘价')
  ax.set_ylabel('fs_115cYm_df 收盘价')
  fig.tight_layout()
  plt.grid()
```

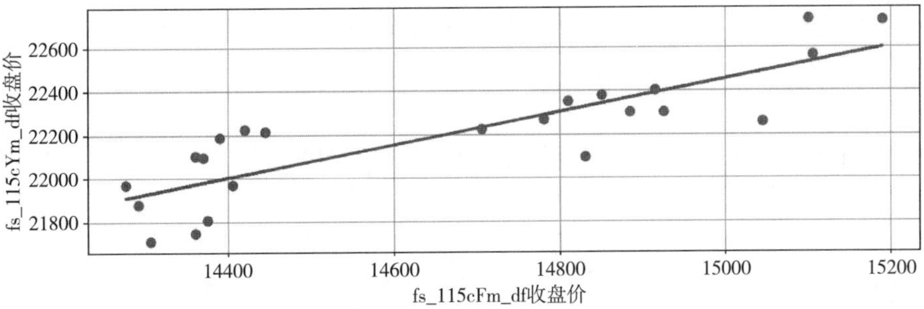

图 9-7　拟合线

9.3.5　多元线性回归

下面，我们将研究多元线性回归的概念以及它在机器学习中的应用。

多元线性回归是简单线性回归的延伸，模型的预测结果取决于 1 个以上的自变量。多元线性回归方程如下。

$$y = \alpha_0 + \alpha_1 x_1 + \alpha_2 x_2 + \cdots + \alpha_n x_n$$

上式中，y 是因变量，x_1、x_2、…、x_n 是自变量，用于预测 y 的值，α_0、α_1、…、α_n 等值为常数。

在开始建立模型之前，重要的是我们要了解因变量和自变量，因为这些是影响结果的主要属性。如果不了解因变量，我们建立的模型将是一种浪费，因此要确保我们花费足够的时间来正确识别变量。需要注意的是，多元线性回归有 5 个假设，我们应该在统计学课程里学习过这部分知识。这 5 个假设如下。

- 线性度。
- 同方差性。
- 多变量正态性。
- 误差的独立性。
- 不存在多重共线性。

在我们建立模型时，可能面对很多自变量。这时，我们有必要根据研究或分析目的仔细审视、挑选哪几个自变量最终加入模型。如果我们没有原则地将现有自变量都输入模型中，带来的后果就是“垃圾进，垃圾出”，即导致出现错误的模型结果。

前面我们介绍的都是单变量数据，而在多元线性回归中，自变量都为 2 个以上。我们的目的是分析在某些实例领域中的哪个自变量会影响因变量。我们确定建立特征矩阵和因果向量。这里，特征矩阵就是自变量矩阵。一般来说，我们会把数据集的 20%作为测试集，80%作为训练集。训练集的意思是，我们根据这些参数训练我们的模型，并在测试集上进行测试，检查我们的测试输出是否与之前数据集的输出相符。

我们还可以使用 predict（ ）函数对测试集进行预测。输入是测试集。由于 predict（ ）函数的参数必须是一个数组或矩阵，参数输入为 X_test。

使用全部自变量参与的模型拟合未必是数据集的最佳模型。有些自变量在统计学上是显著的（有很大影响的），而有些根本不显著。我们的任务就是找到最佳的自变量组合，以便每个自变量都是强大的、有统计学意义的、肯定产生影响的。这种影响可以是正的（减少 1

个单位的自变量，利润就会增加）或负的（增加 1 个单位的自变量，利润就会减少）。我们将使用统计学模型进行后向消除。

下面，我们仍以期货市场数据为例，展示 Sklearn 在多元线性回归中的应用。

9. 3. 6 Sklearn 多元线性回归

多元线性回归具有 n 个特征值，预测值公式如下（当 $n=1$ 时，即简单线性回归 $b=\delta_0$，$a=\delta_1$）。

$$\hat{Y}^i = a_0 + a_1 X_1^i + \cdots + a_n X_n^i = X_b \delta$$

$$X_b = \begin{pmatrix} 1 & \cdots & X_n^1 \\ \vdots & \ddots & \vdots \\ 1 & \cdots & X_n^m \end{pmatrix} \delta = \begin{pmatrix} \delta_0 \\ \vdots \\ \delta_n \end{pmatrix}$$

上式中，δ 中的 δ_0 为截距（intercept_ ），$\delta_1 \sim \delta_n$ 为系数（coef_ ）。$\delta>0$ 则 X 与 Y 为正相关；$\delta<0$ 则 X 与 Y 为负相关；δ 值绝对值越大，特征值对标记影响越大。

我们从 efinance 库分别下载大商所豆一主力（114. am）、豆一 2401（114. a2401）和豆一 2309（114. a2309）期货数据并进行多元线性回归分析。

（1）获取数据

①豆一主力 114. am

豆一主力数据来自大商所，代码 114. am。

```
_114am=ef.futures.get_quote_history('114.am')[['日期','收盘']].set_index('日期')
_114am_df=_114am['2023-01-03':'2023-02-09']
_114am_df.info()
```

```
<class'pandas.core.frame.DataFrame'>
Index:23 entries,2023-01-03 to 2023-02-09
Data columns(total 1 columns):
#     Column     Non-Null Count     Dtype
---   ------     --------------     -----
0     收盘       23 non-null        int64
```

保存数据后再从本地读出。

```
_114am_df=pd.read_csv('../dataFiles/_114am_df.csv',
                                       index_col='日期',parse_dates=True)
_114am_df.head()
```

```
              收盘
日期
2023-01-03    5227
2023-01-04    5206
2023-01-05    5175
2023-01-06    5177
2023-01-09    5229
```

②豆一 2401

豆一 2401 数据来自大商所，代码 114. a2401。

```
_114a2401=ef.futures.get_quote_history('114.a2311')['日期','收盘']].
set_index('日期')
_114a2401_df=_114a2401['2023-01-03':'2023-02-09']
_114a2401_df.info()
```

```
<class'pandas.core.frame.DataFrame'>
Index:23 entries,2023-01-03 to 2023-02-09
Data columns(total 1 columns):
#     Column     Non-Null Count     Dtype
---   ------     --------------     -----
0     收盘        23 non-null        int64
```

保存数据后再从本地读出。

```
_114a2401_df=pd.read_csv('../dataFiles/_114a2401_df.csv',
                          index_col='日期',parse_dates=True)
_114a2401_df.head()
```

```
              收盘
日期
2023-01-03    5217
2023-01-04    5216
2023-01-05    5194
2023-01-06    5197
2023-01-09    5230
```

③豆一 2309

豆一 2309 数据来自大商所，代码 114. a2309。

```
_114a2309=ef.futures.get_quote_history('114.a2309')[['日期','收盘']].
set_index('日期')
_114a2309_df=_114a2309['2023-01-03':'2023-02-09']
_114a2309_df.info()
```

```
<class'pandas.core.frame.DataFrame'>
Index:23 entries,2023-01-03 to 2023-02-09
Data columns(total 1 columns):
#     Column     Non-Null Count     Dtype
---   ------     --------------     -----
0     收盘        23 non-null        int64
```

保存数据后再从本地读出。

```
_114a2309_df.to_csv('../dataFiles/_114a2309_df.csv')
_114a2309_df=pd.read_csv('../dataFiles/_114a2309_df.csv',
                          index_col='日期',parse_dates=True)
_114a2309_df.head()
```

```
            收盘
日期
2023-01-03  5217
```

```
2023-01-04  5205
2023-01-05  5177
2023-01-06  5180
2023-01-09  5223
```

（2）拟合与结果输出

将数据整理后，进行拟合。

```
_114a2401_df['收盘2']=_114a2309_df.收盘
X=_114a2401_df
Y=_114am_df
linearReg_mul=LinearRegression()
linearReg_mul.fit(X,Y)
print('斜率:',linearReg_mul.coef_)              # 计算系数
print('截距:',linearReg_mul.intercept_)
print('R2:',linearReg_mul.score(X,Y))           # 计算判定系数
```

```
斜率:[[-0.62771143  1.82947421]]
截距:[-1045.36453793]
R2:0.9935735676304582
```

通过拟合，我们得到斜率、截距和 R^2 值。

9.3.7 线性回归预测

线性回归被用于商业、科学以及几乎所有与预测和预报有关的其他领域。它有助于确定一个因变量和一个或多个自变量之间的关系。简单的线性回归是通过使用一个特征来预测一个结果。特征选择是从原始特征中选择一些最有效特征以降低数据集维度、提高模型性能的方法。股票市场预测是线性回归的一个有吸引力的应用。像 Sklearn 这样的现代机器学习包使实现这些分析在几行代码中成为可能。在训练模型时，我们将体验如何轻松地将常见的技术指标添加到数据中，作为训练模型的特征。

使用线性回归预测股票价格，找到正确的组合以使这些预测有利可图并非易事。这里，我们将使用历史股价数据和技术指标训练回归模型，尝试预测未来价格，还将介绍如何解决一些常见错误，和使用训练好的模型和基本交易策略来评估其预测能力。首先，我们将历史价格数据加载到 DataFrame 中，并添加技术指标，作为线性回归模型的特征。接着，训练一个简单的线性回归模型，使用 10 日指数移动平均线作为收盘价的预测因素，分析模型的准确性，并对分析结果进行可视化，观察模型的误差大小；最后，我们将运行一个模拟交易策略，观察模型的预测能力，和我们通过这个模型可以获得怎样的收益。

我们以中国银行的历史股价数据为例。

```
boc_close=pd.read_csv('../dataFiles/boc_close.csv',
                      index_col='date',parse_dates=True)
boc_close.info()
```

```
<class'pandas.core.frame.DataFrame'>
DatetimeIndex:734 entries,2020-01-02 to 2023-01-10
Data columns(total 1 columns):
#    Column    Non-Null Count    Dtype
```

```
---  -----        ---------------  -----
0    中国银行     734 non-null      float64
dtypes:float64(1)
memory usage:11.5 KB
```

输出结果显示，数据集共有 734 个条目，close 列是唯一保留的 float64 类型的值。我们再通过数据绘制视图（图 9-8）。

```
boc_close.plot()
plt.xlabel('日期')
plt.ylabel('收盘价(元)')
plt.grid()
plt.show()
```

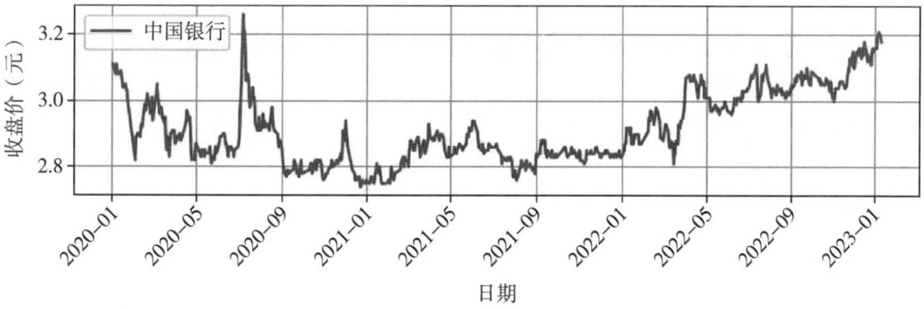

图 9-8 中国银行历史股价

从上图中可以看到，中国银行的股价在 2022 年后有一个显著的上升趋势，2022 年的 12 个月的股票价格从 3.11 上升到 3.16，相对增长率为 1.608%。增长率计算：(3.16-3.11)/3.11=0.01608。这里，我们可以考虑是否开发一个线性回归模型，来帮助预测像这样的上升趋势。

（1）线性回归的假设和自相关

线性回归需要有一系列的假设才能有效（线性回归的技术限制）。我们当然可以在不验证这些假设的情况下应用线性模型，但是也就不可能获得有用的见解。线性回归的假设之一是“数据中的变量是独立的”，也就是说，这决定了任何单一变量的残差（预测值和观察值之间的差异）是不相关的。而对于时间序列数据来说，这往往是一个问题，因为我们的观察值是纵向的，它们是同一事物的观察值，按顺序记录。这就产生了所谓“自相关”的特性，它描述了一个变量是如何与自身发生某种关系的。自相关分析在识别季节性或天气模式等趋势方面很有用。然而，当涉及价格预测的推断值时，自相关分析是有问题的，即日期值不适合作为模型的自变量，我们需要考虑其他方法，用调整后的收盘价（如 EMA）作为自变量。在本节，我们使用 pandas_ta 库添加 EMA。当然，我们也可以选择在现有数据的基础上添加一些新的技术指标。

```
# 添加指数移动平均线
import pandas_ta
boc_close.ta.ema(close='中国银行',length=10,append=True)
```

```
date
2020-01-02          NaN
2020-01-03          NaN
2020-01-06          NaN
2020-01-07          NaN
2020-01-08          NaN
…                   …
2023-01-04          3.157696
2023-01-05          3.165387
2023-01-06          3.173499
2023-01-09          3.176499
2023-01-10          3.177136
Name:EMA_10,Length:734,dtype:float64
```

我们可以将数据保存到本地，然后从本地读出。

```
boc_close_ema_pd=pd.read_csv('../dataFiles/boc_close_ema.csv')
boc_close_ema_pd
```

```
        中国银行     EMA_10
0       3.11        NaN
1       3.10        NaN
2       3.08        NaN
3       3.11        NaN
4       3.08        NaN
…       …           …
729     3.20        3.157696
730     3.20        3.165387
731     3.21        3.173499
732     3.19        3.176499
733     3.18        3.177136
734 rows×2 columns
```

再来观察数据集前 10 行的情况。

```
bocCloseEma=boc_close_ema_pd.rename(columns={'中国银行':'close'})
bocCloseEma.head(10)
```

```
     close     EMA_10
0    3.11      NaN
1    3.10      NaN
2    3.08      NaN
3    3.11      NaN
4    3.08      NaN
5    3.08      NaN
6    3.08      NaN
7    3.09      NaN
8    3.08      NaN
9    3.06      3.087
```

删除缺失值。

```
bocCloseEma=bocCloseEma.iloc[10:]
bocCloseEma.head(10)
```

```
      close      EMA_10
10    3.04       3.078455
11    3.04       3.071463
12    3.05       3.067560
13    3.03       3.060731
14    3.03       3.055144
15    3.00       3.045118
16    2.82       3.004187
17    2.89       2.983426
18    2.89       2.966439
19    2.90       2.954359
```

（2）分割测试与训练数据

我们再回顾一下前面介绍过的测试与训练数据的分割逻辑。机器学习模型至少需要两组数据才能有效，分别是"训练数据（Training Data，即数据挖掘过程中用于数据挖掘模型构建的数据）"和"测试数据（Testing Data）"。一般情况下，产生数据子集的常见方法是将一个数据集分割成多个子数据集。这里，我们使用 80% 的数据进行训练，剩下的 20% 用于测试，这种 8：2 的数据比例分割是最常见的方法。

下面，我们使用 Sklearn 的 test_train_split 函数来处理数据集比例分割，将数据集分成测试集和训练集。

```
X_train,X_test,y_train,y_test=train_test_split(bocCloseEma[['close']],
bocCloseEma[['EMA_10']],test_size=0.2)
print('测试集',X_test.describe())
print('训练集',X_train.describe())
```

```
测试集        close
count        145.000000
mean         2.920828
std          0.114270
min          2.750000
25%          2.830000
50%          2.890000
75%          3.020000
max          3.210000
训练集        close
count        579.000000
mean         2.912694
std          0.106949
min          2.740000
25%          2.830000
```

```
50%          2.880000
75%          3.010000
max          3.260000
```

从输出结果可以看到，数据集已经被分割成独立的 DataFrame 对象，其最接近整数的行数反映了 8∶2 分割，即 579 个训练样本，145 个测试样本。

X，y 是原始的数据集。X_train，y_train 分别是原始数据集划分出来作为训练模型的，用于拟合模型。X_train 包括所有自变量，y_train 是因变量。X_test、y_test 数据不参与模型训练，而是用于评价训练出来的模型优劣，用于 score 评分。test_size=0. 2 为测试集的划分比例，80%的数据进行训练，剩下的 20%用于测试。random_state 是随机数的种子。固定随机种子时，同样的代码，得到的训练集数据相同。不固定随机种子时，同样的代码，得到的训练集数据不同。X_train、X_test、y_train 和 y_test 数据是内存中的 DataFrame 对象，使用了双括号的访问符号 bocCloseEma［［'close'］］，而不是单括号符号 bocCloseEma［'close'］。单括号符号会返回一个 Series 对象。

（3）训练模型

准备好以上数据，就可以观察其在线性模型中的拟合效果。在 Sklearn 库中提供的 LinearRegression 可以完成这一工作。

```
➡ from sklearn.linear_model import LinearRegression
  model=LinearRegression()                          # 创建回归模型
  model.fit(X_train,y_train)                        # 训练模型
  y_pred=model.predict(X_test)                      # 模型预测
```

至此，我们的线性模型现在已经在 579 个训练样本上进行了训练，并且生成了预测值（y_pred）。现在我们可以通过检查我们的模型系数和一些统计数据，如平均绝对误差（MAE）和判定系数（R^2）来评估模型与数据的匹配程度。

（4）验证拟合性

线性模型在训练过程中为每个特征生成了系数，并将这些值作为一个数组返回。在我们的例子中有一个特征，将由一个单一的值来反映。我们可以使用 model. regr_属性来访问。

此外，还可以使用训练过的模型的预测值，用 sklearn. metrics 模块的其他函数来计算模型系数（Model Coefficients）、平均绝对误差（Mean Absolute Error，MAE）和判定系数（Coefficient of Determination，r2_score）。

```
➡ from sklearn.metrics import mean_squared_error,r2_score,mean_absolute_error
  # 输出相关指标
  print('模型系数:',model.coef_)
  print('平均绝对误差 MAE:',mean_absolute_error(y_test,y_pred))
  print('判定系数:',r2_score(y_test,y_pred))
↪ 模型系数:[[0.90469378]]
  平均绝对误差 MAE:0.017529859952353958
  判定系数:0.9435646877032358
```

MAE 是模型绝对误差的算术平均值，计算方法是将 X 和 y 的观测值之间的绝对差异相加，然后除以总的观测值。MAE 可以被描述为所有观测值的绝对误差之和除以观测值的总

数。需认识到，MAE 值越低越好、相关系数越接近 1.0 越好。输出结果表明模型拟合数据情况良好。下面我们再通过观测值与预测值的对比图（图 9-9）进行检验。

```
plt.scatter(X_test,y_test,color='black')
plt.plot(X_test,y_pred,color='# CD9B1D',linewidth=3)
plt.xlabel('观测值')        # 添加横轴坐标标签
plt.ylabel('预测值')        # 添加纵轴坐标标签
plt.grid()
plt.show()
```

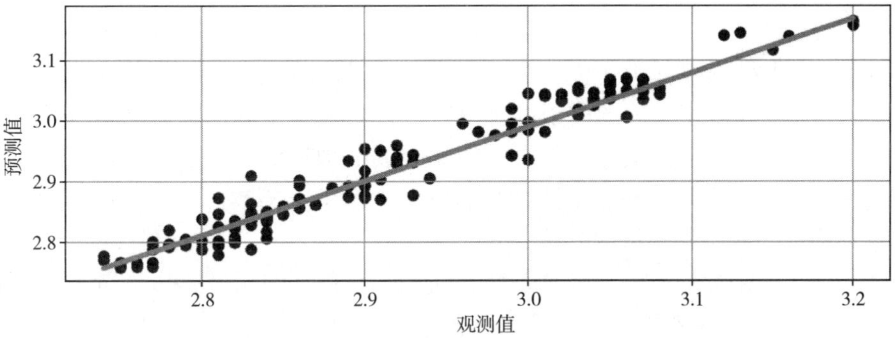

图 9-9　观测值与预测值的对比图

从输出结果可以看到，拟合的效果不错。

以上，我们已经在历史股票价格数据上使用调整后的收盘价和 10 日交易期的指数移动平均线训练了一个模型。我们的目标是开发一个模型，可以使用任何一日的 EMA（取决于前 9 日的价格），并预测该日的收盘价。下面我们对一个非常简单的交易策略进行模拟，以评估我们使用这个方法可能取得的效果。

（5）策略

如果模型预测某日的收盘价高于开盘价，那么我们就在那一日进行单股交易，即在开市时买入，在收市前卖出。在 145 个可能的交易日中，我们的策略总共选择了 10 次交易。此策略做了两个大胆的假设：一是我们能够以准确的开盘价买入一只股票；二是我们能够在收盘前以记录的准确价格卖出该股票。应用这些策略和假设，模型输出了 1.77 元的结果。如果初始资本金是 1000 元，这一策略将导致总资本增加约 0.18%。当然，这种粗略的策略存在很大的问题，如没有考虑到交易成本。

9.3.8　K 最近邻算法

KNN 是 K-Nearest Neighbor 的首字母缩略词，被译为“K 最近邻”，它是一种监督机器学习算法。K 最近邻主要用于分类和回归。

分类模型在分类问题中用于预测数据样本的目标类。分类模型预测每个示例属于一个类或另一个类的概率。评估分类模型的性能非常重要，以便我们更加有信心地使用这些模型来解决实际问题。机器学习分类模型中的性能指标用于评估机器学习分类模型的性能。这些性能指标包括“精度”“召回率”“准确度”和“F1”分数，它们可以帮助我们在新的情况下进行预测时了解这些模型的优势和局限性。

（1）性能指标

①精度分数

精度（Precision）表示的是预测正确的正样本的准确度，也称查准率，其等于预测正确的正样本数量与所有预测为正样本数量相除。精度越大说明误报的越少，精度越小说明误报的越多。

精度分数（Precision Score）用于衡量模型性能，以正确的方式测量所做的所有正预测中的真阳性计数。精度分数度量实际正确的正预测标签的比例。精度也称为阳性预测值。精度与召回结合使用，以权衡误报和漏报。精度受类分布的影响。如果少数类中有更多的样本，则精度会降低。精度可以被认为是精确性或质量的衡量标准。如果我们希望尽量减少假阴性，我们就选择一个高精度的模型。相反，如果我们希望尽量减少误报，我们就选择召回率高的模型。精度主要用于我们需要预测阳性类别的情况，并且与误报相关的成本高于与假阴性相关的成本。我们以垃圾邮件过滤为例，如果一个模型过滤垃圾邮件的准确率为99%，但只有50%的精度，这就意味着模型预测电子邮件是垃圾邮件时，实际上有一半被预测为垃圾邮件的邮件并非真正垃圾邮件。当类非常不平衡时，精度分数便成为预测成功的有用度量。在数学上，它表示真阳性与真阳性和假阳性之和的比率，即精度分数=TP/（FP+TP）。从此公式中，能注意到误报的值会影响精度分数。

对于真阳性、假阳性、真阴性和真阴性，我们仍然使用垃圾邮件过滤为例进行说明与解释。TP（真阳性）是垃圾邮件，也被模型预测为垃圾邮件；FP（假阳性）是正常邮件，但被模型预测为垃圾邮件，也被称为误报；TN（真阴性）是正常邮件，也被模型预测为正常邮件；FN（假阴性）是垃圾邮件，但被模型预测为正常邮件。T、F、P、N 分别是 True、False、Positive、Negative 的首字母。T 或者 F 代表的是该样本是否被正确分类。P 或者 N 代表的是该样本被预测成了正样本还是负样本。

在构建预测模型时，如果高精度分数对业务需求很重要，则可以选择集中精力以生成误报率较低的模型。使用 sklearn. metrics 的 precision_score 方法可以获得精度分数。

```
➡ print('Precision:% .3f'% precision_score(y_test,y_pred))
```

精度分数可用于需要机器学习模型来识别所有正示例而没有任何误报的方案。例如，机器学习模型用于医疗诊断应用程序，其中医生希望机器学习模型在患者没有肺炎的情况下不会提供肺炎标签；肿瘤学家希望模型能够识别所有癌变，而没有任何假阳性结果，因此在这些情况下可以使用精度分数。请注意，较高的假阳性通常会给患者带来很大的心理压力，尽管从健康的角度来看，这可能不会致命。进一步的测试将能够否定误报预测。精度分数另一个有用的示例是信用卡欺诈检测。在信用卡欺诈检测问题中，使用精度分数评估分类模型，以确定分类模型正确分类的阳性样本数。我们不希望有大量误报，否则最终可能会阻止许多信用卡的投放与使用，从而给最终用户的信贷申请带来很多挫败感。

②召回率分数

召回率（Recall）表示的是预测正确的正样本的覆盖率。召回率越大说明漏报得越少，召回率越小说明漏报得越多。

模型的召回率分数（Recall Score）表示模型从实际积极因素中正确预测积极因素的能力。这与精度不同，精度衡量模型所做的预测中有多少实际上是正的。例如，如果机器学习模型尝试识别正面评论，则召回率分数将是机器学习模型正确预测为正面评论的百分比。换句话说，它衡量机器学习模型在识别数据集中存在的所有积极因素中的所有实际积极因素方面的表现。召回率分数越高，机器学习模型在识别正面和负面示例方面就越好。较高的召回率分数表明该模型擅长识别正面示例。相反，召回率分数低表明该模型不擅长识别正面示例。召回率分数通常与其他性能指标（如精度和准确性）结合使用，以全面了解模型的性能。在数学上，它表示真阳性与真阳性和假阴性之和的比率，即召回率分数=TP/（FN+TP）。

从上面的公式中，我们会注意到假阴性的值影响召回率分数。因此，在构建预测模型时，如果高召回率分数对业务需求很重要，则可以选择集中精力以构建具有较低漏报的模型。使用 sklearn. metrics 的 recall_score 方法可以获得召回率分数。

```
➡ print('Recall:% .3f'% recall_score(y_test,y_pred))
```

召回率分数是衡量机器学习模型有效性时要考虑的重要指标。它可以在各种实际场景中使用。例如，在医学诊断中，召回率分数应该非常高，否则较高的假阴性将被证明会对患者的生命产生致命的影响。较低的召回率分数意味着较高的假阴性，这基本上意味着一些阳性患者被称为假阴性，即患者将确信自己没有患有这种疾病，因此患者将不会采取任何进一步的治疗行动。这可能导致这部分患者疾病恶化并证明对生命产生致命的影响。再如在制造系统中，我们可能希望机器学习模型的召回率分数更高，以准确预测系统维护需求。较低的召回率分数意味着较高的假阴性，这可能导致机器停机，从而影响整个业务。又如在信用卡欺诈检测系统中，我们可能希望预测欺诈交易的预测模型具有更高的召回率分数。较低的召回率分数意味着较高的假阴性，这意味着更大的欺诈行为，从而给企业带来更大的损失。

③准确度分数

准确率（Accuracy）表示的是预测正确的样本比例。准确度分数（Accuracy Score）是一种机器学习分类模型性能指标，表示真阳性和真阴性与所有正负观测值的比率，即准确度分数=（TP+TN）/（TP+FN+TN+FP）。换句话说，准确度分数告诉我们，机器学习模型在预测的总次数中可以期望正确预测结果的频率。例如，假设我们正在使用包含 100 条记录的数据集测试机器学习模型，并且机器学习模型正确预测了所有 90 个示例。在这种情况下，准确度分数为 90%（90/100）。准确率很高，但它并没有告诉我们机器学习模型在以前从未见过的新数据上犯的错误。使用 sklearn. metrics accuracy_score 方法可以获得准确率分数。

```
➡ print('Accuracy:% .3f'% accuracy_score(y_test,y_pred))
```

④F1 分数

F1 分数（F1 Score）表示模型分数作为精度和召回率分数的函数。F1 分数是一种机器学习模型性能指标，它为精度和召回率分数提供相同的权重，以衡量其准确度方面的性能，使其成为准确度分数的替代方案（无须知道观测值的总数）。F1 分数通常用作单个值，提供有关模型输出质量的高级信息。在尝试优化精度或召回率分数的情况下，这是模型的有用度量，因此模型性能受到影响。

以下是与优化精度或召回率分数的问题相关的案例。例如，优化召回率分数有助于最大限度地减少未检测到信贷违约风险的机会。然而，这是以预测客户具有违约风险为代价的，尽管客户是优质的（大量 FP）。如果客户已有违约迹象，优化精度有助于确保正确性。然而，这是以更频繁地遗漏违约客户（大量 FN）为代价的。在数学上，它可以表示为精度和召回率分数的调和平均值，即 F1 分数=2×（准确度分数×召回率分数）/（准确度分数+召回率分数）。使用 sklearn. metrics f1_score 方法可以获得 F1 分数。

```
➡ print('F1 Score:% .3f'% f1_score(y_test,y_pred))
```

（2）混淆矩阵

在数据科学广阔的领域中，我们经常会研究数据、清洗数据并使用各种机器学习算法进行预测。在使用任何一种算法之后，检查算法的准确性和所需输出的贡献效果对我们来说是非常重要的。混淆矩阵（Confusion Matrix）是评估人工智能模型性能的一个误差度量（Error Metric）。这里，我们先来介绍混淆矩阵是如何通过 Python 实现的。

有时，我们会遇到这样的情况，即我们需要应用某些机器学习算法来预测分类问题的结果，其中结果（或目标、响应变量）是一个分类数据。比如，预测一位客户是否可能会违约。这时，我们需要一个特殊的误差指标来判断模型的准确性和精确性，以达到最佳拟合。混淆矩阵是一种用于判断分类机器学习算法性能的工具，其提供了关于模型的准确度、精确率和错误率的详细信息。通过使用混淆矩阵，我们可以区分分类响应变量的实际正确和预测结果。在了解了混淆矩阵的特点之后，我们还需要关注一下混淆矩阵的结构，通过混淆矩阵的结构，我们可以判断和预测任何模型的算法性能。

结合前面的介绍，我们来看看混淆矩阵的结构。表 9-1 展示了分类模型所进行的预测总结。

表 9-1　　分类模型的预测总结

	Class1 预测	Class2 预测
Class1 实际	TN	FP
Class2 实际	FN	TP

真阴性（TN）是指实际为负值，预测也为负值的数值；假阴性（FN）是指实际为正值但却被预测为负值的数值；假阳性（FP）是指实际为阴性但却被预测为阳性的数值；真阳性（TP）是指实际为正值，预测也为正值的数值。

下面这个例子，我们通过一个预测值和实际值的列表来建立混淆矩阵。首先，需要导入 Sklearn 库，以便使用混淆矩阵函数。

```
➡ from sklearn import metrics
➡ pred=['T','F','T','T','F']          # 预测数据集
  actual=['F','F','F','T','T']        # 实际数据集
  # 混淆矩阵
  CM=metrics.confusion_matrix(pred,actual,labels=['T','F'])
  print(CM)
  # 精确性,召回率,F1 分数
  report=metrics.classification_report(pred,actual,labels=['T','F'])
  print(report)
↳ [[1 2]
  [1 1]]
                precision    recall    f1-score    support
   T            0.50         0.33      0.40        3
   F            0.33         0.50      0.40        2

   accuracy                            0.40        5
```

```
macro avg      0.42        0.42     0.40      5
weighted avg   0.43        0.40     0.40      5
```

confusion_matrix（）函数表示被正确和错误识别的值的集合，classification_report（）函数表示每个类别的输入的度量值，即'T'和'F'。

(3) 算法步骤

当我们提出预测数据时，K 最近邻会根据训练数据集为新测试点选择 K 个最相似或最相似的数据值。此外，使用相应的算法（如欧氏距离和曼哈顿距离，Euclidean or Manhattan distance）为新测试点选择 K 个最相似的邻居。首先计算测试点和训练数据值之间的距离，然后选择 K 最近邻，最后测试数据值分配给包含测试数据 K 最近邻居最大点的类或组。现在，让我们尝试实施 K 最近邻的概念来解决以下回归问题。我们得到了一个数据集，其中包含根据各种环境条件选择租用自行车的人数的历史数据。

①导入数据集

可以从本地导入 BIKE 数据集。

```
import pandas as pd
BIKE=pd.read_csv('../dataFiles/Bike.csv')
```

②拆分数据集

使用 train_test_split（）函数将数据集分割为 80%的训练数据集和 20%的测试数据集。

```
# 将因果和独立数据变量分离成两个数据框架
from sklearn.model_selection import train_test_split
X=BIKE.drop(['cnt'],axis=1)
y=BIKE['cnt']
# 将数据集分割成 80%的训练数据和 20%的测试数据
X_train,X_test,y_train,y_test=train_test_split(X,y,test_size=.20,
                                               random_state=0)
```

③定义误差矩阵

由于这是一个回归问题，我们将 MAPE 定义为误差度量。

```
import numpy as np
def MAPE(y_actual,y_Predicted):
    mape=np.mean(np.abs((y_actual-y_Predicted)/y_actual))*100
    return mape
```

④构建模型

我们使用 sklearn. neighbors 模块提供的 KNeighborsRegressor（）函数实现 K 最近邻。

```
# 在数据集上建立 KNN 模型
from sklearn.neighbors import KneighborsRegressor
KNN_model=KNeighborsRegressor(n_neighbors=3).fit(X_train,y_train)
```

此外，我们使用 predict（）函数预测测试数据。

```
# 对测试数据的预测
KNN_predict=KNN_model.predict(X_test)
```

⑤准确性检查

我们调用上述定义的 MAPE 函数来检查误分类误差，以判断模型预测的准确性。

```
# 使用 MAPE 错误指标来检查错误率和准确度水平
KNN_MAPE=MAPE(y_test,KNN_predict)
Accuracy_KNN=100-KNN_MAPE
print('MAPE:',KNN_MAPE)
# KNN 准确度评估
print('Accuracy of KNN model:{:0.2f}%.'.format(Accuracy_KNN))
```

```
MAPE:17.443668778014253
Accuracy of KNN model:82.56%.
```

9.3.9 森林分类器

森林分类器（ForestClassifier）是一种最小化决策树可能获得的严重偏差的方法。森林分类器仅包含一组决策树，并使用多数投票进行预测。在本节中，我们将尝试通过创建一些指标在股票市场上使用该方法。我们将提供一个框架来探索森林分类器是否可以预测股票的方向，即给定一组数据和指标，判断股票在下一个交易日会上涨还是下跌。这是一个预测第二日实际股票价值的简化问题。

使用森林分类器对股票进行分析需要三个步骤。

- 获取数据。
- 计算指标。
- 创建森林分类器。

（1）获取数据

我们以中国重工的数据为例。

```
import pandas_datareader as pdr
import datetime as dt
import numpy as np
```

```
csic_df=pd.read_csv('../dataFiles/csic.csv',index_col='date',parse_dates=True)
```

（2）计算指标

我们需要根据以上数据计算一系列指标。

①计算 EMA10 与 EMA30

```
ema10=csic_df['close'].ewm(span=10).mean()
ema30=csic_df['close'].ewm(span=30).mean()
```

②计算 EMA10>EMA30 信号

```
csic_df['gt']=np.where(ema10>ema30,1,-1)
```

③计算收盘价>EMA10 的区域

```
csic_df['cgt']=np.where(csic_df['close']>ema10,1,-1)
```

④计算 MACD 信号

```
exp1=csic_df['close'].ewm(span=12).mean()
```

```
exp2=csic_df['close'].ewm(span=26).mean()
macd=exp1-exp2
macd_signal=macd.ewm(span=9).mean()
csic_df['MACD']=macd_signal-macd
```

⑤计算相对强弱指标（Relative Strength Index）

```
delta=csic_df['close'].diff()
up=delta.clip(lower=0)
down=-1* delta.clip(upper=0)
ema_up=up.ewm(com=13,adjust=False).mean()
ema_down=down.ewm(com=13,adjust=False).mean()
rs=ema_up/ema_down
csic_df['rsi']=100-(100/(1+rs))
```

⑥计算随机振荡器（Stochastic Oscillator）

```
high14=csic_df['high'].rolling(14).max()
low14=csic_df['low'].rolling(14).min()
csic_df['%S']=(csic_df['close']-low14)*100/(high14-low14)
```

⑦计算威廉姆斯百分比范围（Williams Percentage Range）

```
csic_df['%W']=-100*(high14-csic_df['close'])/(high14-low14)
days=6
```

⑧计算价格变化率（Price Rate of Change）

```
ct_n=csic_df['close'].shift(days)
csic_df['proc']=(csic_df['close']-ct_n)/ct_n
```

指标的选择是任意的，但在一些流行的指标中，应该由我们来把它们转换成其他指标并进行试验。

(3) 创建森林分类器

首先，导入必要的 Sklearn 库。

```
import pandas as pd
from sklearn.model_selection import train_test_split
from sklearn.metrics import classification_report,accuracy_score
from sklearn.ensemble import RandomForestClassifier
```

设置类别标签进行分类。

```
csic_df['Return']=csic_df['close'].pct_change(1).shift(-1)
csic_df['class']=np.where(csic_df['Return']>0,1,0)
```

对含有缺失值的行进行清洗。

```
csic_df=csic_df.dropna()
```

将数据集最小化。

```
➡ csic_df=csic_df.iloc[-200:]
```

确定用来预测的数据。

```
➡ predictors=['gt','cgt','MACD','rsi','%S','%W','proc']
X=csic_df[predictors]
y=csic_df['class']
```

将数据分成训练集和测试集。

```
➡ X_train,X_test,y_train,y_test=train_test_split(X,y,test_size=0.20)
```

train_test_split 将数据分为训练集和测试集。测试集设置为数据的 20%。它以随机的方式做到这一点。接下来，我们创建一个随机森林分类器并拟合它。然后，我们使用新创建的分类器（rfc）对测试集（X_test）进行预测。

训练模型。

```
➡ rfc=RandomForestClassifier(random_state=0)
rfc=rfc.fit(X_train,y_train)
```

通过做一些预测来测试模型。

```
➡ y_pred=rfc.predict(X_test)
```

最后，我们计算准确性和输出结果。

```
➡ report=classification_report(y_test,y_pred)
print('Model accuracy',accuracy_score(y_test,y_pred,normalize=True))
print(report)
```

```
⮩ Model accuracy 0.65
                precision    recall    f1-score    support
0               0.58         0.83      0.68        18
1               0.79         0.50      0.61        22
accuracy                               0.65        40
macro avg       0.68         0.67      0.65        40
weighted avg    0.69         0.65      0.64        40
```

输出结果显示模型精度为 0.65。还可以看到 1（增长）的精度高于 0（损失或负增长），分别为 0.79 和 0.58。

9.3.10 逻辑回归

逻辑回归是一种监督机器学习模型，它适用于二进制或多类别数据变量作为因变量。逻辑回归也是一种分类算法，可以分别对二进制或多标签值进行分离和分类。例如，如果一个问题希望将结果预测为“是”或“否”，那么逻辑回归将因变量分类并计算数据的结果。逻辑回归使用 logit 函数对训练数据进行分类，以适应因变量的结果。此外，逻辑函数完全取决于预测二进制响应变量的赔率值和概率。

下面我们以银行贷款违约问题为例，预测哪些客户为贷款违约者。首先，使用 pandas.read_csv（ ）函数将数据集加载到环境中。

```
import pandas as pd
import numpy as np
bankLoan_df=pd.read_csv('../dataFiles/bank_loan.csv')
```

加载数据集后，现在让我们使用 train_test_split（）函数将数据集拆分为训练和测试数据集。

```
from sklearn.model_selection import train_test_split
X=bankLoan_df.drop(['default'],axis=1)
y=bankLoan_df['default'].astype(str)
X_train,X_test,y_train,y_test=train_test_split(X,y,test_size=.20,
                                                random_state=0)
```

上面代码块中，X 是训练数据集，包含除响应（目标值）以外的所有变量，y 是指测试数据集，只包含响应变量。

（1）误差度量

在开始建立模型之前，需要定义误差指标，这将有助于我们更好地分析模型。下面，我们创建一个函数的误差度量（Error Metrics），计算精度、召回率、准确度和 F1 分数。

```
def errorMetrics(CM):
    TN=CM.iloc[0,0]                                              # 真阴性
    FN=CM.iloc[1,0]                                              # 假阴性
    TP=CM.iloc[1,1]                                              # 真阳性
    FP=CM.iloc[0,1]                                              # 假阳性
    precision=(TP)/(TP+FP)                                       # 精度
    accuracyModel  =(TP+TN)/(TP+TN+FP+FN)                        # 准确度模型
    recallScore  =(TP)/(TP+FN)                                   # 召回率
    specificityValue=(TN)/(TN+FP)                                # 特异性值
    falsePositiveRate=(FP)/(FP+TN)                               # 假阳性率
    falseNegativeRate=(FN)/(FN+TP)                               # 假阴性率
                                                                 # F1 分数
    f1Score=2*((precision*recallScore)/(precision+recallScore))
    print('模型的精度值:',precision)
    print('模型的准确性:',accuracyModel)
    print('模型的召回值:',recallScore)
    print('模型的特异性:',specificityValue)
    print('模型的假阳性率:',falsePositiveRate)
    print('模型的假阴性率:',falseNegativeRate)
    print('模型的 F1 分数:',f1Score)
```

（2）在数据集上应用模型

对数据集进行模型构建。

```
logit=LogisticRegression(class_weight='balanced',random_state=0).fit
(X_train,y_train)
target=logit.predict(X_test)
CM_logit=pd.crosstab(y_test,target)
errorMetrics(CM_logit)
```

```
模型的精度值:0.5555555555555556
模型的准确性:0.7475728155339806
模型的召回值:0.9375
模型的特异性:0.6619718309859155
模型的假阳性率:0.3380281690140845
模型的假阴性率:0.0625
模型的 F1 分数:0.6976744186046512
```

首先，我们在训练数据集上应用了 LogisticRegression（）函数。我们还使用 predict（）函数将上述输出结果用于预测测试数据集的值。最后，我们用 crosstab（）函数创建了一个相关矩阵，然后调用误差度量的定制函数来判断结果。通过运行代码，模型得到了以上各项指标结果。

9.4 神经网络

长短期记忆（Long Short-Term Memory，LSTM）神经网络是一种具有时间维度的人工神经网络（RNN），旨在识别数据序列中的模式。RNN 和 LSTM 与其他神经网络的区别在于它们具有时间维度，其已广泛应用于经济、金融等诸多领域。接下来，我们采用期货市场数据，根据历史时间序列数据预测未来价格走势。这里，我们采用并比较两种不同的时间序列分析方法，即 SARIMA 预测和 LSTM 预测方法。

9.4.1 数据采集

首先，导入必要的库。

```
import pandas as pd
import numpy as np
import datetime as dt
import matplotlib.pyplot as plt
```

可以通过 efinance 库获取来自郑商所的 CFM 棉花主力数据，代码 115. CFM。

```
import efinance as ef
futs115CFM=ef.futures.get_quote_history('115.CFM')
```

```
futs115CFM.to_csv('../dataFiles/futs115CFM.csv')
```

也可以将数据保存到本地，然后从本地读出。

```
futs115CFM=pd.read_csv('../dataFiles/futs115CFM.csv',
                       index_col='日期',parse_dates=True)
```

删除不需要的数据，只保留收盘价。

```
futs115CFM_df=futs115CFM[['收盘']]
futs115CFM_df
```

```
              收盘
日期
2004-06-02    20585
2004-06-03    20140
```

```
2004-06-04    19545
2004-06-07    19680
2004-06-08    19785
…             …
2023-04-20    15175
2023-04-21    14855
2023-04-24    14895
2023-04-25    15220
2023-04-26    15325
```

9.4.2　趋势可视化

我们可以将 CFM 棉花主力 115 数据可视化呈现出来（图 9-10）。

```
import matplotlib.pyplot as plt
fig,ax=plt.subplots()
plt.title('CFM 棉花主力 115 数据')
futs115CFM_df.plot(ax=ax)
plt.grid()
```

图 9-10　CFM 棉花主力 115 价格趋势

9.4.3　数据处理

（1）数据切片

我们截取 2014 年 4 月 1 日至 2023 年 4 月 26 日的数据。

```
futs115CFM_d2014=futs115CFM_df.loc['2014-04-01':]
futs115CFM_d2014
```

```
              收盘
日期
2014-04-01   15970
2014-04-02   15930
2014-04-03   15860
2014-04-04   15770
2014-04-07   15835
```

```
…             …
2023-04-20   15175
2023-04-21   14855
2023-04-24   14895
2023-04-25   15220
2023-04-26   15325
2217 rows×1 columns
```

此时，我们就得到了从 2014 年 4 月 1 日起的 CFM 棉花主力 115 的“日”数据。

（2）月数据

为了方便计算，我们也可以将 futs115CFM_ d2014 转换为“月”数据。

```
futs115CFM_m2014=futs115CFM_d2014.resample('M').mean()['收盘']
futs115CFM_m2014
```

```
              收盘
日期
2014-04-30    16061.904762
2014-05-31    15952.272727
2014-06-30    15466.750000
2014-07-31    14552.391304
2014-08-31    14539.047619
…             …
2022-12-31    13877.500000
2023-01-31    14521.562500
2023-02-28    14572.250000
2023-03-31    14266.521739
2023-04-30    14370.000000
Freq:M,Name:收盘,Length:109,dtype:float64
```

可以将月数据可视化呈现出来（图 9-11）。

```
fig,ax=plt.subplots()
plt.title('CFM 棉花主力 115 数据')
futs115CFM_m2014.plot(ax=ax)
plt.grid()
```

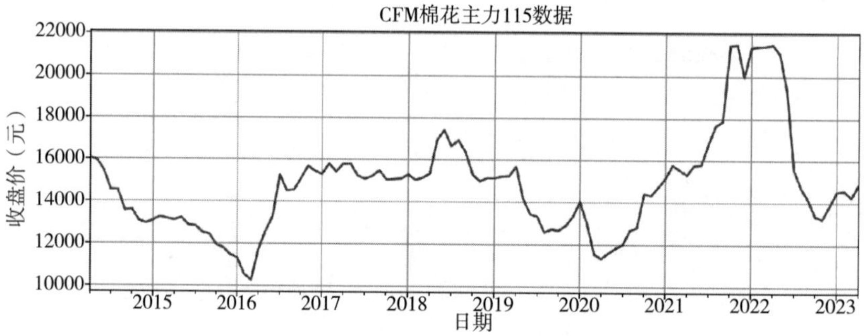

图 9-11　CFM 棉花主力 115 月数据

9.4.4　SARIMA 预测

Python 没有一个函数来自动确定 SARIMA 预测模型的最合适的参数（p，d，q）和（sp，sd，sq，s）。因此，我们需要编写一个程序，利用 BIC 准则（即贝叶斯信息准则）找出哪个值最合适。在 BIC 准则下，数值越低，参数值就越合适。至于参数 s，原本是需要通过直观的时间序列数据和部分自相关来事先找到的，但在 BIC 准则下，我们假设时间是 12 个月。最合适的（p，d，q）和（sp，sd，sq，s）可以按以下方式找到。

```
➡ import itertools
  import statsmodels.api as sm
➡ def selectparameter(DATA,s):
      p=d=q=range(0,2)
      pdq=list(itertools.product(p,d,q))
      seasonal_pdq=[(x[0],x[1],x[2],12)for x in list(itertools.product(p,d,q))]
      parameters=[]
      BICs=np.array([])
      for param in pdq:
          for param_seasonal in seasonal_pdq:
              try:
                  mod=sm.tsa.statespace.SARIMAX(DATA,order=param,
  seasonal_order=param_seasonal)
                  results=mod.fit()
                  parameters.append([param,param_seasonal,results.bic])
                  BICs=np.append(BICs,results.bic)
              except:
                  continue
      return parameters[np.argmin(BICs)]
  best_params=selectparameter(futs115CFM_m2014,12)
  print(best_params)
↪ [(1,1,0),(0,1,1,12),1605.4329189132375]
```

（1）构建模型

接下来，我们使用以下代码进行建模。

```
➡ SARIMA_futs115CFM_m2014=sm.tsa.statespace.SARIMAX(futs115CFM_m2014,order=
  best_params[0],seasonal_order=best_params[1]).fit()
↪ N    Tit    Tnf    Tnint    Skip    Nact    Projg        F
  3    28     34     1        0       0       1.365D-05    7.303D+00
  F=  7.3027733820441396
```

（2）预测

预测的数据可以通过设置函数 predict（'开始时间'，'结束时间'）来获得，CFM 棉花主力 115 走势如图 9-12 所示。

```
➡ pred=SARIMA_futs115CFM_m2014.predict('2020-01-31','2023-12-01')
  plt.title('SARIMA 预测 CFM 棉花主力 115 走势')
```

```
plt.xlabel('日期')
plt.ylabel('收盘价(元)')
plt.plot(futs115CFM_m2014,color='# CD9B1D',linewidth=4)
plt.plot(pred,color='black',label='收盘价',linewidth=1)
plt.grid()
plt.show()
```

➥

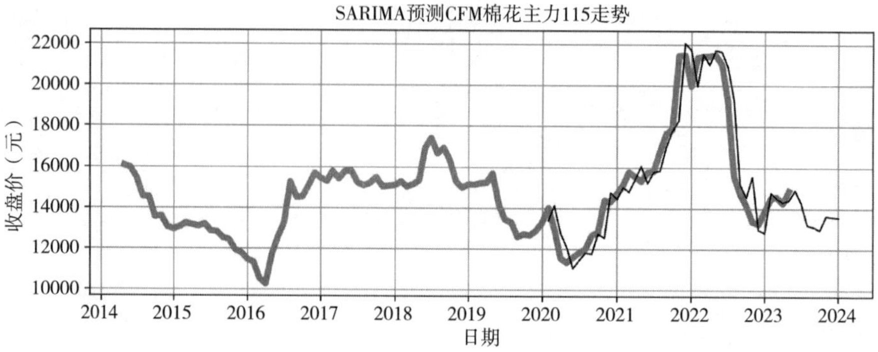

图 9-12　SARIMA 预测 CFM 棉花主力 115 走势

通过输出结果可以看到，2020 年至 2023 年的实际和预测数据拟合效果较好。我们可以认为在没有意外冲击的影响下，CFM 棉花主力 115 的价格会在未来有小幅度的下降。

9.4.5　LSTM 预测

（1）数据预处理

数据预处理，包括以下步骤。

①数据标准化

在这个 LSTM 数据预测中，只需从准备好的数据中提取时间序列数据的值，因为创建模型是为了利用当前时间点之前的某个时间段的数据来预测下一个时间点的数据。

将数据进行标准化处理有助于我们接下来的操作（所有数据都归一为 0 到 1 之间的浮点数），这个过程也称为“数据缩放”。但需要注意的是，如果使用所有给定的数据进行缩放，训练数据集将与测试数据集的信息混合在一起，模型将会出现过度拟合（Overfitting），导致在给定实际数据时，引起预测精度低。因此，缩放只基于训练数据集。

```
➡ values_data=futs115CFM_m2014.values.astype(float)
  values_data[0:5]
➥ array([16061.9047619,15952.27272727,15466.75,14552.39130435,14539.04761905])
➡ train_size=int(len(values_data)*.9)
  norm_scale=values_data[:train_size].max()
  values_data/=norm_scale
  values_data[0:5]
➥ array([0.74679112,0.74169383,0.71911966,0.67660696,0.67598655])
```

②LSTM 的数据格式

用以前某个参考时间点的一些数据来预测下一个时间点的数据。在这种情况下，将使用最多 3 个以前的数据点。我们还将把数据格式转化为可由 LSTM 分析的数据格式。下面函数的两个参数分别为 futs115CFM_m2014 的收盘价和以前的数据点数。

```
➡ def DATA_SET(low_data,maxlen):
      data,target=[],[]
      for i in range(len(low_data)-maxlen):
          data.append(low_data[i:i+maxlen])
          target.append(low_data[i+maxlen])
      re_data=np.array(data).reshape(len(data),maxlen,1)
      re_target=np.array(target).reshape(len(data),1)
      return re_data,re_target
```

在指定数据点数和输入数据后，可以观察训练数据集和测试数据集的尺寸。

```
➡ pre_size=3
  X,y=DATA_SET(values_data,pre_size)
  print('X 的数据尺寸:',X.shape)
  print('y 的数据尺寸:',y.shape)
↪ X 的数据尺寸:(106,3,1)
  y 的数据尺寸:(106,1)
```

③训练和测试数据

由于时间序列数据存在一定程度的周期性和连续性，随机划分将导致这种信息遭受破坏。在这种情况下，原始数据的前 80%将被用于训练，其余 20%用于测试。

```
➡ X_train,X_test=X[:train_size],X[train_size:]
  y_train,y_test=y[:train_size],y[train_size:]
```

④建立模型

建立一个有 100 个 LSTM 层和只有输出层的模型。

```
➡ import keras
  from keras.models import Sequential
  from keras.layers import Dense,Activation,LSTM
  from keras.optimizers import Adam
  import tensorflow as tf
➡ lstm_model=Sequential()
  lstm_model.add(LSTM(100,batch_input_shape=(None,pre_size,1)))
  lstm_model.add(Dense(1))
  lstm_model.compile(loss='mean_squared_error',
                          optimizer=Adam(),metrics=['accuracy'])
```

⑤训练模型

这里，我们在 140 个时期训练了模型。为了确认学习正在收敛，我们还可计算每个时期的损失值。

```
➡ batch_size=10
  n_period=150
```

```
hist=lstm_model.fit(X_train,y_train,epochs=n_period,
                    validation_data=(X_test,y_test),verbose=0,
                    batch_size=batch_size)
```

损失值（Loss）可转换成曲线图，如图 9-13 显示，损失的变化正在收敛。

```
plt.plot(hist.history['loss'],label='训练集')
plt.plot(hist.history['val_loss'],label='测试集')
plt.xlabel('训练时期')
plt.ylabel('损失值')
plt.grid()
plt.show()
```

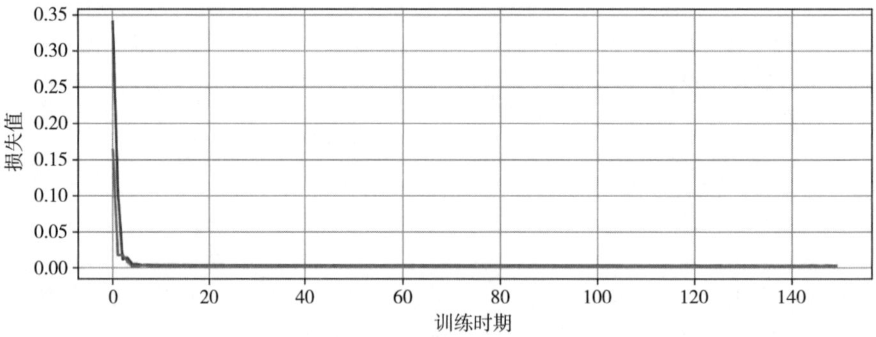

图 9-13 训练模型

（2）预测

分类问题的评价指标是准确率，那么回归算法的评价指标就是 MSE、RMSE、MAE、判定系数。这里我们使用 RMSE（Root Mean Squard Error，均方根误差）。

```
y_pred_train=lstm_model.predict(X_train)
y_pred_test=lstm_model.predict(X_test)
```

```
# 按 RMSE(Root Mean Squard Error)均方根误差评定
def rmse(y_pred,y_true):
    return np.sqrt(((y_true-y_pred)**2).mean())
print('RMSE 得分')
print('train:',rmse(y_pred_train,y_train))
print('test:',rmse(y_pred_test,y_test))
```

下面，我们来绘制预测结果的视图（图 9-14）。

```
plt.plot(X[:,0,0],color='# CD9B1D',linewidth=4,label='原始数据')
plt.plot(y_pred_train,color='red',linewidth=1,label='预测值(学习)')
plt.plot(range(len(X_train),len(X_test)+len(X_train)),y_pred_test,
linewidth=2.5,label='预测值(验证)')
plt.legend()
# 每 12 个月设置网格线
```

```
plt.xticks(np.arange(0,120,12))
plt.grid()
plt.xlabel('时期')          # 添加横轴坐标标签
plt.ylabel('值')            # 添加纵轴坐标标签
plt.show()
```

```
RMSE 得分
train:0.05362739884919892
test:0.04532775240503828
```

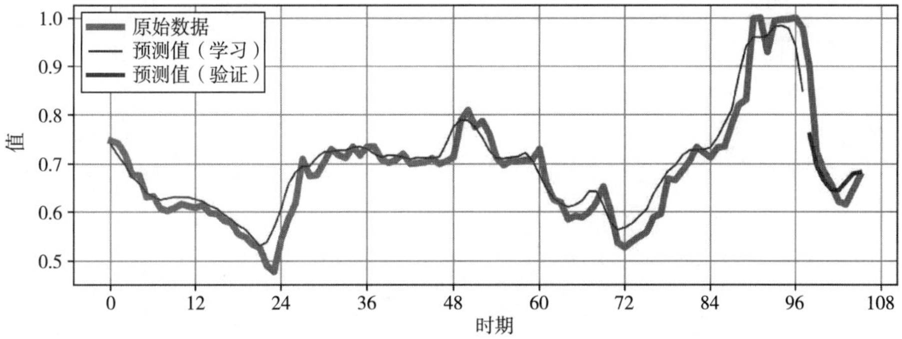

图 9-14　预测

接下来，我们来尝试使用经过训练的模型预测未来的时间序列。在预测中，我们参考过去 3 个月的数据来预测下个月的数据并重复此过程。

```
import matplotlib.dates as mdates
```

首先，我们需要建立一个用于存储预测结果的矩阵。

```
future_pred=X[:,0,0].copy()
```

设定预测期为观察期结束后的 2 年，并从观察值的尾部截取数据进行预测。最后在 future_pred 的尾部添加预测值。

```
pred_time_length=12* 2
for tmp in range(pred_time_length):
    X_future_pred=future_pred[-1* pre_size:]
    y_future_pred=lstm_model.predict(X_future_pred.reshape(1,pre_size,1))
    future_pred=np.append(future_pred,y_future_pred)
```

```
date=pd.DataFrame(futs115CFM_m2014.index)
inp=pd.DataFrame(values_data,columns=['futs115CFM_m2014.values'])
```

这里，futs115CFM_m2014. values=futs115CFM_m2014. 收盘。我们使用以下代码实现预测的可视化（图 9-15）。

```
input=pd.concat([date,inp],axis=1)
input.index=input['日期']
input=input.drop(columns='日期')
DATE=[]
```

```
for idx in range(37):
    if idx in[i for i in range(0,12)]:
        DATE.append(dt.datetime(2023,idx+1,28))
    elif idx in[i for i in range(13,25)]:
        DATE.append(dt.datetime(2024,idx-12,28))
```

➡

```
pred_data=pd.DataFrame({'DATE':DATE,'futs115CFM_m2014.values
                        ':future_pred[-1* pred_time_length:]})
plt.plot(input.index,
         input['futs115CFM_m2014.values']* norm_scale,
         color='# CD9B1D',linewidth=3,label='原始数据')
plt.plot(pred_data['DATE'],future_pred[-1* pred_time_length:]* norm_scale,
label='预测值')
plt.legend()
plt.grid()
plt.show()
```

➡

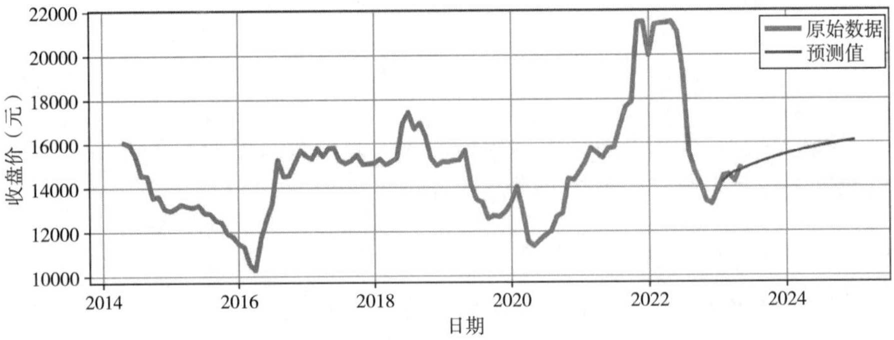

图 9-15　设定预测期为观察期结束后的 2 年

通过预测结果，我们可以与 SARIMA 进行比较，可知 LSTM 预测呈现出稳步下降的趋势。

第 10 章　投资组合理论模型

10.1　投资组合模型

10.1.1　现代投资组合理论

现代投资组合理论（Modern Portfolio Theory，MPT）是一种选择投资的实用方法，以便在可接受的风险水平内最大化其整体回报。现代投资组合理论的一个关键特点是主张投资的多样化。大多数投资要么是高风险和高回报，要么是低风险和低回报。马科维茨（Markowitz）认为，投资者可以根据对个人风险承受能力的评估，选择两者的最佳组合，从而获得最佳结果。现代投资组合理论认为，任何给定投资的风险和回报特征都不应单独看待，而应根据其如何影响整个投资组合的风险和回报来评估。也就是说，投资者可以构建多种资产的投资组合，这些资产将在没有更高风险的情况下带来更大的收益。作为替代方案，从期望的预期收益水平开始，投资者可以构建一个风险最低的投资组合。基于标准差和相关性等统计指标，单个投资的表现不如它如何影响整个投资组合重要。

10.1.2　收益与风险

所有的金融投资都是为了获得利润，这也被称为回报。更正式地说，回报是指在一定时期内投资的收益。正如马科维茨主张的那样，风险和收益之间存在着一种权衡，承担的风险越高，实现的收益就越大。由于要找到一个最佳的解决方案是一项艰巨的任务，这种权衡是金融学中最有争议的问题之一。然而，马科维茨为这个长期存在的问题提出了一个直观的、闭环的解决方案。他定义风险的方式，在那之前是模棱两可的，导致了金融研究根基的转变。马科维茨用标准差来量化风险。这个直观的定义使研究人员能够在金融领域使用数学和统计学。标准差在数学上可以定义为以下公式。

$$\sigma = \sqrt{E(R^2) - [E(R)]^2}$$

上式中的 R 和 E 分别指的是收益率和期望值。预期收益代表了利益。我们在定义风险时谈论的是概率。当涉及投资组合，也就是多个资产的投资的方差时，协方差就出现了，其公式变化如下。

$$\sigma_p^2 = w_a^2\sigma_a^2 + w_b^2\sigma_b^2 + 2w_a w_b Cov(r_a, r_b)$$

上式中，w 表示权重，σ^2 是方差，Cov 是协方差矩阵。对上面得到的方差进行平方根计算，就可以得到投资组合的标准差。

$$\sigma_p = \sqrt{\sigma_p^2}$$

投资组合的预期收益是单个收益的加权平均数，公式如下。

$$E(R) = \sum_i^n w_i R_i = w_1 R_1 + w_2 R_2 + \cdots + w_n R_n$$

让我们通过可视化来探索收益与风险的关系。为此，我们构建了一个假想的投资组合，用 Python 计算必要的统计数据。

```
import statsmodels.api as sm
import numpy as np
import plotly.graph_objs as go
import matplotlib.pyplot as plt
```

假设资产数量为 5，模拟次数设定为 300，再从正态分布中生成随机样本作为回报，这里需要思考的是为什么股市回报看起来像正态分布形曲线。

```
n_assets=5
n_simulation=300
returns=np.random.randn(n_assets,n_simulation)
```

生成随机数来计算权重。

```
rand=np.random.rand(n_assets)
weights=rand/sum(rand)
```

构建一个用于计算投资组合预期收益和投资组合标准差的函数。

```
def port_return(returns):
    rets=np.mean(returns,axis=1)
    cov=np.cov(rets.T,aweights=weights,ddof=1)
    portfolio_returns=np.dot(weights,rets.T)
    portfolio_std_dev=np.sqrt(np.dot(weights,np.dot(cov,weights)))
    return portfolio_returns,portfolio_std_dev
```

调用函数，然后输出投资组合预期收益和投资组合标准差的结果。

```
portfolio_returns,portfolio_std_dev=port_return(returns)
print(portfolio_returns)
print(portfolio_std_dev)
```

```
0.009271009189442092
0.018664472480435807
```

重新运行函数 100 次。

```
portfolio=np.array([port_return(np.random.randn(n_assets,i)) \
                    for i in range(1,101)])
```

我们可以绘制最佳拟合线（图 10-1）。

```
best_fit=sm.OLS(portfolio[:,1],sm.add_constant(portfolio[:,0])).fit().
fittedvalues
fig=go.Figure()
fig.add_trace(go.Scatter(name='风险-收益关系',
                         x=portfolio[:,0],y=portfolio[:,1],
                         mode='markers'))
fig.add_trace(go.Scatter(name='最佳拟合线',x=portfolio[:,0],
```

```
                y=best_fit,mode='lines'))
fig.update_layout(xaxis_title='收益',yaxis_title='标准差')
fig.show()
```

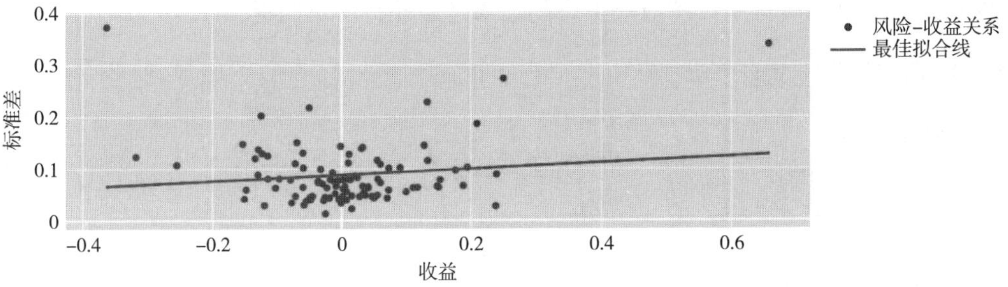

图 10-1　最佳拟合线

现代投资组合理论假设投资者都是风险厌恶型的，这意味着投资者更喜欢风险较小的投资组合，而不是风险较高的投资组合，以获得给定的收益水平。实际上，避险情绪意味着大多数人应该投资于多种资产类别。

投资组合的预期收益计算为单个资产收益的加权总和。假设，投资组合包含 4 个同等权重的资产，预期收益率分别为 4%、6%、10%和 14%，则投资组合的预期收益率为：(4%×25%)+(6%×25%)+(10%×25%)+(14%×25%) = 8.5%。投资组合的风险是每种资产的方差和每对资产的相关性的函数。为了计算 4 种资产投资组合的风险，投资者需要 4 种资产的方差和 6 个相关值。由于资产相关性，总投资组合风险或标准差低于加权总和计算得出的风险。“一个有效的投资组合被定义为在给定回报下风险最小的投资组合，或者等同地，在给定的风险水平下具有最高回报的投资组合”。

现代投资组合理论对于试图建立多元化投资组合的投资者来说是一个有用的工具。事实上，现代投资组合理论，使投资者更容易获得更广泛的资产类别。例如，股票投资者可以通过将其投资组合的一部分投资于政府债券 ETF 来降低风险。投资组合的差异将大大降低，因为政府债券与股票呈负相关。由于这种减少损失的效果，将少量国债投资添加到股票投资组合中不会对预期收益产生重大影响。现代投资组合理论可用于分散投资组合，以便在没有更大风险的情况下获得更好的整体回报。现代投资组合理论（和多元化）的另一个好处是它可以降低波动性。最好的方法是选择负相关的资产，例如国债和小盘股。现代投资组合理论的目标是创建最有效的投资组合。

同样，现代投资组合理论可以通过在小盘价值指数基金或 ETF 中投入 10%来降低国债投资组合的波动性。尽管小盘价值股本身的风险远高于国债，但在高通胀时期债券表现不佳时，它们往往表现良好。因此，该投资组合的整体波动性低于完全由政府债券组成的波动性。此外，预期收益更高。现代投资组合理论允许投资者构建更有效的投资组合。每种可能的资产组合都可以绘制在图表上，投资组合的风险在 x 轴上，预期收益在 y 轴上。这样的图揭示了投资组合最理想的组合。例如，假设投资组合 A 的预期收益率为 8.5%，标准差为 8%。假设投资组合 B 的预期收益率为 8.5%，标准差为 9.5%。投资组合 A 将被认为更有效率，因为它具有相同的预期收益，但风险较低。可以绘制一条向上倾斜的曲线来连接所有最有效的投资组合。这条曲线称为“有效边界”。投资于曲线下方的投资组合是不可取的，因为它不会在给定的风险水平下实现回报最大化。

10.2 投资组合收益

接下来，我们选择工商银行、广汽集团、华大基因和贵州茅台 4 家企业 2020 年 1 月 1 日至 2023 年 1 月 1 日的股价来计算投资组合的结果及所获得的年回报。

10.2.1 股票投资组合

(1) 导入数据

首先导入必要的库。

```
import numpy as np
import pandas as pd
import matplotlib.pyplot as plt
```

然后从本地导入数据。

```
portfolio_df=pd.read_csv('../dataFiles/portfolio_df.csv',
                          index_col='date',parse_dates=True)
```

接着，我们使用 shift（ ）函数计算投资收益。

```
portfolio_rets=(portfolio_df/portfolio_df.shift(1))-1
portfolio_rets.head()
```

```
            工商银行      广汽集团      华大基因      贵州茅台
date
2020-01-02  NaN        NaN        NaN        NaN
2020-01-03  0.003883   0.026455   0.002954   -0.048986
2020-01-06  -0.003868  -0.026632  -0.022680  -0.000571
2020-01-07  0.007767   0.021183   0.012055   0.016572
2020-01-08  -0.019268  0.001729   -0.035736  -0.006298
```

(2) 对数收益率

对于对数收益率，可以使用以下代码计算。

```
portfolio_log_rets=np.log(portfolio_df/portfolio_df.shift(1))
portfolio_log_rets.head()
```

```
            工商银行      广汽集团      华大基因      贵州茅台
date
2020-01-02  NaN        NaN        NaN        NaN
2020-01-03  0.003876   0.026111   0.002950   -0.050226
2020-01-06  -0.003876  -0.026993  -0.022942  -0.000571
2020-01-07  0.007737   0.020961   0.011983   0.016436
2020-01-08  -0.019456  0.001727   -0.036390  -0.006318
```

(3) 计算年回报

使用以下代码，计算年回报。

```
➡ annual_rets=portfolio_log_rets.mean()*250
  annual_rets
⮩ 工商银行      -0.058845
  广汽集团      -0.009531
  华大基因      -0.092786
  贵州茅台       0.171080
  dtype:float64
```

(4) 投资组合权重

假设我们对 4 只股票以 25%的比率平均分配权重，并计算。

```
➡ weight1=np.array([0.25,0.25,0.25,0.25])
  portfolio1=str(round(np.dot(annual_rets,weight1),5)*100)+'%'
  print(portfolio1)
⮩ 0.248%
```

我们通过计算年回报和持有权重来计算总收益。首先对 4 只股票进行调整，权重设置如下。

```
➡ weight2=np.array([0.3,0.2,0.1,0.4])
  portfolio2=str(round(np.dot(annual_rets,weight2),5)*100)+'%'
  print(portfolio2)
⮩ 3.959%
```

通过两个权重的配置，我们可以发现投资组合 2 的总收益更大。

绘制视图（图 10-2）可以让我们更直观地了解 4 只股票的价格趋势。

```
➡ (portfolio_df/portfolio_df.iloc[0]*100).plot()
  plt.grid()
  plt.show()
⮩
```

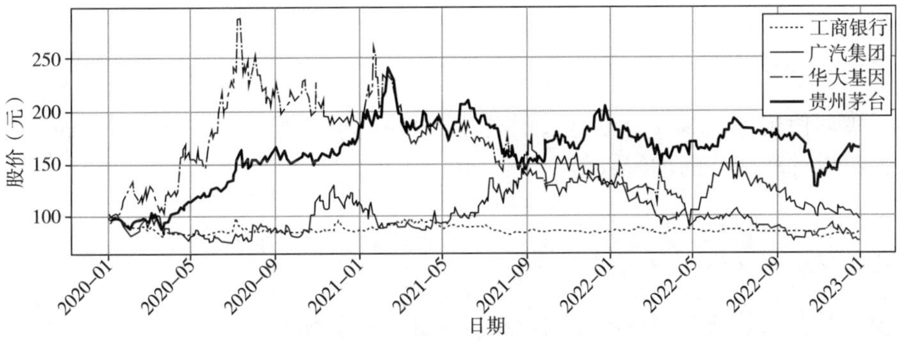

图 10-2　四只股票价格趋势

从图 10-2 所示的 4 只股票的价格趋势，我们可以看到贵州茅台的收益率最高。这意味着，贵州茅台的持股比例越高，总收益就越大。因此，投资组合 2 的收益更大。

10.2.2　复数资产投资组合

上面介绍了股票投资组合的场景，接下来，我们进入投资复数资产的情景，这些资产中还包括股指。它们分别为 15%的 cyb（创业板指）、25%的 BK0679（超导概念）、35%的 000123（180 动态）和 25%的 zz500（中证 500）。

我们利用 qstock 下载资产的价格数据。

```
➡ import qstock as qs
  code_list=['cyb','BK0679','000123','zz500']
  df=qs.get_price(code_list,start='20200101',end='20230101')
```

也可以从本地读出数据集。

```
➡ portfs_index_df=pd.read_csv('../dataFiles/portfs_index_df.csv',
                               index_col='date',parse_dates=True)
  portfs_index_df
```

```
↪             创业板指    中证 500    180 动态    超导概念
  date
  2020-01-02  1832.74    5366.14    6909.96    1353.17
  2020-01-03  1836.01    5380.64    6917.03    1364.22
  2020-01-06  1859.92    5434.85    6930.15    1372.51
  2020-01-07  1893.21    5499.84    6962.23    1383.75
  2020-01-08  1862.70    5423.80    6837.20    1365.25
  …           …          …          …          …
  2022-12-26  2331.41    5843.26    6306.78    2408.86
  2022-12-27  2359.50    5885.66    6378.96    2431.43
  2022-12-28  2338.26    5862.10    6359.59    2424.11
  2022-12-29  2349.38    5857.40    6344.79    2407.84
  2022-12-30  2346.77    5864.47    6346.10    2422.32
  728 rows×4 columns
```

可以看到，Pandas 已经按字母顺序将列进行了排序，所以我们需要将权重与列名正确对齐。

```
➡ weight3=[0.15,0.25,0.35,0.25]
```

前面，我们使用了 shift（）函数计算投资收益，这里我们换成 pct_change（）函数计算。然后，可以计算资产的加权收益。

```
➡ index_rets=portfs_index_df.pct_change()[1:]
➡ weighted_rets=(weight3*index_rets)
```

投资组合收益只是资产加权收益的总和，因此还需要添加行。

```
➡ port_rets=weighted_rets.sum(axis=1)    # axis=1 为增加行数
  port_rets
↪ date
  2020-01-03    0.003343
  2020-01-06    0.006655
  …             …
  2022-12-29    -0.001980
```

```
2022-12-30     0.001711
Length:727,dtype:float64
```

绘制直方图（图 10-3）。

```
plt.rcParams['font.family']=['sans-serif']
plt.rcParams['font.sans-serif']=['SimHei']                    # 显示中文
plt.rcParams['axes.unicode_minus']=False                      # 显示负号
fig=plt.figure()
ax1=fig.add_axes([0.1,0.1,0.8,0.8])
ax1.hist(port_rets,bins=60)
ax1.set_xlabel('投资组合收益率')
ax1.set_ylabel('价格')
plt.show()
```

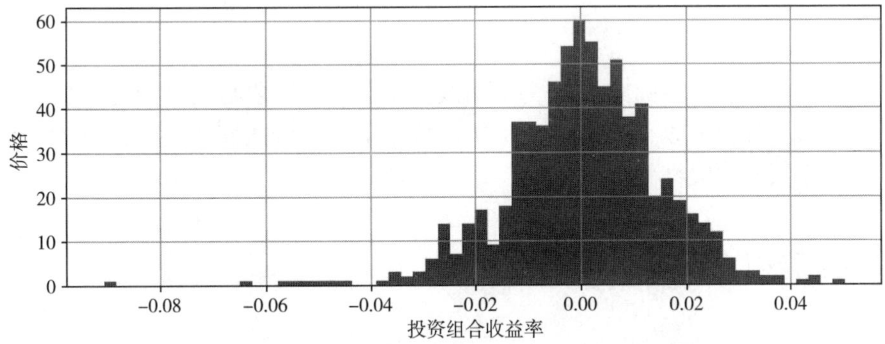

图 10-3　投资组合收益

最后，我们计算投资组合的平均值和标准差。

```
mean_rets=port_rets.mean()
std_rets=port_rets.std()
mean_rets
```

```
0.00037795845087837355
```

```
std_rets
```

```
0.014968412299686406
```

10.2.3　股票资产间相关性

相关性是一种统计量，用于衡量两个变量相对于彼此移动的程度。相关性测量关联，但不显示 X 是否导致 Y，反之亦然。相关性的计算公式如下。

$$r=\frac{\sum(X-\bar{X})(Y-\bar{Y})}{\sqrt{\sum(X-\bar{X})^2\sum(Y-\bar{Y})^2}}$$

上式中，r 为相关系数，$\bar{X}$ 为 X 的均值，$\bar{Y}$ 为 Y 的均值。

相关性为 1 表示正相关关系，即如果资产 A 和资产 B 之间的相关性为 1，资产 A 增加，资产 B 也会增加；相关性为-1 表示负相关关系，即如果资产 A 和资产 B 之间的相关性为-1，资产 A 增加，资产 B 会减少；相关性为 0 表示无相关关系，即如果资产 A 和资产 B 之间的相关性为 0，则 A、B 彼此之间没有任何影响。

为了计算相关性，我们需要下载一组股票历史价格的时间序列，并计算对数收益。

```
➡ import qstock as qs
  stocks=['海通证券','中信证券','国信证券','北大荒','招商证券']
  df=qs.get_price(stocks,start='20220210',end='20230210')
  stocks_price_df=pd.read_csv('../dataFiles/stocks_price.csv',
                              index_col='date',parse_dates=True)
  log_rets=np.log(stocks_price_df/stocks_price_df.shift())
➡ log_rets.corr()                        # 计算相关性
⮩
```

	海通证券	国信证券	招商证券	中信证券	北大荒
海通证券	1.000000	0.807455	0.872714	0.888215	0.190326
国信证券	0.807455	1.000000	0.782806	0.803985	0.177490
招商证券	0.872714	0.782806	1.000000	0.831382	0.245233
中信证券	0.888215	0.803985	0.831382	1.000000	0.152995
北大荒	0.190326	0.177490	0.245233	0.152995	1.000000

对角线上的相关性为 1.000000，因为对角线显示了每只股票与其自身之间的相关性。

通过输出结果，我们可以得出结论，海通证券和中信证券的相关性最大，而北大荒与其他 4 只股票领域不同，相关性较小。

10.3 投资组合效率

绩效评估是投资分析中最关键的领域之一。评估结果可用于评估投资方法的质量并提出改善建议。对于从业者来说，理解这些分析结果是如何生成的至关重要。另外，通过了解细节分析工作，从业者也将对投资有更深入的了解，并且还将认识到投资策略的局限性。

通过股票投资进行资产运用时，普通投资者希望用尽可能少的资金，尽可能小的风险，赚取利润。投资的效率是由回报和风险决定的。因此，在考虑高效的投资战略时，重要的是理解 3 个投资效率指标，即投资带来的收益（收益率）、投资带来的风险（收益率的分散）和是否获得了与风险相称的收益（夏普比率）。本节将介绍这 3 个指标，并对上证 50 的所有股票进行投资效率的验证。

10.3.1 收益率

首先，在考虑收益效率时，重要的是考虑收益额与投资金额的比例。例如，购买 1 股 100 元的股票 A，股价在第二日变成 150 元时卖掉，就可以获得 50 元的收益。如果购买 1 股 1000 元的股票 B，第二日变成 1050 元时卖掉，可以获得和股票 A 一样的每股 50 元的收益。从每股收益额来看，两者都获得了相同的收益。但考虑一下收益效率，股票 A 投资 100 元，可以获得 50 元的收益，而股票 B 投资了 1000 元，也只获得了 50 元的收益。可以看到其实两个投资的收益率并不相同，这时，我们可以用收益率概念来评估每个投资。

关于某个股票，S_t 为 t 期的股价，$rets$ 为收益率，其计算公式如下。

$$rets = \frac{S_{t+1} - S_t}{S_t}$$

此时，根据上面定义的股价收益率，股票 A 和股票 B 的收益率分别为 $rets_A$ 和 $rets_B$，计算过程如下。

$$rets_A = \frac{150 - 100}{100} = 50\%$$

$$rets_B = \frac{1050 - 1000}{1000} = 5\%$$

因此，可以看出股票 A 的收益率是股票 B 的 10 倍。

以下代码获取的是贵州茅台和科大讯飞 2023 年 1 月 1 日至 2023 年 1 月 31 日的每日股价。

```
➡ import qstock as qs
  stocks=['贵州茅台','科大讯飞']
  stocks2_df=qs.get_price(stocks,start='20230101',end='20230131')
➡ stocks2_df=pd.read_csv('../dataFiles/stocks2_df.csv',
                           index_col='date',parse_dates=True)
```

根据以上数据，我们计算两只股票的每日收益率和标准差。

```
➡ dRets=stocks2_df.pct_change()
  dRets_mean=dRets.mean()
  dRets_std=dRets.std()
  print('日收益平均')
  print(dRets_mean)
  print('收益标准差')
  print(dRets_std)
↳ 日收益平均
  科大讯飞        0.011829
  贵州茅台        0.004464
  dtype:float64
  收益标准差
  科大讯飞        0.039431
  贵州茅台        0.017271
  dtype:float64
```

通过输出结果可知，贵州茅台的日收益率平均是 0.004464，科大讯飞是 0.011829。显然，科大讯飞具有更高收益。考虑到这个平均值在不久的将来可以期待的收益率，可以说 2023 年 2 月份投资科大讯飞比投资贵州茅台的收益更大。

10.3.2　收益率的分散

投资中的风险是指不确定性（收益率的分散）。也就是说，产生损失的可能性和获得收益的可能性都叫做风险。所谓高风险，除了损失的可能性高之外，收益的可能性也很高。

将贵州茅台和科大讯飞的每日收益率进行对比（图 10-4），科大讯飞收益率的变动很大，损失也可能很大，但是也可以看出可以获得较大收益的可能性也很高。而贵州茅台的变动比科大讯飞小，所以损失不大，但获得高收益的可能性也较小。

```
➡ maotai_dRets=stocks2_df['贵州茅台'].pct_change()
  keda_dRets= stocks2_d['科大讯飞'].pct_change()
```

```
plt.plot(maotai_dRets,label='贵州茅台')
plt.plot(keda_dRets,label='科大讯飞',linewidth=3)
plt.title('贵州茅台/科大讯飞股价比较')
plt.ylabel('收益率')
plt.legend()
plt.show()
```

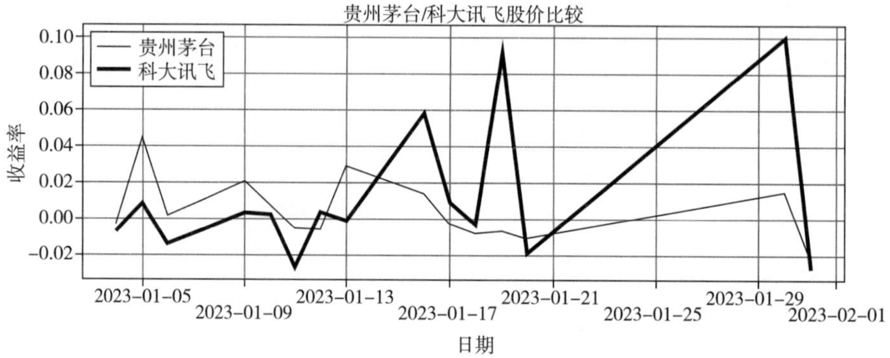

图 10-4　贵州茅台与科大讯飞股价的比较

科大讯飞的收益率变动大，贵州茅台变动小。为了测定这一点，调查收益率的方差（标准偏差）就成为风险的指标。收益率的方差是对 n 个收益率数据 $X=(X_1, X_2, \cdots X_n)$ 取均值 $E[X]$。分散的计算公式为：$V[X]=\left(\sum_{i=1}^{n}(X_i-E[X])^2\right)/n$。前面我们已经计算出了贵州茅台的标准差为 0.017271，科大讯飞的为 0.039431。也就意味着 2023 年 1 月 3 日至 2023 年 1 月 31 日，科大讯飞的风险要高于贵州茅台。

10.3.3　夏普比率

通过以上例子我们可以发现，收益率显示了投资金额的收益是多少。然而，对每只股票的收益率的比较并没有考虑到投资者所承担的风险。例如，股票 A 和股票 B 在某时间段内，假如都有一个相同的平均收益率（10%），股票 A 风险较小（标准差为 5%），股票 B 风险较大（标准差为 8%），则股票 A 应是更有效的投资结果。

夏普比率是衡量一项投资效率的指标，即投资的收益是否与风险相称。换言之，夏普比率是指在某一时间段内，投资组合每承担一单位风险所带来的超额收益，夏普比率越大表示收益越好，其表达式如下。

$$sp=\frac{E(R)-R_f}{\sigma}$$

上式中，R_f 是无风险收益率，$E(R)$ 是投资组合的期望收益率，σ 是投资组合收益的波动率。

假设有两个金融商品，其各自的夏普比率如下：A 夏普比率 =（10−0）÷5=2；B 夏普比率 =（10−0）÷8=1.25。与股票 B 相比，股票 A 的价值更大，这意味着股票 A 获得了与风险相称的收益。夏普比率越高，相对于承担的风险金额的投资收益越大，因此投资效率越好。该比率可用于评估单个股票或投资，或整个投资组合。

我们仍以前面的贵州茅台与科大讯飞为例，尝试计算夏普比率。

```
dRets_mean=pd.DataFrame(dRets.mean(),columns=['均值'])
dRets_std=pd.DataFrame(dRets.std(),columns=['方差'])
df_sharpR=pd.DataFrame(dRets.mean()/dRets.std(),columns=['夏普比率'])
df_result=pd.concat([dRets_mean,dRets_std,df_sharpR],axis=1)
df_result
```

	均值	方差	夏普比率
科大讯飞	0.011829	0.039431	0.299985
贵州茅台	0.004464	0.017271	0.258486

以上代码块中的 pd.concat（ ）函数可以用来结合列数据。

接下来，我们以上证 50 为例，进行投资效率的验证。

首先，从本地导入数据。

```
sz50_1m_df=pd.read_csv('../dataFiles/sz50_1month.csv',
                       index_col='date',parse_dates=True)
sz50_1m_df.isnull().sum()
```

经过检测，sz50_1m_df 数据集中不存在缺失值。在此情况下可以计算收益率、均值、方差和夏普比率，并对数据进行可视化和保存。

```
# 计算收益率
sz50_1m_rets=(sz50_1m_df-sz50_1m_df.shift(1))/sz50_1m_df.shift(1)
# 计算均值、方差、夏普比率
sz50_std=pd.DataFrame(sz50_1m_rets.var(),columns=['方差'])
sz50_mean=pd.DataFrame(sz50_1m_rets.mean(),columns=['均值'])
sz50_sharpR=pd.DataFrame(sz50_1m_rets.mean()/sz50_1m_rets.std(),
columns=['夏普比率'])
# 集合数据
df_result=pd.concat([sz50_mean,sz50_std,sz50_sharpR],axis=1)
df_result.head()
```

	均值	方差	夏普比率
浦发银行	0.001293	0.000029	0.240721
招商银行	0.006257	0.000194	0.448738
保利发展	0.001483	0.000334	0.081128
中国联通	0.004246	0.000656	0.165794
中信证券	0.004964	0.000166	0.385306

我们可以使用 sort_values( ) 函数显示较大的 5 个夏普比率个股。

```
df_result.sort_values(by=['夏普比率'],ascending=[False]).head(15)
```

	均值	方差	夏普比率
三一重工	0.006961	0.000105	0.678214
海通证券	0.005645	0.000105	0.551321
上汽集团	0.002780	0.000027	0.538557
韦尔股份	0.013397	0.000711	0.502531
隆基绿能	0.009291	0.000407	0.460328
华泰证券	0.005891	0.000171	0.450520

```
招商银行    0.006257    0.000194    0.448738
恒生电子    0.008158    0.000342    0.441377
国泰君安    0.003991    0.000082    0.440230
三安光电    0.005395    0.000172    0.410994
中信建投    0.008111    0.000431    0.390776
中信证券    0.004964    0.000166    0.385306
闻泰科技    0.005599    0.000225    0.373523
中国石化    0.001807    0.000025    0.363397
中泰证券    0.004912    0.000219    0.331763
```

ascending= [True] 意味着升序排列，ascending= [False] 意味着降序排列。

接着，我们绘制方差和收益率的散点图（图 10-5）。

```
df_result.plot.scatter(x='方差',y='均值')
```

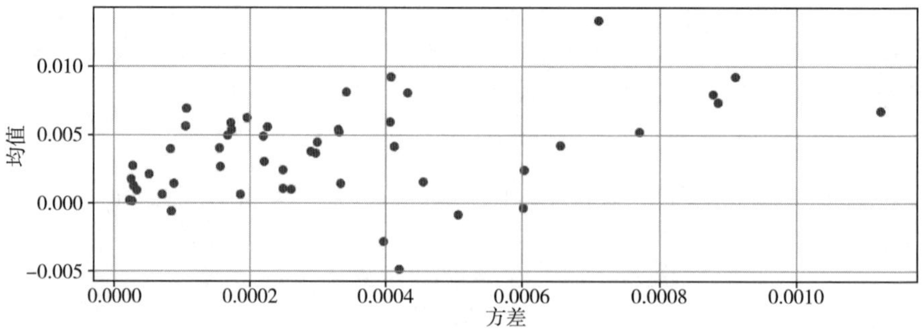

图 10-5　方差和收益率的散点图

为了更加直观地观察上证 50 各股特征，我们再次绘制期望值和分散性之间的关系图。图 10-6 与 Python 输出的显示期望值和方差之间关系的图相似。此外，标签（企业名称）已被添加到点上。

```
# 格式转换为 array
sz50_mean_array=np.array(sz50_mean)       # y 轴
sz50_std_array=np.array(sz50_std)         # x 轴
X=sz50_std_array
Y=sz50_mean_array
names=list(sz50_1m_df.columns)            # 企业名
plt.figure(figsize=(10,6))
plt.scatter(X,Y,s=15,color='red')
plt.xlabel('方差')
plt.ylabel('均值')
plt.title('上证 50 各股',fontsize=15)
for i,label in enumerate(names):
    plt.annotate(label,(X[i],Y[i]))
plt.show()
```

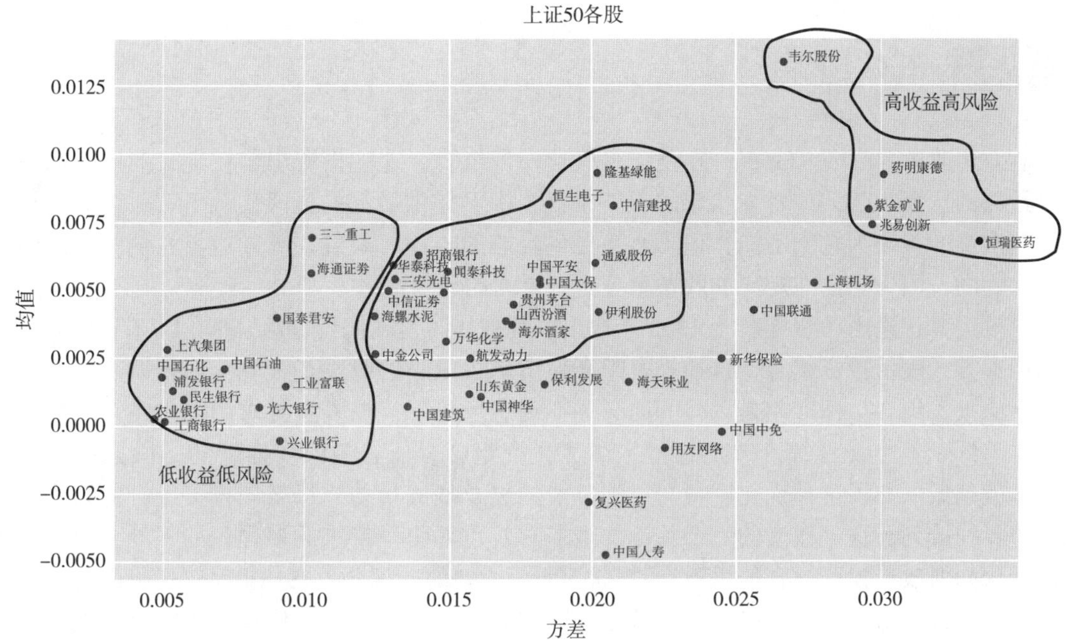

图 10-6 期望值和分散性之间关系

风险厌恶型投资者更倾向于高收益率和低风险（多样化）的股票。图 10-6 可以体现收益与风险的偏好，在规避风险的投资者中，有以下 3 种类型的投资者。

- 对风险持宽容态度的投资者。
- 看重风险的投资者。
- 能承担一定程度的风险并重视风险收益率（与风险相称的收益）的投资者。

①高收益高风险

在规避风险的投资者中，那些能在一定程度上接受风险的人应该选择右上圈内的股票。这方面的股票有药明康德、韦尔股份、恒瑞医药、紫金矿业等。图 10-6 显示，韦尔股份相较于恒瑞医药，收益率更高，风险更小。

②风险厌恶型

那些看重风险的投资者应该会注意左边圈内的股票。最有可能被这些投资者选中的股票是农业银行、工商银行。此外，上汽集团、中国石化、浦发银行的风险也较低，所以重视风险、风险厌恶型的投资者应该选择这些股票。

③重视风险回报

那些能承担一定风险并重视风险收益率的投资者应该选择中间圈内的股票。这些股票包括招商银行、中信证券、隆基绿能等，这些股票的收益率相对于风险来说很高。

上面，我们介绍了股票收益率、收益率的分散和夏普比率的计算方法，并针对 2020 年 8 月 1 日至 2020 年 10 月 31 日期间上证 50 的所有股票，使用 Python 程序计算了这 3 个指标。

在规避风险的投资者中，对风险持宽容态度的投资者，可以选择恒瑞医药；看重风险的投资者可以选择韦尔股份；能承担一定程度的风险并重视风险收益率的投资者可以选择药明康德。因此，为了在投资中取得成功，在不同时期进行验证，或者参考这 3 个指标以外的指标是很重要的。

10.4 有效边界

有效边界（Efficient Frontier）是一组最佳投资组合，这些投资组合在定义的风险水平下提供最高的预期收益，或者在给定的预期收益水平下提供最低的风险。低于有效边界的投资组合是次优的，因为它们不能为风险水平提供足够的收益。聚集在有效边界右侧的投资组合也是次优的，因为它们在定义的收益率下具有更高的风险水平。

有效边界理论由马科维茨于 1952 年提出，其被认为是现代投资组合理论的基石。有效边界以图形方式表示投资组合，这些投资组合使所承担风险的收益最大化。回报取决于构成投资组合的投资组合。标准差是风险的同义词。理想情况下，投资者寻求用提供卓越回报但综合标准差低于单个证券标准差的证券来填充投资组合。证券的同步性越低（协方差越低），标准差就越低。如果这种优化回报与风险范式的组合是成功的，那么该投资组合应该沿着有效的边界线排列。这一概念的一个关键发现是有效边界曲率带来的多样化的好处。曲率是揭示多元化如何改善投资组合的风险/回报状况不可或缺的一部分。它还揭示了风险的边际回报递减。最佳投资组合是指在风险和收益之间取得完美平衡的设计。最佳投资组合也是指在可接受的风险下提供最大收益的证券，或在一定收益下风险最低的证券。为了使用有效边界，一个追求风险的投资者会选择落在有效边界右侧的投资，而一个比较保守的投资者会选择位于有效边界线左侧的投资。

我们使用由三一重工、海通证券、上汽集团、韦尔股份和隆基绿能 5 只股票组成的投资组合。从 qstock 库获取 5 年间的数据，介绍实现有效边界的过程。

```
➡ import qstock as qs
➡ sz50_5s_list=['三一重工','海通证券','上汽集团','韦尔股份','隆基绿能']
  sz50_5s=qs.get_price(sz50_5s_list,start='20180104',end='20230104')
```

也可以从本地读取数据。

```
➡ sz50_5s_df=pd.read_csv('../dataFiles/sz50_5s.csv',
                          index_col='date',parse_dates=True)
```

接下来，为了了解每只股票的历史表现，我们通过数据可视化观察它们的价格趋势（图 10-7）。

```
➡ plt.figure()
  for i in sz50_5s_df.columns.values:
      plt.plot(sz50_5s_df.index,sz50_5s_df[i],lw=1.5,alpha=0.8,label=i)
  plt.legend(loc='upper left',fontsize=10)
  plt.ylabel('股价(元)')
↳
```

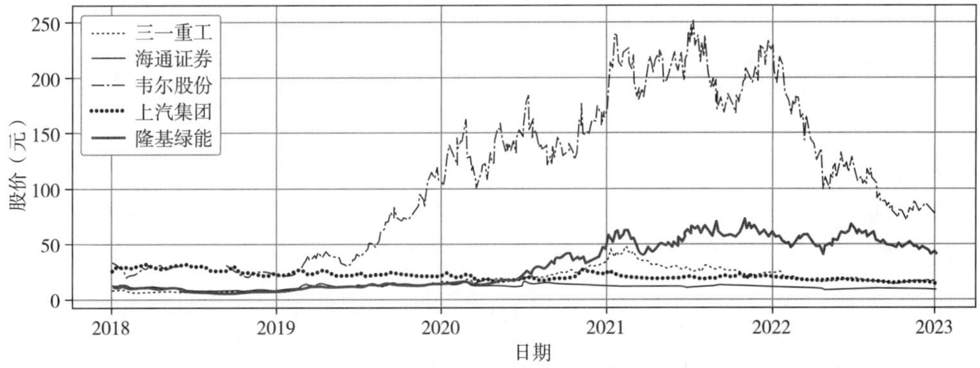

图 10-7　股票的历史表现

使用每日收益率变化来绘制股票波动性（图 10-8）可以帮助我们进一步观察股票的波动性。

```
returns=sz50_5s_df.pct_change()
plt.figure()
for i in returns.columns.values:
    plt.plot(returns.index,returns[i],lw=2,alpha=0.8,label=i)
plt.legend(loc='lower left',fontsize=10)
plt.ylabel('每日收益率')
```

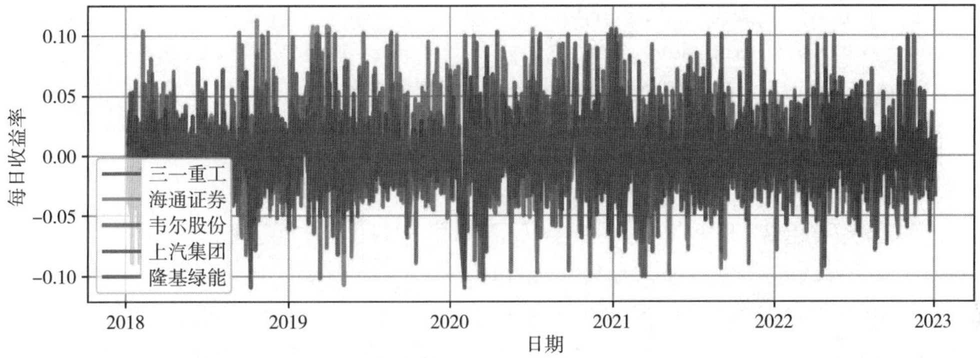

图 10-8　股票波动性

上图由于同时绘制了所有的股票，所以有些“嘈杂”，但我们可以看到上汽集团在 2018 年 8 月左右有一个负峰值，2019 年 3 月前后海通证券有一些较小的正/负峰值，2022 年 1 月左右三一重工、海通证券有一些较小的正/负峰值，等等。在投资组合理论中，尖峰=波动率，其也被用作风险的代名词。

10.4.1　随机投资组合

现在我们已经获得了历史价格数据，我们将创建一个函数为投资组合中的每只股票分配随机权重，然后计算投资组合的整体年化收益和年化波动率。

```
➡ def portfolio_annualized_performance(weights,mean_returns,cov_matrix):
    # 投资组合的标准差(使用点乘以协方差、权重)
    returns=np.sum(mean_returns*weights)*252
    # 252 个交易日
    std=np.sqrt(np.dot(weights.T,np.dot(cov_matrix,weights)))*np.sqrt(252)
    return std,returns
```

接下来，创建一个函数来生成随机投资组合，并为每只股票分配随机权重。

```
➡ def generate_random_portfolios(num_portfolios,mean_returns,
                                 cov_matrix,risk_free_rate):
    # 初始化形状为 3×N 的数组存储结果,N 是要模拟的投资组合的数量
    results=np.zeros((3,num_portfolios))
    # 用来存储每个股权的权重的数组
    weight_array=[]
    for i in range(num_portfolios):
        # 为 5 只股票随机分配浮点数
        weights=np.random.random(5)
        # 将随机的浮点数转换成百分比(总和为 100)
        weights/=np.sum(weights)
        # 添加到投资组合权重阵列
        weight_array.append(weights)
        # 从上面的函数中拉出标准差、回报,使用
        # 在这个函数中产生权重、平均收益率
        portfolio_std_dev,portfolio_return=portfolio_annualized_
performance(weights,mean_returns,cov_matrix)
        # 存储输出
        results[0,i]=portfolio_std_dev
        results[1,i]=portfolio_return
        # 夏普比率
        results[2,i]=(portfolio_return-risk_free_rate)/portfolio_std_dev
    return results,weight_array
```

接下来，设置最后的输入变量，计算每只股票的平均收益，以及一个协方差矩阵，以用于下面的风险计算。

```
➡ returns=sz50_5s_df.pct_change()
mean_returns=returns.mean()
cov_matrix=returns.cov()
# 投资组合的初始金额 10 万元
num_portfolios=100000
# 无风险利率锚定在国债利率上
risk_free_rate=0.03
```

10.4.2 可视化有效边界

最后，我们再来模拟投资组合的收益差异，下面的函数是生成一个随机投资组合，获得

收益率、波动率和权重。我们还将继续显示最大夏普比率。所有随机生成的投资组合都可以根据夏普比率绘制成图谱。蓝色越多，夏普比率就越高。图 10-9 就是具有最高夏普比率（相对于风险的最高回报）的最佳投资组合。

```
def display_simulated_portfolios(mean_returns,cov_matrix,num_portfolios,
                                 risk_free_rate):
    # 从随机投资组合中提取结果、权重
    results,weights=generate_random_portfolios(num_portfolios,
mean_returns,cov_matrix,risk_free_rate)
    # 最大投资组合夏普比率
    max_sharpe_idx=np.argmax(results[2])
    # 相关的标准差、年化收益率和最大夏普比率
    stdev_portfolio=results[0,max_sharpe_idx]
    returns_portfolio=results[1,max_sharpe_idx]
    # 与最大夏普比率相关的配置
    max_sharpe_allocation=pd.DataFrame(weights[max_sharpe_idx],
index=sz50_5s_df.columns,columns=['allocation'])
    max_sharpe_allocation.allocation=[round(i*100,2)for i in
                                      max_sharpe_allocation.allocation]
    max_sharpe_allocation=max_sharpe_allocation.T
    print('-'*100)
    print('最大夏普比率的投资组合\n')
    print('--收益率、波动率--\n')
    print('年化收益率:',round(returns_portfolio,2))
    print('年化波动率:',round(stdev_portfolio,2))
    print('\n')
    print('--在最大夏普比率下的分配--\n')
    print(max_sharpe_allocation)
    print('-'*100)
    plt.figure()
    # x=波动率,y=年化收益率,颜色映射=夏普比率
    plt.scatter(results[0,:],results[1,:],c=results[2,:],
                cmap='Blues',marker='o',s=10,alpha=0.3)
    plt.colorbar()
    # 标识具有最大夏普比率的投资组合
    plt.scatter(stdev_portfolio,returns_portfolio,
                marker='* ',color='r',s=50,label='最大夏普比率')
    plt.xlabel('年化波动率')
    plt.ylabel('年化收益')
    plt.legend(labelspacing=1.2)
display_simulated_portfolios(mean_returns,cov_matrix,
                             num_portfolios,risk_free_rate)
```

```
最大夏普比率的投资组合
--收益率、波动率--
年化收益率:0.33
```

```
年化波动率:0.36
--在最大夏普比率下的分配--
             三一重工   海通证券   韦尔股份   上汽集团   隆基绿能
allocation   32.14      0.2        21.41      0.13       46.12
```

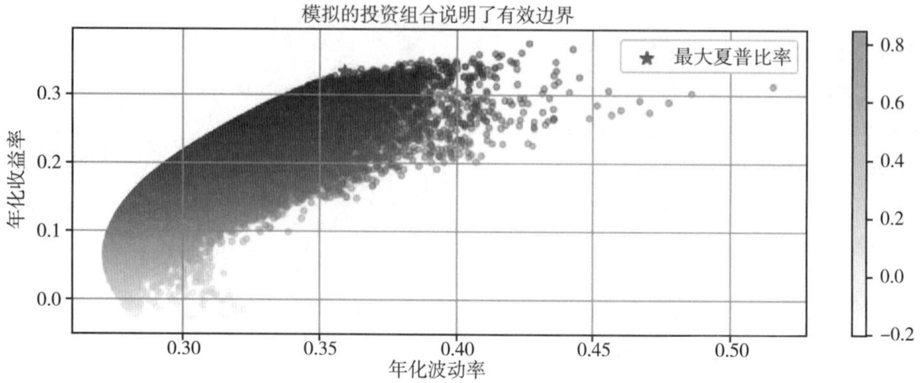

图 10-9　有效边界

10.5 资本市场线

资本市场线（Capital Market Line，CML）代表将风险和回报最佳结合的投资组合。这是一个理论概念，代表了所有将无风险收益率和风险资产的市场投资组合最佳结合的投资组合。在资本资产定价模型（CAPM）下，所有投资者都将通过以无风险利率借款来均衡地选择资本市场线上的头寸，因为这可以在给定的风险水平下最大化回报。资本市场线的计算方法如下。

$$R_p = r_f + \frac{R_T - r_f}{\sigma_T}\sigma_p$$

上式中，R_p 为投资组合收益，r_f 为无风险利率，R_T 为市场回报，σ_T 为市场回报的标准差，σ_p 为投资组合收益的标准差。

从理论上讲，落在资本市场线上的投资组合优化了风险/回报关系，从而最大限度地提高了业绩。资本配置线（Capital Allocation Line，CAL）为投资者分配无风险资产和风险投资组合。CML 是 CAL 的一个特例，其中风险组合是市场投资组合。因此，CML 的斜率是市场投资组合的夏普比率。概括地说，如果夏普比率高于 CML，则买入资产；如果夏普比率低于 CML，则卖出资产。

均值-方差分析由马科维茨和詹姆斯·托宾（James Tobin）开创。马科维茨在 1952 年确定了最优投资组合的有效边界，詹姆斯·托宾在 1958 年将无风险利率纳入了现代投资组合理论。威廉·夏普（William Sharpe）随后在 1960 年提出了 CAPM 技术。CAPM 是将无风险收益率与最优投资组合有效边界上的切线连接起来的线，这些投资组合在定义的风险水平下提供最高的预期收益，或者在给定的预期收益水平下提供最低的风险。在预期收益和方差（风险）之间具有最佳权衡的投资组合就位于这条线上。

切线点是风险资产的最佳投资组合，称为市场投资组合。在均值-方差分析的假设下，投资者寻求在给定的方差风险下最大化他们的预期收益，并且存在无风险收益率，所有投资者都将选择位于 CML 上的投资组合。根据托宾分离定理，找到市场投资组合以及该市场投资组合和无风险资产的最佳组合是不同的问题。个人投资者要么只持有无风险资产，要么持有无风险资产和市场投资组合的某种组合，这取决于他们的风险厌恶程度。随着投资者提高 CML，整体投资组合风险和回报也会增加。规避风险的投资者会选择接近无风险资产的投资组合，更喜欢低方差而不是高回报。风险厌恶程度较低的投资者将更喜欢 CML 上较高的投资组合，预期收益较高，但差异更大。通过以无风险利率借入资金，他们还可以将超过 100%的可投资资金投资于风险市场投资组合，从而增加预期收益和超出市场投资组合提供的风险。CML 有时会与安全市场线（Security Market Line，SML）混淆。SML 派生自 CML。CML 显示特定投资组合的收益率，而 SML 代表给定时间的市场风险和回报，并显示单个资产的预期收益。虽然 CML 中的风险衡量标准是回报的标准差（总风险），但 SML 中的风险衡量标准是系统性风险或贝塔系数。价格合理的证券将在 CML 和 SML 上绘制。绘制高于 CML 或 SML 的证券产生的收益对于给定的风险来说太高并且被低估了。低于 CML 或 SML 的证券产生的收益对于给定的风险来说太低并且定价过高。

10.6　风险价值

风险价值（VaR）是一种统计数据，用于尝试量化企业或投资组合在特定时间范围内的财务风险水平。VaR 提供给定头寸或投资组合在一段时间内的最大损失的估计值，我们可以在各种置信水平上计算它。

估计投资组合的风险对于长期资本增长和风险管理非常重要，尤其是在大型企业或机构中。VaR 通常被这样叙述，即“我们下个月的投资组合 VaR 为 250000 元，置信度为 95%。”这意味着，在 95%的信心下，我们可以说投资组合的损失在一个月内不会超过 250000 元。

计算 VaR 有两种主要的方法：一是使用蒙特卡洛模拟；二是使用方差-协方差方法（Variance-Covariance Method）。我们将重点介绍使用方差-协方差方法。方差-协方差方法查看给定股票或股票投资组合在指定回溯期内的历史价格变动（标准差、平均价格），然后使用概率理论计算指定置信区间内的最大损失。下面，我们将使用 Python 逐步计算它。

（1）VaR 计算假设

VaR 计算假设包括：一是回报的正态分布。VaR 假设投资组合的收益呈正态分布。对于大多数资产来说，这当然是不现实的。二是可以对 VaR 进行修改以考虑不同的分布。三是标准市场条件。与许多金融工具一样，VaR 最适合用于考虑标准市场中的损失，不太适合极端/异常事件。

为了计算投资组合的 VaR，我们可以按照以下步骤操作。

- 计算投资组合中股票的定期回报。
- 基于回报创建协方差矩阵。
- 计算投资组合的均值和标准差。
- 根据投资组合中每只股票的投资水平加权。
- 计算具有指定置信区间、标准差和平均值的正态累积分布的倒数。
- 通过从步骤 4 中的计算中减去初始投资来估计投资组合的风险价值。

（2）计算周期性收益

导入 qstock 库。

```
➡ import qstock as qs
➡ # 股票组合
  list=['三一重工','海通证券','上汽集团','韦尔股份','隆基绿能']
  # qstock 下载 list 各股收盘价
  stocks_data=qs.get_price(list,start='20180101',end='20230101')
➡ # 设置投资权重
  weights=np.array([.18,.2,.12,.4,.1])
  # 设定初始投资额 10 万元
  initial_investment=100000
➡ # 根据收盘价,计算周期性收益
  returns=stocks_data.pct_change()
```

（3）创建协方差矩阵

```
➡ # 创建协方差矩阵
  cov_matrix=returns.cov()
```

（4）计算均值和标准差

```
➡ # 计算每只股票的平均收益
  avg_rets=returns.mean()
  # 使用点乘法来计算整个投资组合的平均收益
  # 根据投资权重将个人的平均数归一化
  port_mean=avg_rets.dot(weights)
  # 计算投资组合的标准偏差
  port_stdev=np.sqrt(weights.T.dot(cov_matrix).dot(weights))
  # 计算投资的平均值
  mean_investment=(1+port_mean)*initial_investment
  # 计算投资的标准偏差
  stdev_investment=initial_investment*port_stdev
```

接下来，可以将这些变量代入下面的分位点函数中。

（5）计算具有指定置信区间

计算具有指定置信区间、标准差和平均值的正态累积分布的逆函数。我们使用 SciPy 的 ppf（）函数生成正态分布的反累积分布函数计算投资组合的平均数、标准差。

```
➡ # 选择置信区间(95%)
  conf_level1=0.05
  from scipy.stats import norm
  cu=norm.ppf(conf_level1,mean_investment,stdev_investment)
```

通过得到的变量 cu 减去初始投资来估计投资组合的风险价值（VaR）。最后，在置信区间计算 VaR。

```
➡ var_1d1=initial_investment-cu
  var_1d1
↳ 2932.679554177099
```

这里，我们有 95%的信心说，10 万元投资组合在一日内不会产生超过 2932 元的损失。

如果我们希望在更大的时间窗口内计算 VaR，只需将我们的 1 日 VaR 乘以时间段的平方根，这是因为股票收益的标准差往往随着时间的平方根而增加（图 10-10）。

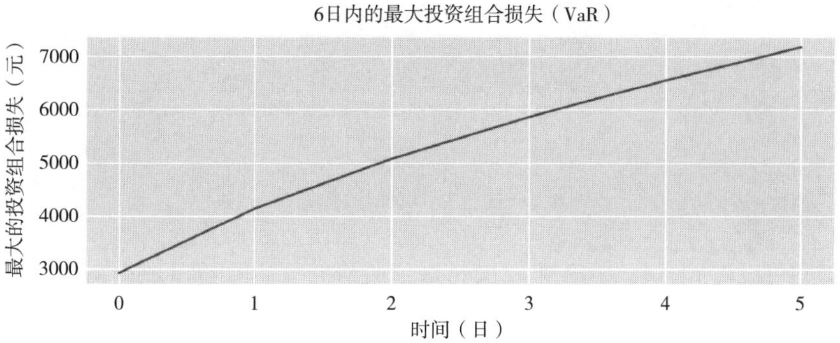

图 10-10　6 日内的最大投资组合损失（VaR）

```
# 计算 6 日的风险值
var_array=[]
num_days=int(6)
for x in range(1,num_days+1):
    var_array.append(np.round(var_1d1*np.sqrt(x),2))
    print(str(x)+'day VaR@95% confidence:'+str(np.round(var_1d1*
np.sqrt(x),2)))
plt.xlabel('时间(日)')
plt.ylabel('最大的投资组合损失(元)')
plt.title('6 日内的最大投资组合损失(VaR)')
plt.plot(var_array,'r')
```

```
1day VaR@95% confidence:2932.68
2day VaR@95% confidence:4147.44
3day VaR@95% confidence:5079.55
4day VaR@95% confidence:5865.36
5day VaR@95% confidence:6557.67
6day VaR@95% confidence:7183.57
```

如前所述，假设计算 VaR 时，投资组合中股票的收益遵循正态分布。当然，我们无法预测未来的情况，但至少可以观察历史回报的分布情况（图 10-11），以帮助我们评估 VaR 是否适合用于投资组合。

```
import matplotlib.mlab as mlab
import matplotlib.pyplot as plt
```

```
returns['韦尔股份'].hist(bins=40,histtype='stepfilled',alpha=0.5)
x=np.linspace(port_mean-3*port_stdev,port_mean+3*port_stdev,100)
plt.title('韦尔股份历史回报')
plt.show()
```

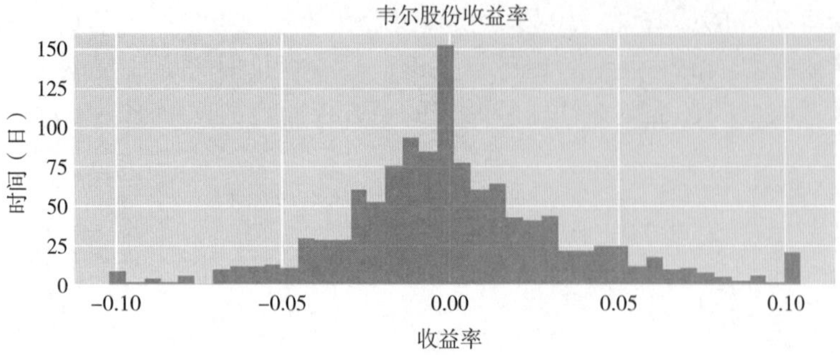

图 10-11　韦尔股份历史回报

从上图我们可以看到，自 2018 年以来，韦尔股份的股票收益呈现正态分布。

实践与练习

使用以上方法分别检验三一重工、海通证券、隆基绿能、上汽集团股票收益的分布情况。

10.7 投资组合优化

前面介绍了个股分析，本节我们将重点转移到管理资产组合的更现实的场景上，讨论如何使用 Python 进行投资组合优化。

均值-方差优化需要做两件事，分别为估计资产的预期收益和构建协方差矩阵（换句话说，量化资产风险的风险模型）。PyPortfolioOpt 库提供了估计两者的方法。

PyPortfolioOpt 库的安装使用 pip install PyPortfolioOpt 语句。PyPortfolioOpt 的功能让我们只需要提供资产的历史价格数据集就可以完成权重优化过程。PyPortfolioOpt 所需数据集索引应由日期或时间戳组成，每列应表示资产价格的时间序列。定价数据不必是每日的，但频率应该在所有资产中都相同。

在将历史价格读入 Pandas 数据框架后，我们需要在可用的预期收益和协方差矩阵的估计方法中做出决定。

我们使用 qstock 库选取 2020 年 2 月 10 日至 2023 年 2 月 10 日上证 50 价格数据。

数据集可从本地读取。

```
sz50_stocks_price=pd.read_csv('../dataFiles/sz50.csv',
                              index_col='date',parse_dates=True)
sz50_stocks_price
```

需要对缺失值进行确认与处理。

```
sz50_stocks_price.isnull().sum()
```

接下来，计算收益均值与收缩协方差。

```
from pypfopt.expected_returns import mean_historical_return
from pypfopt.risk_models import CovarianceShrinkage
```

```
mu=mean_historical_return(sz50_stocks_price)
S=CovarianceShrinkage(sz50_stocks_price).ledoit_wolf()
```

在实践中，与其在给定的目标收益率下试图最小化波动率，不如找到使夏普比率最大化的投资组合更为合理。

```
from pypfopt.efficient_frontier import EfficientFrontier
ef=EfficientFrontier(mu,S)
weights=ef.max_sharpe()
```

输出这些权重。

```
cleaned_weights=ef.clean_weights()
cleaned_weights
```

```
OrderedDict([('通威股份',0.05298),
             ('山西汾酒',0.47184),
             ('隆基绿能',0.05101),
             ('航发动力',0.03401),
             ('中国神华',0.29296),
             ('紫金矿业',0.0972),
             ('中金公司',0.0),
             ('中国石油',0.0),
             ('海天味业',0.0),
             ('韦尔股份',0.0)])
```

最后计算夏普比率。

```
ef.portfolio_performance(verbose=True)
```

```
Expected annual return:55.8%
Annual volatility:31.0%
Sharpe Ratio:1.74
(0.5584180429279219,0.3095515556333089,1.7393485289595039)
```

第11章 资本资产定价模型

11.1 CAPM 理论

资本资产定价模型（Capital Asset Pricing Model，CAPM）被认为是投资中一个非常基本的概念。它决定了资产（特别是股票）的风险与预期收益之间的关系。本节将讨论 CAPM，了解投资者的策略与市场之间的关系。CAPM 由以下公式定义。

$$ER_i = R_f + \beta_i (ER_m - R_f)$$

上式中，ER_i 为投资的期待收益，R_f 为无风险收益率，β_i 为投资的贝塔系数，$(ER_m - R_f)$ 为市场风险溢价。上式的形式是 $y = mx + b$，因此它可以被视为线性回归的一种形式。

现在，让我们选择沪深 300（市场）与贵州茅台 2022 年 1 月 1 日至 2022 年 12 月 30 日（股票）的数据演示 CAMP 过程。

```
➡ from scipy import stats
  import matplotlib.pyplot as plt
➡ import qstock as qs
  stocks=['沪深300','贵州茅台']
  df=qs.get_price(stocks,start='20220101',end='20221230')
```

根据 CAPM 理论，股票表现和市场表现之间应该存在某种关系（图 11-1）。我们将两组数据可视化并观察它们的趋势。

```
➡ df['沪深300'].plot(label='沪深300',ls='-.')
  df['贵州茅台'].plot(label='贵州茅台')
  plt.legend()
```

➥

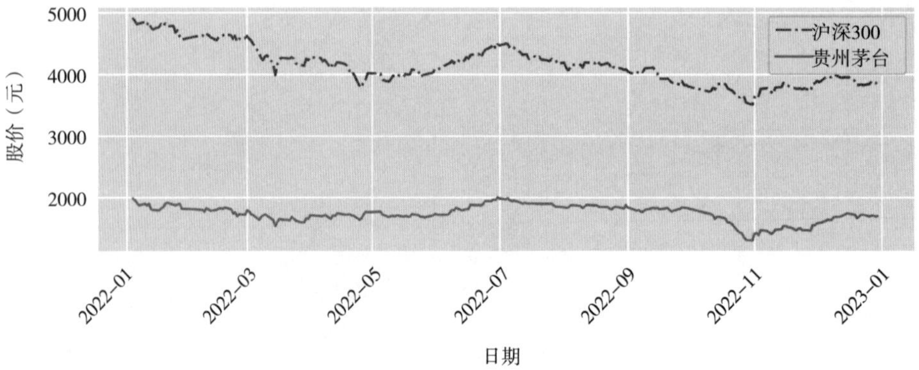

图 11-1　沪深 300 与贵州茅台趋势图

11.2 收益计算

11.2.1 累计收益

从图 11-1 上看，股票表现似乎在模仿市场表现。因此，我们可以从统计学上比较它们，并找到累计收益（图 11-2）。

```
➡ df['沪深300_累计收益']=df['沪深300']/df['沪深300'].iloc[0]
  df['贵州茅台_累计收益']=df['贵州茅台']/df['贵州茅台'].iloc[0]
➡ df['沪深300_累计收益'].plot(label='沪深300',ls='-.')
  df['贵州茅台_累计收益'].plot(label='贵州茅台')
  plt.legend()
⮑
```

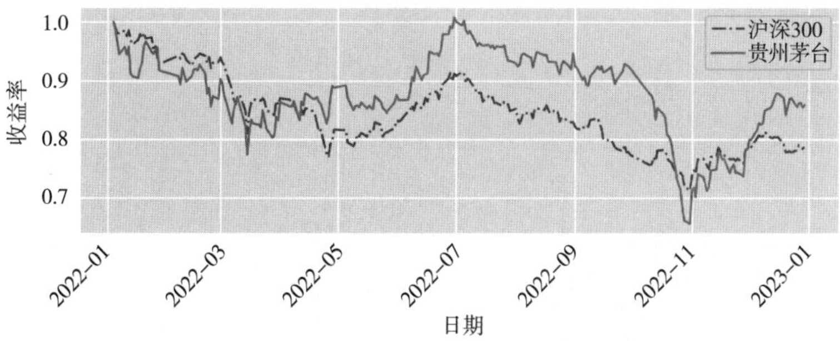

图 11-2　累计收益

11.2.2 每日收益

我们还可以绘制每日收益的视图（图 11-3）。通过图 11-3，我们可以直观地看到贵州茅台股票的每日收益率与市场之间存在某种关系。

```
➡ df['沪深300_每日收益']=df['沪深300'].pct_change(1)
  df['贵州茅台_每日收益']=df['贵州茅台'].pct_change(1)
➡ plt.scatter(df['沪深300_每日收益'],df['贵州茅台_每日收益'])
⮑
```

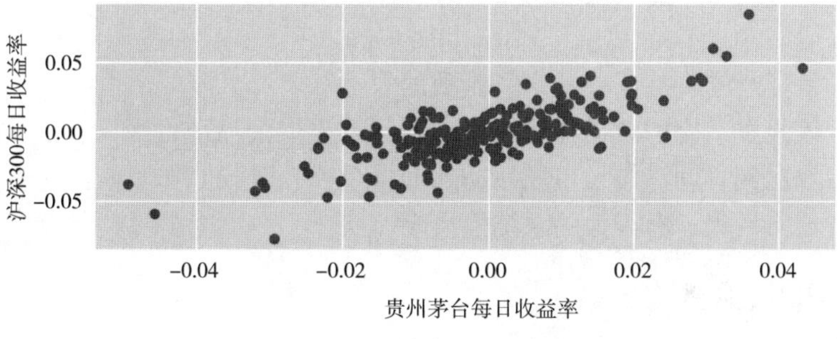

图 11-3　每日收益

11.2.3 构建回归模型

Alpha 和 Beta 值可以通过使用 SciPy 的统计包并调用它的线性回归函数来找到。

```
➡ linregress=stats.linregress(df['沪深 300_每日收益'].iloc[1:],
                              df['贵州茅台_每日收益'].iloc[1:])
```

linregress 输出 5 个值，可以通过元组获得。这五个值分别是 beta、alpha、rvalue、pvalue 和标准误。

```
➡ beta,alpha,r_val,p_val,std_err=linregress
  beta
↪ 1.1220350669962964
➡ alpha
↪ 0.0005866607471595603
➡ r_val
↪ 0.7373788499330736
➡ p_val
↪ 1.3194476175119526e-42
➡ std_err
↪ 0.06648580286927268
```

11.3 CAPM 指标

Beta 和 Alpha 系数是 CAPM 模型两个重要的指标。

11.3.1 Beta 系数

投资证券的贝塔（Beta，β）系数是衡量其相对于整个市场的收益波动性的指标。它被用作风险的衡量标准，是 CAPM 的一个组成部分。贝塔系数较高的企业风险更大，预期收益也更高。

一只股票的贝塔系数突出了由市场股票指数（如沪深 300）代表的市场与投资组合之间的关系。例如，如果贝塔系数为 1.12，这意味着如果市场有 1%的变化，投资组合的变化为 1.12%。它可以被认为是系统性投资组合风险的一个衡量标准。除了使用 stats.linregress（ ）函数得出数值，我们也可以单独使用以下公式计算。

$$\beta_k = \frac{Cov(r_k,\ r_m)}{Var(r_m)}$$

上式中，r_k 是资产的收益，r_m 是市场指数的收益。

$\beta_k<1$，表示该投资组合的波动性比市场小，没有重大的系统性风险；$\beta_k=1$，表示该投资组合以相同的市场比例移动。假设市场移动到 1%，投资组合也移动到 1%；$\beta_k>1$，表示该投资组合的波动性比市场大，有很大的系统性风险。

11.3.2 Alpha 系数

阿尔法（Alpha，α）系数是衡量投资表现的指标，是通常用于评估个股或投资组合的 5

个标准表现比率之一，其他 4 个是贝塔系数、标准差、判定系数和夏普比率。阿尔法系数通常是单个数字（例如，1 或 4），代表反映投资相对于基准指数的表现的百分比。阿尔法系数的概念起源于加权指数基金的引入，这些基金试图复制整个市场的表现，并为每个投资领域分配等效的权重。作为一种投资策略的发展创造了新的绩效标准。基本上，投资者开始要求交易活跃基金的投资组合经理产生超过投资者通过投资被动指数基金所能获得的收益。阿尔法系数是作为比较主动投资与指数投资的指标而创建的。

投资组合的阿尔法系数是与基准指数相比产生的超额回报。共同基金或 ETF 的投资者通常会寻找阿尔法系数高的基金，以期获得卓越的投资收益率（ROI）。

阿尔法系数通常与贝塔系数一起使用，贝塔系数是衡量投资波动性的指标。这两个指标都用于资本资产定价模型（CAPM）来分析投资组合并评估其理论表现。

阿尔法指标使我们能够了解一个投资组合是表现优于还是劣于基准。例如，前面的例子中，输出的阿尔法值为 0.00058。在这种情况下，考虑到投资组合的收益和风险，该投资组合比基准表现好 0.058%。阿尔法系数计算公式如下。

$$\alpha_k = E[r_k] - r_f - \beta_k(E[r_m] - r_f)$$

上式中，$E[r_k]$ 是资产收益率的平均值，$E[r_m]$ 为市场指数回报，r_f 是无风险资产的收益，β_k 是资产的 β 值。当我们计算收益率、波动率、夏普比率等的平均值时，需要对数据进行年度化处理。如果希望比较一些具有不同时间框架的策略，年度化处理会使比较变得容易。

无风险资产非常接近于 0%，在某些情况下甚至是负值。一般情况下，将其设定为 0%，以方便计算和理解。

$\alpha_k<0$，表示投资组合的表现低于基准，投资基准会是一个更好的投资选择；$\alpha_k=0$，表示投资组合既没有低于基准，也没有超过基准，投资组合的风险、回报一致；$\alpha_k>0$，表示投资组合的表现优于基准，意味着投资组合比投资基准更好。

11.3.3　其他风险指标

风险可以广义地定义为损失或伤害的可能性。在金融市场中，风险通常更集中在投资风险上，表现投资的实现结果与最初预期的结果不同的概率。这个定义抓住了风险的主要前提，即当进行投资时，我们可能会损失部分或全部投资，具体取决于投资的风险程度。投资风险可以通过多种方式定义，除已经介绍过的阿尔法和贝塔系数外，标准差、判定系数也是重要指标。

（1）标准差

从统计学的角度来看，数据集的标准差是数据集中包含的观测值之间偏差大小的度量。从财务角度来看，标准差可以帮助投资者量化投资的风险，并确定其最低投资收益率。

正态分布理论指出，从长远来看，投资收益将落在倒钟形曲线上的某个地方。正态分布还显示有多少观测数据将落在一定范围内，即 68%的收益将落在算术平均值的 1 个标准差以内；95%的收益将落在算术平均值的 2 个标准差以内；99%的收益将落在算术平均值的 3 个标准差以内。图 11-4 说明了此概念。

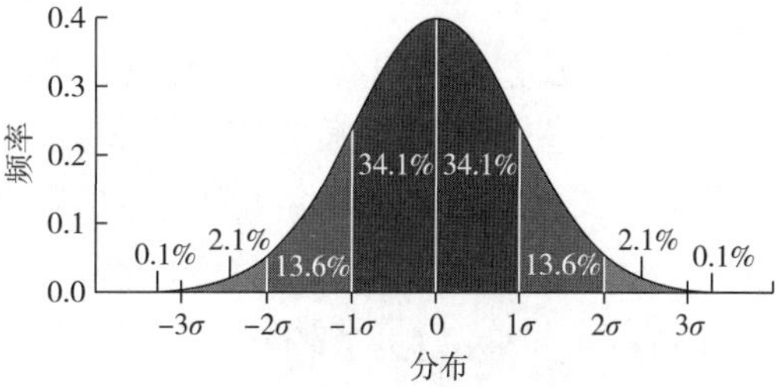

图 11-4　正态分布

因此，标准差是量化投资风险非常有用的工具。积极监控投资组合的标准差并进行调整将使投资者能够根据个人风险态度定制投资。

(2) 判定系数

判定系数（R^2）是回归模型中的统计度量，用于确定因变量中可由自变量解释的方差比例。换句话说，判定系数显示了数据与回归模型的拟合优度（Goodness Fit）。

判定系数可以是 0 到 1 之间的任何值。尽管统计度量提供了一些有关回归模型的有用见解，但我们在评估统计模型时不应仅仅依赖该度量。因为判定系数并没有透露有关自变量和因变量之间因果关系的信息。此外，它并不表示回归模型的正确性。因此，我们应始终通过分析统计模型中的判定系数和其他变量来得出有关模型的结论。

对判定系数最常见的解释是回归模型对观测数据的解释程度。例如，60%的判定系数表明，在目标变量中观察到的 60%的变异性是由回归模型解释的。通常，判定系数越高，表示模型解释的变异性越大。但是，并非高判定系数对回归模型总是有利。统计度量的质量取决于许多因素，例如模型中使用的变量的性质、变量的度量单位以及应用的数据转换。因此，有时，高判定系数可以指示回归模型存在问题。对于预测模型来说，低判定系数通常代表拟合效果欠佳。但是，在某些情况下，一个好的模型可能会显示较小的值。关于如何在评估模型时纳入统计度量，没有通用规则。实验或预测的上下文非常重要，在不同的方案中，指标的见解可能会有所不同。下式为判定系数的计算公式。

$$R^2 = \frac{SS_{regression}}{SS_{total}}$$

上式中，$SS_{regression}$ 是由于回归导致的平方和（解释的平方和），SS_{total} 是总平方和。

11.4 回测的指标

我们可以根据历史数据来验证交易策略的可行性和有效性。进行回测是希望可以用回测后的表现来评估未来实盘表现。本节将使用风险管理指标和其他指标对以前的一些投资策略进行回测。我们将从常用回测指标开始，如夏普比率和索蒂诺比率。然后，我们将解释如何使用 VaR、cVaR 和风险贡献进行风险分析。

11.4.1 夏普比率

在这一部分中，我们将讨论一些我们已经学过的指标。事实上，这些指标在介绍夏普比率和索蒂诺比率时均有提及。我们将更深入地谈谈夏普比率。这个指标在金融中非常常用，正如我们之前所说，它使我们能够了解风险每增加 1%而得到额外收益。

$$sharpe = \frac{\mu - r_f}{\sigma}$$

上式中，μ 是投资组合收益（年化）的平均值，σ 是投资组合收益的波动性（年化），r_f 是无风险资产（我们为无风险资产设置 0，因为它实际上在这个值附近）。为了将波动性年化，我们需要将波动率乘以年化因子的平方根。例如，如果我们希望按年计算每日波动率，就让 $\sigma_{daily} \times \sqrt{252}$。当我们计算夏普比率时，我们将处于以下情况之一。

Sharpe<0，表示这并非较好投资，我们承担了一些风险，但投资组合的预期收益为负；0<Sharpe<1，表示这是一项好投资，我们有一个正的预期收益，但我们承担的风险高于收益；Sharpe>1，表示这是一项优秀投资，我们有一个正的预期收益，但无风险的重要性高于回报。

```
def sharpe_function(portfolio,timeframe=252):
    mean=portfolio.mean()*timeframe
    std=portfolio.std()*np.sqrt(timeframe)
    return mean/std
```

以上函数输入的是投资组合的收益，输出的是夏普比率指标，timeframe 为年化系数。

假设使用这个函数，我们得到的投资组合的夏普比率为 1.26。可以说明这是一个出色的投资组合，因为 1%的额外风险带来了 1.26%的收益。

11.4.2 索蒂诺比率

索蒂诺（Sortino）比率源于夏普比率，但夏普比率只考虑向下的波动性，而索蒂诺比率允许我们了解多 1%的低风险所带来的额外收益。我们可以用下面的公式来计算索蒂诺比率。

$$sortino = \frac{\mu - r_f}{\sigma_{down}}$$

上式中，μ 是投资组合收益（年化）的平均值，σ_{down} 是投资组合收益的下行年化波动率，r_f 是无风险资产（无风险资产设置 0）。

索蒂诺比率可以比夏普比率更好，因为它只对向下的波动性有意义。因此，它更能代表投资者想要的东西。

当我们计算索蒂诺比率时，我们将处于以下情况中的一种。

Sortino<0，表示这并非较好投资，我们承担了一些低风险，但投资组合的预期收益是负的；0<Sortino<1，表示这是一项好投资，我们有一个正的预期收益，但我们承担的低风险高于收益；Sortino>1，表示这是一项优秀投资，我们有一个正的预期收益，但关键的下行风险比回报要小。

夏普比率和索蒂诺比率的唯一区别在于如何计算风险。夏普比率是选择“波动率”，索蒂诺比率是选择“下行波动率”。

```
def sortino_function(portfolio,timeframe=252):
    portfolio=portfolio.values
    downward=portfolio[portfolio<0]
    mean=portfolio.mean()*timeframe
    std=downward.std()*np.sqrt(timeframe)
    return mean/std
```

以上函数输入的是投资组合的收益，输出的是索蒂诺比率指标，timeframe 为年化系数。

假设通过此函数，我们使用均值和方差为投资组合获得了 1.65 的索蒂诺比率。可以说明这是一个极好的投资组合，因为 1%的额外下行风险带来 1.65%的收益。

11.4.3 条件风险价值

风险价值（VaR）是最著名的风险管理指标。条件风险值（cVaR）则是风险价值指标的衍生物。虽然 VaR 可以发挥重要作用，但其并未考虑低于 VaR 的数值的极端性，为了弥补这一缺陷，我们需要计算 cVaR。事实上，cVaR 计算了一个低于 VaR 的每个值的平均值（图 11-5）。cVaR 的计算公式如下。

$$cVaR_{\gamma} = \mu + \sigma \frac{\delta(\rho^{-1}(\gamma))}{1 - \gamma}$$

上式中，μ 是投资组合的收益率，σ 是投资组合的波动率，γ 是误差阈值，δ 是 N（0，1）的概率密度函数和 ρ 是 N（0，1）的累积分布函数。

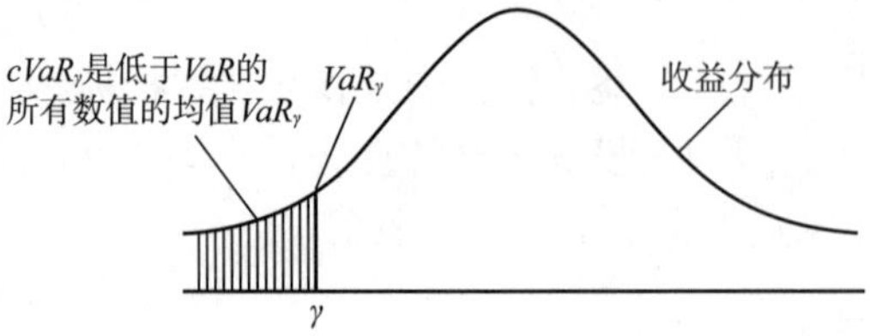

图 11-5　VaR 与 cVaR

通过图 11-5 我们可以看到计算风险值的方法。在这里，它是低于 VaR 的所有数值的平均值。

```
➡ def cVaR(theta,mu,sigma):
      # 仿真的数量
      n=50000
      # 找到 theta% 的误差阈值
      t=int(n* theta)
      # 创建一个有 n 个正态法模拟的向量
      vec=pd.DataFrame(np.random.normal(mu,sigma,size=(n,)),
  columns=['Simulations'])
      # 排序器的值并找到 theta% 的值
      cvar=vec.sort_values(by='Simulations').iloc[0:t,:].mean().values[0]
      return cvar
```

为了计算投资组合中每种风险资产的百分比，我们需要将风险贡献 crs 除以总和（$\sum \lambda_i$）得出 100%的基数。

cVaR 函数的三个参数：theta 为误差阈值百分比；mu 为投资组合的预期收益率；sigma 为投资组合的波动率。使用这个函数，我们可以找到均值-方差组合的 cVaR。假如使用这个函数计算，我们发现一日的 cVaR 为 3.56%，一个月的 cVaR 为 19.33%，一年的 cVaR 为 25.11%。这意味着，在 5%的最坏情况下，我们使用这个策略，一日的损失超过 3.56%，一个月的损失超过 19.33%，一年的损失超过 25.11%。cVaR 考虑了低于 VaR 的重大资金损失。

11.4.4　风险贡献

风险贡献能使我们了解每种资产的风险百分比和哪种资产给投资组合增加了最大的风险。为了计算风险贡献，我们需要有资产的贝塔系数和投资组合中每种资产的权重。公式如下。

$$\lambda_i = \beta_i \times \omega_i$$

上式中，λ_i 是资产 i 的风险贡献，β_i 是资产的 beta 值，ω_i 是投资组合 i 的资产的权重。

```
➡ def CR_function(weights,database,ben='S'):
      # 找出该资产在投资组合中的数量
      l=len(weights)
```

```
    # 计算每项资产的风险贡献
    crs=[]
    for i in range(l):
        cr=beta_function(data.iloc[:,i])*weights[i]
        crs.append(cr)
        return crs/np.sum(crs)
```

CR_function 有三个参数：weights 为投资组合的权重；database 为资产的收益；ben（类型为字符串），为基准的名称。假设，我们有 3 只股票的组合 S［A，B，C］，那么使用此函数，我们可以找到每种资产的风险贡献分别为 30%、32%和 38%。这意味着，股票 A 占投资组合风险的 31.04%，股票 B 占 30.61%，股票 C 占 38.34%。

第 12 章 银行客户细分

12.1 客户细分的意义与作用

客户细分是指将庞大而多样化的客户群划分为较小的相关客户群的方法，这些客户在某些方面相似，并且与银行产品和服务的营销相关。一些基本的细分标准包括地理、收入和消费习惯等。通过客户细分，银行可以在更个性化的层面上了解他们的客户，并为客户提供更具定制性的产品和服务。此外，通过更好地了解客户偏好，营销人员可以最大限度地增加交叉和向上销售机会，并鼓励客户探索相关服务。客户细分可以帮助银行发送给每个客户正确类型的促销内容、为合适的受众选择正确的营销渠道、确定新的和有利可图的细分市场，并推出创新的产品和服务。

12.2 K 均值

无监督学习是一种机器学习的训练方式，它本质上是一种统计手段，在没有标签的数据里可以发现潜在的一些结构的一种训练方式。无监督学习算法试图在未标记的数据集中“学习”模式，发现相似性或规律性。常见的无监督任务包括聚类和关联。聚类分析算法尝试通过对对象进行分组来发现数据集中的相似性，以便同一聚类中的对象彼此之间比另一个聚类中的对象更相似。

K 均值（KMeans）就是一种聚类分析算法，其可以发现数据中尚未显式标记的组。K 均值被广泛应用于客户细分业务当中。通过 K 均值对客户进行分组，以便更好地定制有特色的产品和服务。分组是使用最小距离、数据点密度、图形或各种统计分布等标准完成的。K 均值通过最小化几何点之间的平均距离将相似的数据点分组到聚类中。为此，它将数据集迭代划分为固定数量的非重叠子组（或聚类），其中每个数据点属于具有最近平均聚类中心的聚类。K 均值算法识别数据集中一定数量的质心，质心是属于特定集群的所有数据点的算术平均值。然后，该算法将每个数据点分配给最近的聚类，因为它试图使聚类尽可能小。

12.2.1 工具库和数据导入

我们使用一个虚拟的银行客户数据进行客户细分模拟。

首先，导入必要的工具库和数据。

```
import pandas as pd
import numpy as np
import seaborn as sns
import matplotlib.pyplot as plt
from sklearn.preprocessing import StandardScaler
from sklearn.cluster import KMeans,AffinityPropagation
```

Sklearn 是一个强大而稳健的 Python 开源机器学习库。它为分类、回归、聚类和降维技术的有效实施提供了工具。

➡
```
df=pd.read_csv('../dataFiles/homeCredit_600.csv',encoding='gbk')
df
```

encoding='gbk'可防止 Pandas 读入 csv 文件时出现中文乱码。

从数据集中删除第 1 列索引。

➡
```
data.drop(data.columns[0],inplace=True,axis=1)
print('{}行(客户信息)×{}列(客户属性)'.format(df.shape[0],df.shape[1]))
print('每列缺失值:n{}'.format(df.isnull().sum()))
print('列数据类型:\n{}'.format(df.dtypes))
```

⮑
```
600 行(客户信息)×12 列(客户属性)
每列缺失值:  n
年龄         0
性别         0
私家车       0
产权房       0
年收入       0
信贷额度     0
工作         0
学历         0
婚姻         0
家庭成员     0
信贷持续月数 0
信贷用途     0
dtype:int64
列数据类型:
年龄         int64
性别         object
私家车       object
产权房       object
年收入       float64
信贷额度     int64
工作         object
学历         object
婚姻         object
家庭成员     int64
信贷持续月数 int64
信贷用途     object
dtype:object
```

然后计算唯一值的数量。

➡
```
numberUnique=df.nunique()
print('唯一值的数量:\n{}'.format(numberUnique))
```

```
➥ Number of unique values:
   年龄          52
   性别          2
   私家车        2
   产权房        2
   年收入        75
   信贷额度      20
   工作          4
   学历          4
   婚姻          3
   家庭成员      7
   信贷持续月数  31
   信贷用途      7
   dtype:int64
```

我们还可以使用 unique（）函数要求 Python 提供每个分类列中的唯一值信息。

```
➡ for col in df.select_dtypes(include=[object]):
      print(col,':',df[col].unique())
➥ 性别:['男''女']
   私家车:['无''有']
   产权房:['有''无']
   工作:['私企''公务员''自我雇用''退休人员']
   学历:['本科及以上''专科''高中''初中']
   婚姻:['已婚''未婚''离婚独身']
   信贷用途:['旅游''教育''购置家具''购置新车''健康理疗''购买种肥''家居维修']
```

这些信息还涵盖数据集的其他重要特征，如“购买种肥”应该表明信贷客户与农业生产领域存在交集。

12.2.2 分层数据分析

下面我们将定义一个函数，该函数将为 3 个数字变量生成视图，并通过选定的分类列进行分层。以下语句首先按“性别”分层生成 3 个变量的散点图（图 12-1）。

```
➡ def layeringScatter(df,h=None):
      fig,(ax1,ax2,ax3)=plt.subplots(3,1,figsize=(9,6))
      sns.scatterplot(x='信贷额度',y='信贷持续月数',
                      hue=h,style='性别',data=df,ax=ax1)
      sns.scatterplot(x='年龄',y='信贷额度',
                      hue=h,style='性别',data=df,ax=ax2)
      sns.scatterplot(x='年龄',y='信贷持续月数',
                      hue=h,style='性别',data=df,ax=ax3)
      plt.tight_layout()
  layeringScatter(df,h='性别')
➥
```

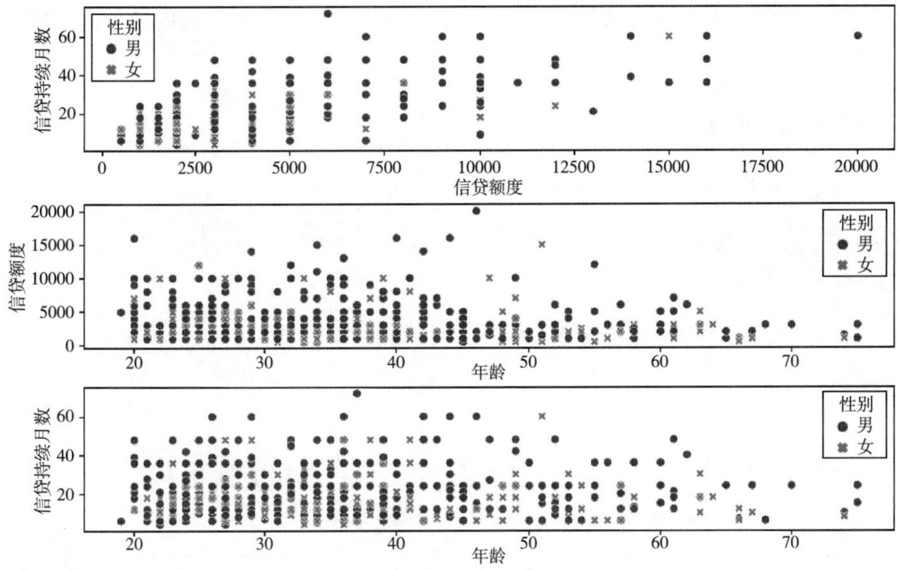

图 12-1　分层生成 3 个变量的散点图

12.2.3　线性相关关系

图 12-1 显示，在信贷额度和持续时间方面，男性和女性之间稍有差别。另外从视觉上看，似乎持续时间和信贷金额之间存在一些正相关关系。

我们可以进一步观察信贷金额和持续时间之间的线性相关关系（图 12-2）。

```
import scipy.stats as stats
multiPanelGraphic=sns.jointplot(x='信贷额度',y='信贷持续月数',
                               data=df,kind='reg',height=6)
plt.show()
```

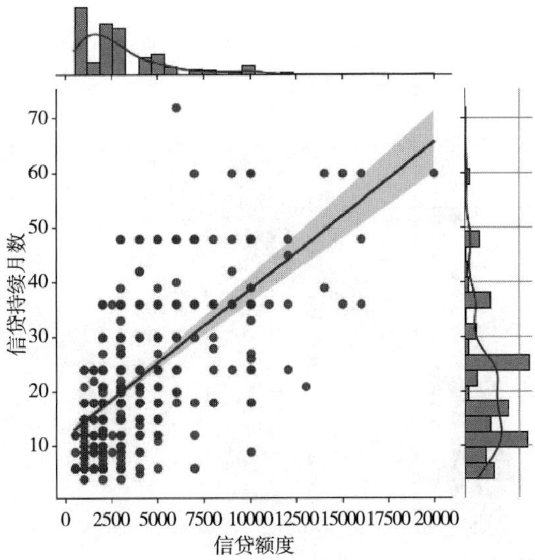

图 12-2　信贷金额和持续时间之间的线性相关关系

上图显示了一个线性相关，表明通常情况下，客户在较长的时间内更倾向使用较大额度的信贷。

12.2.4　线性回归

接下来，我们分析各种分类的线性回归图。

➡
```
sns.lmplot(x='信贷额度',y='信贷持续月数',hue='性别',data=df,aspect=2,height=4)
plt.grid()
plt.show()
```
⮑

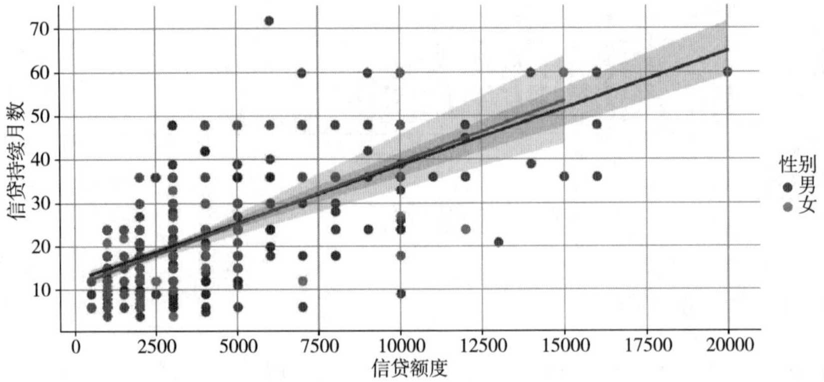

图 12-3　男性和女性之间的信贷情况

图 12-3 表明，男性和女性之间在信贷方面没有非常明显的差异。我们再来观察工作分类上是否存在差异。

➡
```
sns.lmplot(x='信贷额度',y='信贷持续月数',hue='工作',data=df)
plt.grid()
plt.show()
```
⮑

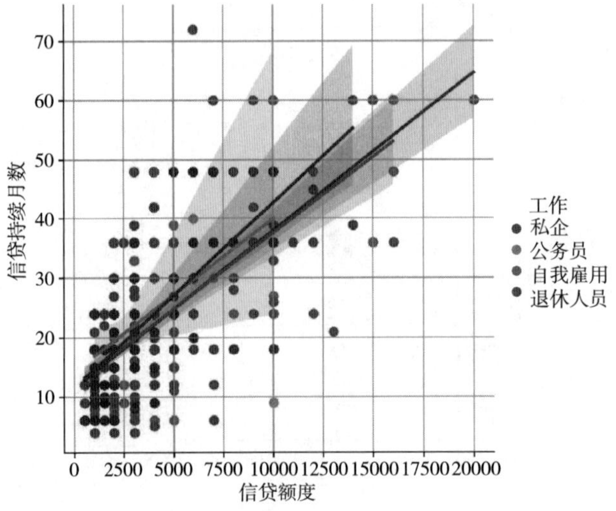

图 12-4　各类工作分类之间的信贷情况

图 12-4 显示，私企与公务员间存在差异，退休人员与自我雇用差异不大。

我们还可以通过 jointplot（ ）函数显示信贷额度与信贷持续月数关系（图 12-5）。

```
sns.jointplot('信贷额度','信贷持续月数',data=df,kind='kde',space=0,height=4)
plt.grid()
plt.show()
```

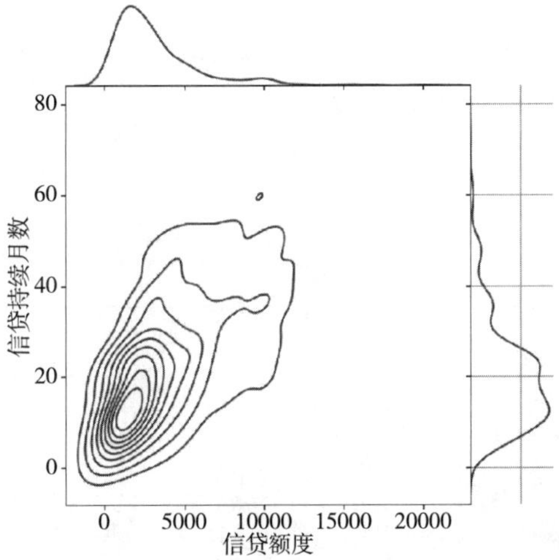

图 12-5　信贷额度与信贷持续月数关系

12.2.5　信贷用途

利用柱状图可以展示出信贷的各种用途（图 12-6）。

```
numberCredit=df.groupby('信贷用途')['年龄'].count().rename
('数量').reset_index()
numberCredit.sort_values(by=['数量'],ascending=False,inplace=True)
plt.figure()
bar=sns.barplot(x='信贷用途',y='数量',data=numberCredit)
bar.set_xticklabels(bar.get_xticklabels())
plt.ylabel('各个用途数量')
plt.grid()
```

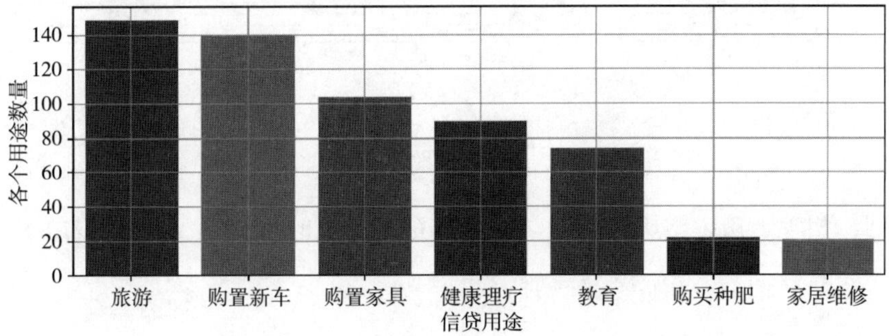

图 12-6　信贷用途

从上图可以看到，大多数信贷是用于旅游、购置新车等用途。

12.2.6　分类变量分析

现在我们将以上数据生成箱式图（图 12-7），对分类变量进行详细分析。

```
➡ def layeringBoxe(x,y,h,r=45):
      fig,ax=plt.subplots()
      box=sns.boxplot(x=x,y=y,hue=h,data=df)
      box.set_xticklabels(box.get_xticklabels())
      fig.subplots_adjust(bottom=0.2)
➡ layeringBoxe('信贷用途','信贷额度','性别')
  plt.grid()
↳
```

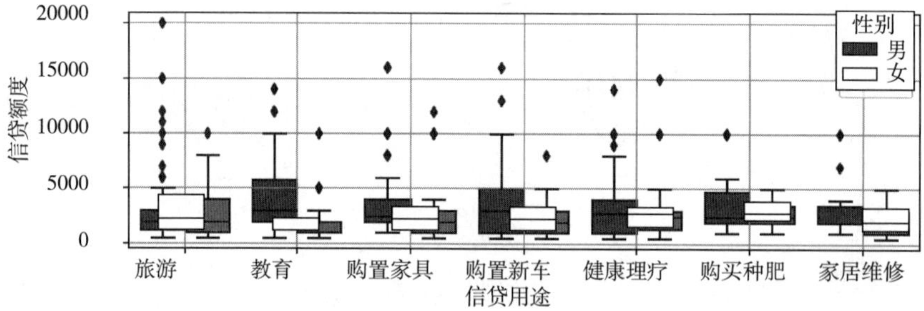

图 12-7　信贷用途比较

上图显示，最大的金额是用于旅游，最小的金额是用于家居维修。多数数据存在离群值（更高的金额）。还可以看到在大多数情况下，男性和女性之间没有较大差异。

```
➡ layeringBoxe('学历','信贷额度','性别')
  plt.grid()
↳
```

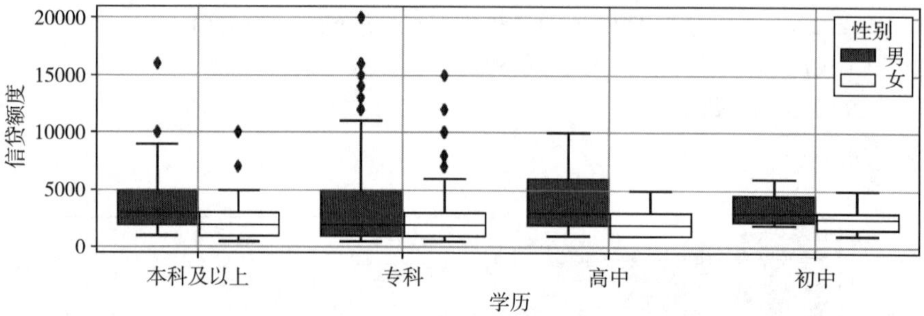

图 12-8　学历比较

可以看到，相较于初中学历，更高学历个体存在稍大的信贷额度（图 12-8）。

```
➡ layeringBoxe('婚姻','信贷额度','性别')
  plt.grid()
↳
```

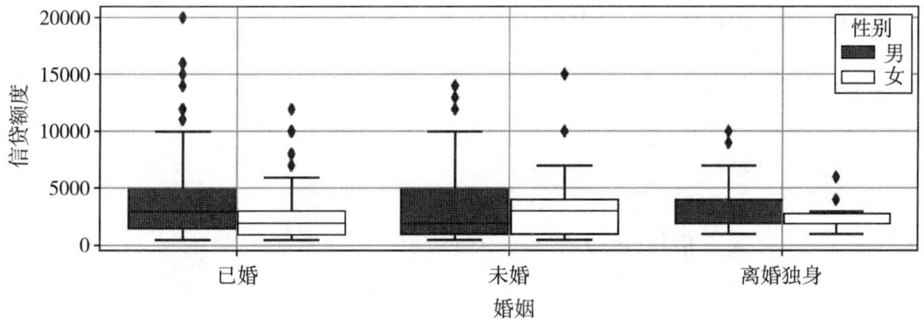

图 12-9　婚否比较

还可以发现，相较于离婚独身者，已婚与未婚者存在稍高的信贷额度（图 12-9）。

12.2.7　三维图

三维图（图 12-10）也是很好观察变量关系的形式。

```
from mpl_toolkits.mplot3d import Axes3D
fig=plt.figure()
ax=fig.add_subplot(111,projection='3d')
ax.scatter(df['信贷额度'],df['信贷持续月数'],df['年龄'])
ax.set_xlabel('信贷额度')
ax.set_ylabel('信贷持续月数')
ax.set_zlabel('年龄')
```

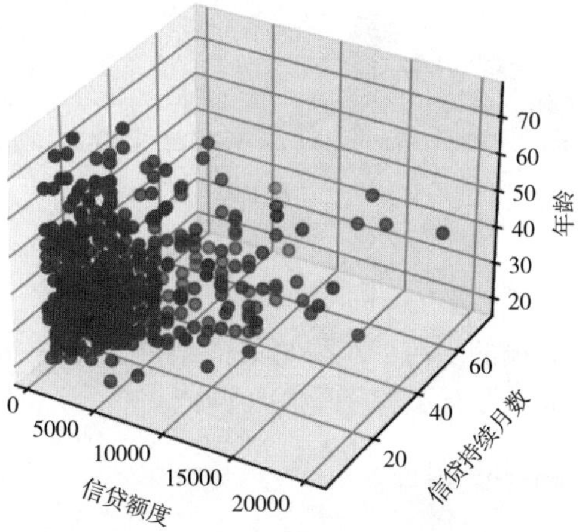

图 12-10　三维图

12.2.8　K 均值聚类

对于 K 均值聚类，我们将创建一个只包含数字变量的子集（年龄、信贷额度、期限）。

```
# 用 k-means 来选择聚类的列
cols=['年龄','信贷额度','信贷持续月数']
cluster_data=df.loc[:,cols]
```

创建一个函数绘制 3 个直方图（图 12-11）。

```
➡ def distribu(df):
      fig,(ax1,ax2,ax3)=plt.subplots(3,1,figsize=(9,6))
      sns.distplot(df['年龄'],ax=ax1)
      sns.distplot(df['信贷额度'],ax=ax2)
      sns.distplot(df['信贷持续月数'],ax=ax3)
      plt.tight_layout()
      plt.grid()
➡ distribu(cluster_data)
```

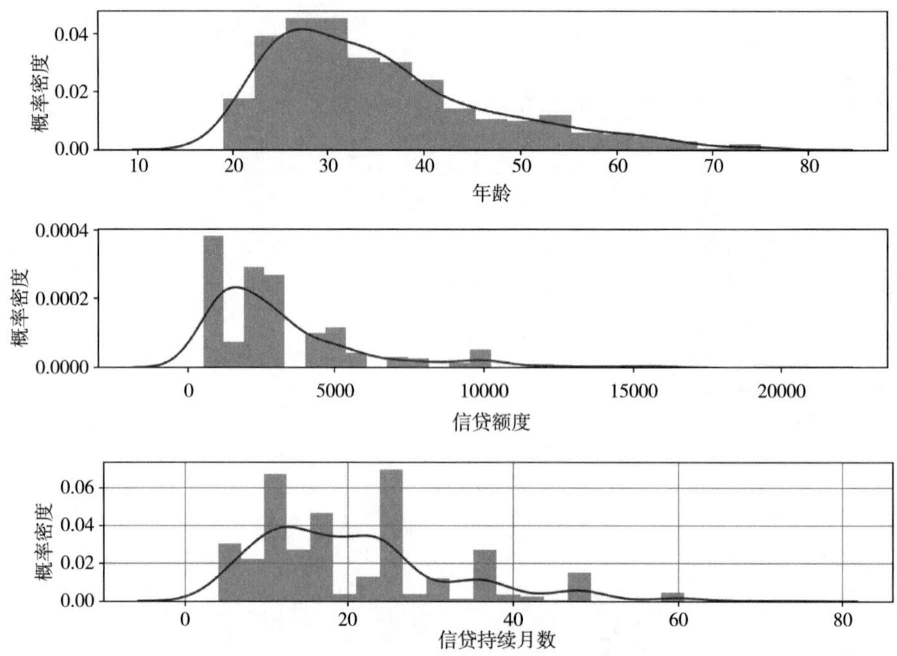

图 12-11　分类直方图

我们可以看到，分布是右偏的。为了获得更好的结果，我们应该通过对数转换来消除偏态。之后，我们看看它们看起来是什么样子（图 12-12）。

```
➡ cluster_log=np.log(cluster_data)
  distribu(cluster_log)
```

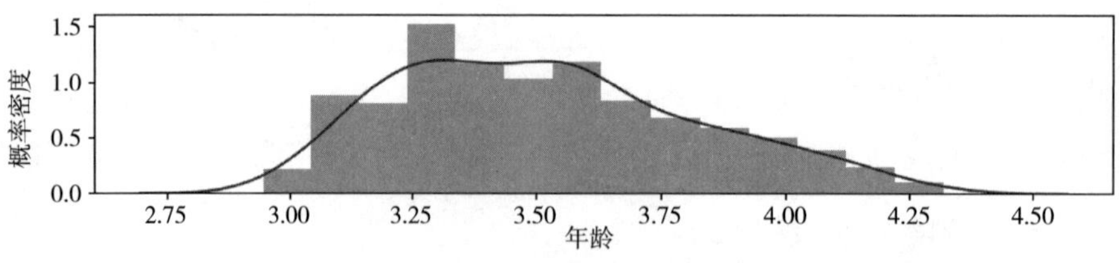

图 12-12　消除偏态

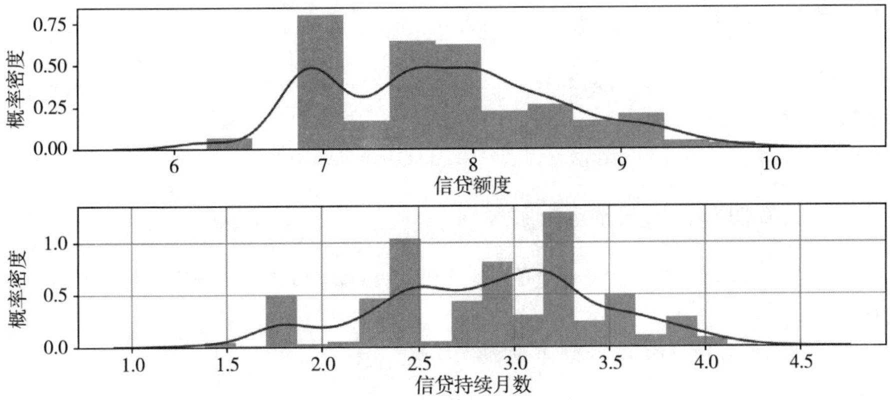

图 12-12　消除偏态（续）

可以看到，偏斜度已经被消除。

下一步是变量的居中和缩放，这是 KMeans 算法的要求。为此，我们将使用 Sklearn 库中的 StandardScaler。

```
scaler=StandardScaler()
cluster_scaled=scaler.fit_transform(cluster_log)
```

这里检查不同数量的集群的惯性如何变化。图 12-13 显示，惯性随着聚类数量的增加而减少。

```
clusters_range=[2,3,4,5,6,7,8,9,10,11,12,13,14]
inertias=[]
for c in clusters_range:
    kmeans=KMeans(n_clusters=c,random_state=0).fit(cluster_scaled)
    inertias.append(kmeans.inertia_)
plt.figure()
plt.plot(clusters_range,inertias,marker='o')
plt.xlabel('聚类数量')        # 添加横轴坐标标签
plt.ylabel('惯性')            # 添加纵轴坐标标签
plt.grid()
```

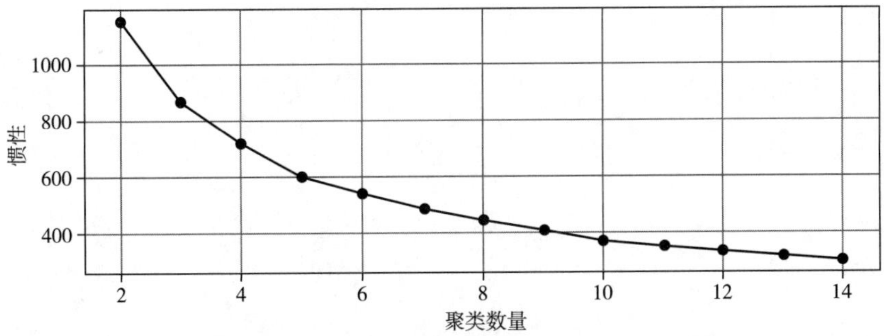

图 12-13　惯性与聚类数量的变化

这种方法可以评估聚类的分离度，并将每个观测值装入自己的聚类。分数越高越好。

选择 3 个聚类，以获得更多的数据洞察力。

```
kmeans_sel=KMeans(n_clusters=3,random_state=1).fit(cluster_scaled)
labels=pd.DataFrame(kmeans_sel.labels_)
clustered_data=cluster_data.assign(Cluster=labels)
```

使用下列语句方便对客户细分进行解释。

```
grouped=clustered_data.groupby(['Cluster']).mean().round(1)
grouped
```

```
         年龄     信贷额度     信贷持续月数
Cluster
0        50.8     1912.6       15.8
1        28.8     1852.4       14.1
2        32.7     5960.6       32.0
```

通过输出结果可以看到，3 类群体中，0 组的信用额度的平均值较低，持续时间较短，为年龄较大的客户；1 组的信用额度的平均值最低，持续时间最短，为年轻客户；2 组的信用额度的平均值最高，持续时间最长，为中青年客户。

实践与练习

尝试以其他客户属性进行线性回归可视化呈现。

总的来说，客户细分通常是银行营销的重中之重，因为细分解决方案帮助银行按行为对客户进行分组，他们可以提供更有针对性的产品和服务。